Thomas A Edison

Orange N.J.

If lost please

return

TAE

爱迪生：
创新之源
与商业成就
的秘密
LEONARD DEGRAAF

Edison
and the
Rise of
Innovation

[美] 里昂纳多·迪格拉夫 —— 著

比尔·盖茨 —— 序
Bill Gates

周海燕 —— 译

湖南科学技术出版社

图书在版编目（ＣＩＰ）数据

　　爱迪生：创新之源与商业成就的秘密／（美）里昂纳多·迪格拉夫著；周海燕翻译. -- 长沙：湖南科学技术出版社，2019.1
　　书名原文：Edison and the Rise of Innovation
　　ISBN 978-7-5357-9968-5

　　Ⅰ．①爱…　Ⅱ．①里…　②周…　Ⅲ．①爱迪生（Edison, Thomas Alva 1847-1931）—传记　Ⅳ.①K837.126.1

　　中国版本图书馆CIP数据核字（2018）第229964号

Edison and the Rise of Innovation

湖南科学技术出版社通过英国安德鲁·纳伯格联合国际有限公司获得本书中文简体版中国大陆出版发行权。

著作权登记号：18-2015-170

AIDISHENG CHUANGXIN ZHI YUAN YU SHANGYE CHENGJIU DE MIMI
爱迪生：创新之源与商业成就的秘密

著　　者：[美]里昂纳多·迪格拉夫
译　　者：周海燕
责任编辑：吴　炜　李　媛
出版发行：湖南科学技术出版社
社　　址：长沙市湘雅路 276 号
　　　　　http://www.hnstp.com
邮购联系：本社直销科　0731-84375808
印　　刷：长沙市雅高彩印有限公司
　　　　　（印装质量问题请直接与本厂联系）
厂　　址：长沙市开福区德雅路 1246 号
邮　　编：410008
版　　次：2019 年 1 月第 1 版
印　　次：2019 年 1 月第 1 次印刷
开　　本：889mm×1194mm　1/20
印　　张：13.4
书　　号：ISBN 978-7-5357-9968-5
定　　价：88.00 元
（版权所有 · 翻印必究）

目录

序 vii

前言 ix

引言 xv

1 一个创新者的教育经历 1

2 发明工厂 19

3 锡箔留声机 33

4 一笔巨额财富：爱迪生的电

气照明系统 47

5 从门罗帕克到西奥兰治 69

6 留声机走进千家万户 97

7 电影 121

8 矿石加工 147

9 波特兰水泥 163

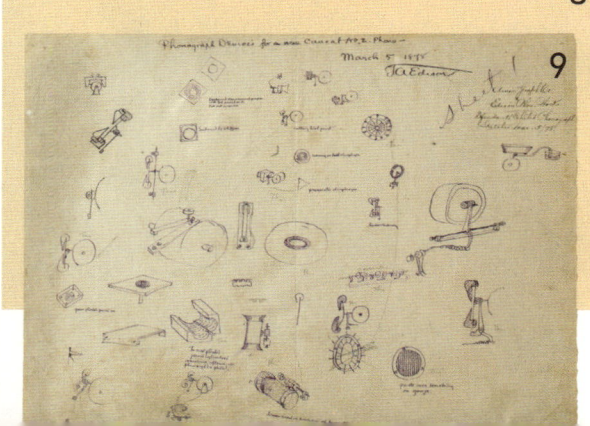

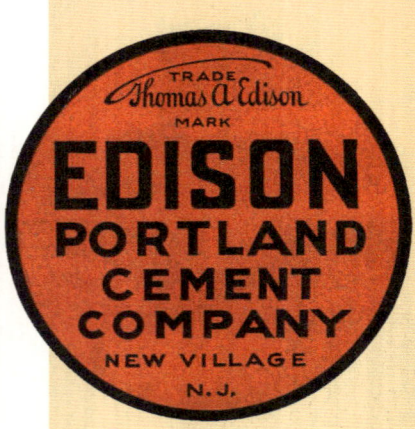

10 蓄电池 177

11 第一次世界大战中的爱迪生 191

12 橡胶 205

13 追忆奇才 217

注释 234

参考资料 235

致谢 239

图片来源及版权所有者 240

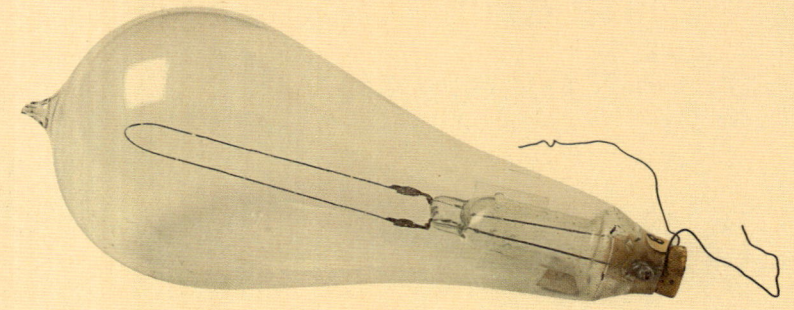

序

毫无疑问，在我的脑海里，美国贡献给世界最伟大的礼物之一就是我们的创新能力。从电灯泡和电话，再到疫苗和微处理器，我们的发明和妙想已经提高了人们的生活水平——甚至挽救了人们的生命——当然是全球无数人的生命。

在美国著名的创新人士中，托马斯·爱迪生占有一个独特的地位。他成为美国人聪明才智的象征，并且造就了美国人的信念——灵感和汗水能够指引我们成就一番大事业。

当然，他已经成了我职业生涯里的一种激励。我很幸运地拥有几件爱迪生的纪念品，包括他当年改进白炽灯灯泡的一张草图和一些关于发现橡胶替代品的文件。阅读一下这部作品，我们很容易就会发现他的创造性思维在不断努力地改进和完善。

很显然，爱迪生的发明是史无前例的。但正如这本书中明确指出的，他的工作方式也是他取得成功的关键。例如，爱迪生有意识地借鉴了同辈人的想法，同时也不断吸取前人的经验教训。同样重要的是，他召集了一群人组建了一支团队——工程师、化学家、数学家和机械师——他信任这支团队，并赋予他们权力实现他的想法。直到今天，有些名字可能都不为人所知，像巴彻勒和克鲁西，但当初如果没有他们的贡献，爱迪生也不可能做出今天这么大的成就。

其次，爱迪生是一个非常实际的人。他很早就认为，凭空冒出一些奇思妙想是远远不够的，他要发明一些人们想要的东西。这就意味着他要了解市场，设计的产品要满足顾客需求，而且他还得说服投资者来支持和推广他的想法。比如电灯泡，爱迪生发明的可不仅仅是一个电灯泡，他发明的是一个能实际使用，也能销售的电灯泡。

最后，爱迪生承认，很少发明是仅仅来自一个一闪而过的灵感。大多数情况下，你要先设定一个目标，用数据衡量生产进展，看看哪些行得通，哪些行不通，从而调整你的计划，一次又一次地尝试。这个过程可能非常令人沮丧，因为这意味着会不断进入死胡同。但每个失败的弯路会告诉你一些有用的东西。正如爱迪生所言，"我并没有失败 10000 次，我只是成功地发现了 10000 种行不通的方法而已"。

这些经验教训放在今天依然是行之有效的。现在的发明家们仍然需要团队合作，（尽管这样的事情放在今天要远比放在 20 世纪之交更加容易。假如这位在新泽西州门罗帕克的奇才使用来自加利福尼亚州门罗帕克的工具器械，那么将会有怎样更加惊人的发明呢？）需要了解并解决现实世界的问题，需要有坚持不懈的精神。科学家们通过一次次不断试验才能得到更加完善的新疫苗；软件公司的同事们也需要互相调试其他人写的代码。

从爱迪生的那个时代起，我们就看到了科技的惊人进步，这些东西至今都没有改变。托马斯·爱迪生是一个具有很大影响力的榜样，他的创新能力、坚持不懈和乐观精神甚至远远超出了发明电灯泡和电影摄影机的影响力，这可能就是他留给我们的最伟大的遗产。

比尔·盖茨

比尔和梅琳达·盖茨基金会联合主席

华盛顿州，西雅图

前言

如果要衡量托马斯·爱迪生是如何改变了世界，那么请认真思考一下这样的事实：1847年他出生的时候，没有工业研究实验室，没有留声机，没有电影摄影机，也没有电力系统，更不用说实用电灯了。而在爱迪生去世的1931年，美国每周生产3.2亿个电灯泡，消耗1.104亿千瓦时的电力。每周有7500万美国人花费7.19亿美元（现在的106亿美元）去电影院看电影。[1]

在爱迪生去世的那一年，《纽约时报》做了一个估算，他的发明的工业产值远远超过了150亿美元。他的发明使现代社会成为可能。如果没有改良的电报、电话和电力系统，没有记录、存储和传送声音、图像的技能，就没有互联网或计算机。

从19世纪70年代到20世纪20年代，爱迪生的实验室结合知识、人力物力以及有才华的合伙人，将一个个奇思妙想变成了种种商业产品。实验室的工作人员发明了留声机、实用白炽灯照明系统和电影摄影机；改良了镍铁蓄电池，改造了加工铁矿石和制造波特兰水泥（见正文P163）的机械，并且研究出一套建造浇筑水泥房的系统方法。在他最后的实验项目中，爱迪生还研发出了一种从秋麒麟草中提取橡胶的方法，该植物是一种草本植物，曾一度被人们认为是杂草。

在他漫长的职业生涯中，爱迪生组建和经营了数十家生产和销售公司。19世纪末至20世纪初，他一直采用新的生产和销售策略，在此过程中他还帮助形成了一个大众消费市场。当然，爱迪生也是为自己树立品牌的一流商界领袖之一，他

爱迪生的门罗帕克和西奥兰治实验室创造了新工业，包括电气照明和电力、录音和电影。20世纪40年代和50年代，托马斯·阿瓦尔·爱迪生公司把这种经济遗产发扬光大。

为沃特·迪士尼、史蒂夫·乔布斯以及其他现代企业家铺平了道路。

第一次世界大战期间，爱迪生积极呼吁军事和工业都进入备战状态，这为20世纪拉近政府与企业的关系埋下了伏笔。战时他也为美国海军做过研究，并担任海军顾问委员会的主席，该委员会由一支平民技术专家团队组成，专门向海军提供发明建议。

对于技术研发的方式，爱迪生起到了很大的推动作用。首先得益于科技的进步，其次加上化学家、工程师、数学家和其他受训专业人员的跨学科研究的努力，使得爱迪生的实验室能定期推出新产品。发明过程从最初凭借个人聪明才智单枪匹马地埋头苦干，转变成了在专业实验室组织团队一起进行工业研究和开发。

在现代世界经济全球化的一个世纪前，爱迪生就已经在国际范围内开创了先河。他制造产品并把他的发明销往欧洲、北美洲、南美洲和亚洲。他在全球范围内寻找原材料，招揽技艺娴熟的工人。一个国际科研团队的创意理念会对他的工作产生影响，反过来，全球公众也在急切地等待着他的"最新发明"。

作为一个发明家，爱迪生100多年前的经验在今天同样适用。爱迪生所关注的问题也是当代所有发明者要面临的问题：我应该开发哪些产品？这些产品应该如何设计、生产和销售？我应该如何筹集资金来开展研究？我应该如何应对市场竞争和不断变化的市场？了解爱迪生是如何应对这些问题的，将带我们更进一步

西奥兰治实验室爱迪生的桌子。文件架反映了他的发明和商业兴趣的多样性。

理解技术创新和创造力的本质。

　　作为一个发明家，爱迪生的杰出不在于他总是成功，而在于他的兴趣广泛。其中，他最大的优势在于，他拥有从事不同领域研究的能力和借鉴过去经验解决新问题的能力。在西奥兰治实验室的桌子上放着一个文件架，上面贴着标签"新东西"，这张标签时时刻刻提醒我们，他对每一次出现的新创意都有难以抑制的兴趣。如果他今天还活着，一定会一直处于创新的最前沿。

　　我们为了自身利益，保存了一些历史遗址和历史记录，而这些恰恰是爱迪生工作的有形遗产。其中包括他的出生地俄亥俄州的米兰，美国内战期间他在密歇根州的休伦港工作过的火车仓库，以及他1866年当流动报务员期间在肯塔基州的路易斯维尔住过的房子。20世纪20年代末，亨利·福特在密歇根州的迪尔伯恩的格林菲尔德庄园重建了爱迪生的门罗帕克实验室，20世纪30年代，爱迪生生前的电灯合作伙伴在门罗帕克实验室原址上修建了一座纪念塔。还有爱迪生的遗孀米娜·米勒·爱迪生，把他们在佛罗里达州迈尔斯堡越冬的家捐赠给了迈尔斯堡市。

　　托马斯·爱迪生国家历史公园则保留了西奥兰治实验室和他的家——格兰蒙

特，他在那里生活和工作，度过了他生命中的最后 45 年。公园的博物馆另有一批珍贵的收藏品，包括 400000 件工件文物、48000 份录音资料、60000 张具有历史意义的照片和 500 多万份档案文件。这本书中的大部分文件和照片都来自这个博物馆的收藏品，我们在这本书里展现出来，是为了使这些收藏品更容易被大众所理解。

查尔斯·爱迪生基金会与爱迪生创新基金会很自豪地加入斯特林出版公司与国家公园管理局，合作出版关于发明家爱迪生的这本书。查尔斯·爱迪生基金会代表了托马斯的儿子查尔斯在慈善事业上所做出的努力，他继承了父亲和母亲米娜·米勒·爱迪生的慈善事业。查尔斯在第二次世界大战期间曾担任新泽西州州长，同时兼任富兰克林·罗斯福总统的海军部长，负责依阿华级战列舰和鱼雷快艇。该基金会致力于完善托马斯·爱迪生的遗产，并支持托马斯·爱迪生国家历史公园的医疗研究、教育外联和历史工件文物保护工作。

爱迪生创新基金会是一个致力于支持保护爱迪生的遗产且鼓励学生们投身于科学技术事业的非盈利组织。该基金会与国家公园管理局签有合作协议，为托马斯·爱迪生国家历史公园筹集资金。在过去五年不懈的努力下，该组织已筹集了超过 2000 万美元的资金，用于公园的养护、翻修以及公园历史建筑和工件文物的收藏保护，从而让后代更容易理解它们。

联系爱迪生创新基金会，你可以访问网址 Thomasedison.org，也可以通过我们的 Facebook 网页。当你与托马斯·爱迪生共同踏上他的神奇之旅时，好好享受这本书带给你的乐趣吧！并记住他最著名的名言："总会有更好的办法，找到它！"

约翰·P. 基冈
董事长兼首席执行官
查尔斯·爱迪生基金会
爱迪生创新基金会

引言

托马斯·爱迪生有双重身份：一个是神话般的富有传奇色彩的"门罗帕克奇才"——这是一个不知疲倦、拥有源源不断想法的英雄发明家，带给我们灯光、声音和电影——另一个身份就是一生都在实验室攻克技术难题的创新者，不断创建公司进行生产，并在市场上销售新技术。

这两种身份缺一不可。奇才这种身份一直鼓舞着资金赞助方、业务合作伙伴、员工和消费者坚定对他的信心，为他提供资金和支持。之所以被称为奇才，是因为他有坚实可靠的可圈可点的成就；没有创新者的成功，就没有人会注意到这位奇才。

这两种身份都很重要。爱迪生的名望反映了美国人对技术进步的信心，也再次向众人证实了一个引人入胜的民族故事：一个没有家族关系，没有财富，没有接受过正规教育的年轻人通过努力工作、天赋或许还有一点小运气而出人头地，成为他那个时代的杰出发明家。爱迪生的故事同样揭示了一个与众不同的画面：一个天才发明家兼企业家，善于利用更广泛的社会、文化和制度的力量，并能独善其中，开创了现代社会的高科技工业资本主义、全球化和消费者至上的理念。

爱迪生头顶"奇才"的光环常常掩盖了他作为"创新者"的光环，导致人们对爱迪生的认识产生了偏差。莫里斯·霍兰德是美国国家研究委员会署辖的工

对面图片：1921年6月，爱迪生在西奥兰治检查唱片留声机。

程和工业研究署署长，1927 年他去参观西奥兰治实验室时，双重身份的爱迪生都被他遇到了。霍兰德计划花五天时间来研究爱迪生的发明方法。他想知道爱迪生的成功到底是归因于他个人的天赋，还是他实验室的组织。

爱迪生热诚地欢迎霍兰德，邀请他留下来，不管待多久都行，并告诉他其实不需要五天。"我没有任何组织；我就是组织。"爱迪生声明。当霍兰德问爱迪生有多少实验正在进行时，这位奇才回答道："在这方面我没有任何确切的想法，但我有足够多的想法可以让实验室忙碌许多年，并且足以让英国央行英格兰银行破产。"霍兰德把实验室描述为"表面看是没有任何明确计划的大量杂乱的建筑物，实际上突出的是产品的研发与更新换代"，他通过观察还发现了"精心制作的记录，详细的成本核算，工作调度，采购申请和无数设备，这些设备从'商业组织'角度看是必要的，但是从完成结果的实用标准来评判是无用的"。

当然，这个创新者知道实验室到底有多少个实验正在进行，也准确地知道他自己正在做什么实验，他能够很好地组织好他要做的事情，也能有条理地计划实验室的物理布局；而那些缺失的财务记录——187 英尺长的会计记录和 216 英尺长的采购申请记录，有幸保存在爱迪生的档案文件里。

霍兰德算是弄对了一些事情，他准确地观察到爱迪生十分依赖于详细的实验记录，也认识到团队合作对于发明的重要性。霍兰德经过所谓的"持续质疑"后，终于挖掘到爱迪生的实验方法：

"首先，清楚地陈述问题……用相应的公式表达它，然后，写下每一个可能行得通的解决方案，甚至包括他认为是'很愚蠢的想法，但只要有时可能行得通就行'，建立一个实验模型证明这个原理，再把它放到实际应用中进行测试，然后标准化生产，最后把它交给生产专家进行商业化生产。"

关于爱迪生是怎样工作的，这是一个相当公正的描述，但是霍兰德并没有说明爱迪生把多少时间花在了管理、生产和销售上。

霍兰德的报告还举例说明了很难把爱迪生的神话和现实区分开。部分原因是爱迪生有意弱化了天分的重要性，他用诙谐的名言——"天才就是 1% 的灵感加 99% 的汗水"来娱乐广大读者，但是却没有解释他那神话般的发明是怎么运

在这本20世纪40年代的杂志广告中，托马斯·A.爱迪生公司结合了发明家爱迪生的品质（科学知识、团队合作）和奇才的品质（乐观、幽默、坚持）。

这是爱迪生1888年10月的专利警告函的第一页，描述了他要发明一台电影摄影机的计划。

转的。爱迪生把他的成功归功于努力工作，1898年一家旧金山报纸也称之为"执着地坚持不懈"，其实爱迪生神奇的能力肯定与他的努力工作、强烈的好奇心和创业动力有关系，但是这些特征过于简单化了一个复杂的发明过程。

层层迷雾般的神秘误导了人们对爱迪生作为一个创新者的判断。亨利·福特是爱迪生生命中最后20年的一个亲密朋友，他评价爱迪生是"世界上最伟大的发明家但同时也是最糟糕的商人"。管理专家彼得·德鲁克在他1985年的著作《创新与企业家精神》中错误地声称，爱迪生"采用错误的经营模式管理着他创办的企业，后来为了使企业存活下来，他不得不离开"，他还说，爱迪生的主要抱负是要成为"企业大亨"。之所以把爱迪生说成是这样一个可怜的企业管理者，是因为人们对爱迪生公司的组织形式和管理模式缺乏研究。

在美国有数以百万计的文件、数以千计的历史照片和工件文物，以及几个精心保存下来的历史古迹和博物馆，有了这些资料，我们可以给大家呈现一个全新的爱迪生。这本书追溯了爱迪生漫长的职业生涯，从他在19世纪70年代早期成长为一个电报发明家的那些岁月，到他在门罗帕克创建的第一个主要的研究实验室，再到爱迪生在他生命的最后45年间工作的西奥兰治实验室，都有详细介绍。

在这篇引言中，首先对爱迪生的童年和青年时代进行了简要的回顾，接着第一章分析了他在 19 世纪 70 年代早期如何成长为一名发明家。后续几章主要介绍了作为研究机构的门罗帕克和西奥兰治实验室，也谈到了一些具体的技术，比如留声机、电灯、电影、矿石加工、波特兰水泥、蓄电池和橡胶。这些章节还描述了爱迪生从门罗帕克到西奥兰治的过渡，以及他在第一次世界大战期间作为一个创新者的作用。最后一章主要描述了爱迪生被病魔折磨的最后弥留之际的情况，也谈到了要保护和他生活相关的历史遗址和博物馆的收藏品，以此来纪念他。

附录页介绍了一些鲜为人知的爱迪生的发明或产品，包括电笔、电气化铁路、会说话的娃娃、X 射线机和爱迪生牌电器，也探索解密了爱迪生的实验室笔记本和 19 世纪 80 年代的"直流电与交流电大战"。

本书还指出，要重新认识爱迪生，要知道创新不是一个简单的"从想法到产品"的线性过程：只要发明家把一个想法构建成一个原型或工作模型，再把模型投入生产，最后把制成品卖给消费者就可以了。相反，如果仔细研究爱迪生的创新方法，它会告诉我们创新实际是一个社会过程，这个过程涉及很多人之间的互动，包括发明家、制造商、营销人员、消费者以及其他人，这些人回答了关于社会应该发展哪些技术，这些

1881年6月的爱迪生。

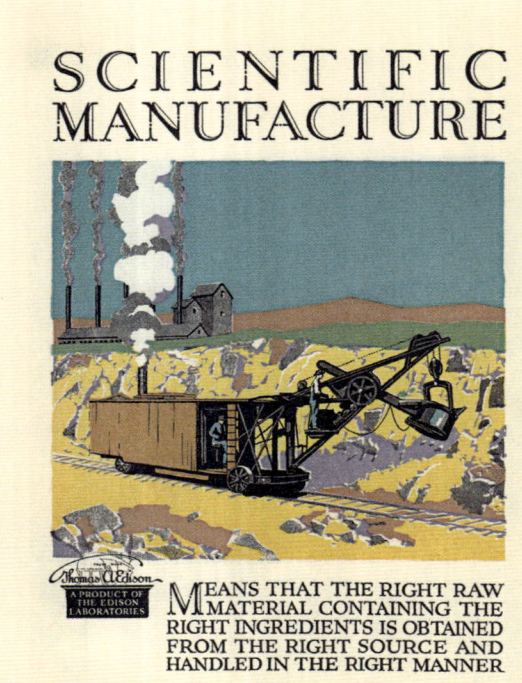

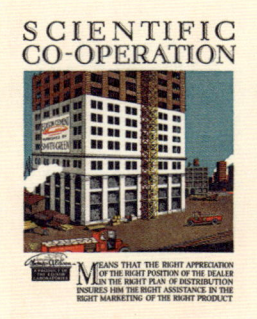
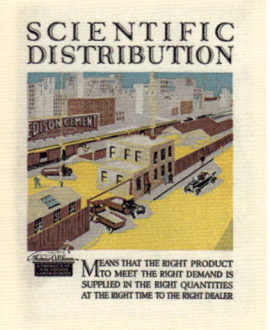

爱迪生依靠他实验室的科学技术声誉来营销他的波特兰水泥。

技术应该怎样去设计、生产、销售和消费等重要问题——他们的回答由参与这个过程的人们的目标、价值观、设想所决定。从这个角度看，爱迪生的发明反映了更广泛的社会条件的进步、他的投资者和商业伙伴的目标，以及他可用的信息和资金，另外，还有他自己对于社会需求的看法。

很显然爱迪生的性格特征在他童年和青年时期就开始形成了。爱迪生于1847年2月11日出生在俄亥俄州的米兰，是塞缪尔·爱迪生和南希·艾略特的七个孩子里最小的一个。米兰有一条很短的运河连接到伊利湖，而这条运河使村庄成为一个繁荣的造船村和粮食港口。由于米兰经济繁荣，爱迪生的父亲——一个木匠、木瓦工兼土地投机商——在运河岸边建造了一座坚固的砖房。

爱迪生7岁时离开米兰，但他仍记得运河边的谷物升降机和繁忙的造船厂。他也记得城镇广场上，满满的都是运载着凹形木桶板的马车队伍，还有房前川流不息的大篷马车，准备着他们的加州淘金之旅。

但到了19世纪50年代早期，由于俄亥俄州的曼斯菲尔德市与伊利湖的桑达斯基港口间修通了一条铁路，许多粮食船主绕开了运河，米兰的经济因此下滑。1854年春天，为了寻找更好的商机，塞缪尔·爱迪生把家搬到了密歇根州的休伦港。在休伦港，塞缪尔卖木材，炒作房地产，投资建造了一座供游客观赏休伦湖景色的观景塔。除此之外，塞缪尔还经营着一个61亩的蔬菜农场。爱迪生记得在这个农场劳动过，种植玉米、洋葱和其他蔬菜。他还曾赶着马车帮助塞缪尔挨家挨户上门销售农作物。

爱迪生的母亲曾是一位学校教师，主要负责爱迪生的早期教育，不然他很可能早就跟他父亲学习创业了。不过爱迪生只上了不到一年的学，是否因为其有学习障碍已经不得而知；相反，很可能是因为家里资金有限，无法支付他额外的正规学校教育费用。19世纪中叶，对于爱迪生那个阶层的男孩来说，学习一点基本的读写和简单的算术，然后打工帮忙补贴家用，并不是一件很稀奇的事。

爱迪生认为是他的母亲教会了他如何阅读。1912年他曾对新泽西州文法学校的学生这样说过，"我母亲教我如何快速而正确地读好书，这为我开启了文学世界的大门，我一直很感激这个早期的训练"。作为成年人，爱迪生是一个求知欲旺盛的读者，他的阅读能力和吸收大量文献信息的能力对他的成功有非常重要的意义。

南希是一位虔诚的卫理公会教徒，她很可能从家中的《圣经》就开始教爱迪生阅读。爱迪生也曾去过父亲存放政治小册子的图书室，还拜读过托马斯·潘恩[1]的著

"把所有的发明都归因于偶然，这种普遍观点有点言过其实了，而且说的都是废话。"

---

[1] 译者注：托马斯·潘恩(Thomas Paine)，英裔美国思想家、作家、政治活动家、理论家、革命家、激进民主主义者，美国独立战争期间，他撰写了铿锵有力并广为流传的小册子《常识》。

左图：爱迪生的父亲塞缪尔·爱迪生。右图：爱迪生的母亲南希·艾略特·爱迪生。

作。除了基本的阅读和写作，爱迪生很早的时候就表现出了在科学方面的兴趣，他曾经阅读过启蒙教材如理查德·格林·帕克的《自然与实验哲学》（1859）。在对他休伦港家里的遗物进行整理时还发现了一整套化学装置遗留物。

　　铁路和电报——改变了 19 世纪美国的两项技术——给了爱迪生第一个重要的就业机会。1859 年，南希允许他在大干线铁路的火车上工作，他当了一名报童。每天早晨，12 岁的爱迪生会乘坐早上 7：00 开往底特律的火车，在上面卖报纸、杂志、糖果和水果。这趟火车会在晚上 9：00 回到休伦港。不久，爱迪生就开了一家商店，并雇佣了休伦港的两个男孩在店里卖杂志、蔬菜和黄油等杂物。他店里的商品都是以批发价从底特律或铁路沿线农民那里购买的。为了节省运输成本，爱迪生与铁路工人合作，他把黄油和蔬菜打折卖给他们的妻子，取得工人信任，这样就可以利用行李车厢的闲置空间来给他运送物资了，除此之外，爱迪生还雇佣了一些年轻小伙子们在其他火车上卖报纸，从而扩大了他的卖报业务。

早在1862年初，爱迪生就购买了一个二手印刷机，专门在火车的行李车厢发行一份报纸《先驱周报》。读者每月订阅只需8美分，报纸上刊登有本地新闻、列车时刻表、出生公告、广告以及鸡蛋、黄油和蔬菜的价格。业余时间，爱迪生还会在行李车厢做化学实验，但在一次实验过程中一罐磷着火了，列车长亚历山大·斯蒂芬森很生气，把印刷机和化学实验用品都扔下了火车。

早年间爱迪生就注意到自己的听觉出现了问题。但没有人知道爱迪生耳聋的原因，后来他将其归咎于列车长斯蒂芬森，根据他的描述，是列车长斯蒂芬

爱迪生的出生地，俄亥俄州的米兰市。

森扇了他一耳光或是揪住他的耳朵把他提了起来，还撞到了一辆轨道车上，从而导致失聪。但爱迪生晚年有一位给他看病的医生认为，爱迪生听觉受损是先天性缺陷，不过，爱迪生家搬到休伦港后不久，他曾感染过猩红热，这也可能是导致耳聋的根源。不管什么原因，爱迪生声称，他的听觉受损并没有严重妨碍他的工作，反而让他可以集中注意力做实验，漠视外来的无关噪声。

　　1862 年秋，爱迪生的一个勇敢行为彻底改变了他的人生。当时，爱迪生正站在密歇根州的克莱门斯山的车站站台上，突然看见站长的 3 岁儿子就在一辆正在驶来的有轨车的轨道上。据爱迪生的秘书后来回忆道，"爱迪生挺身而出纵身一跃的救助，成功地使小男孩在可能被撞的前几秒逃离了车轨"。为了感恩，站长詹姆斯·麦肯齐邀请爱迪生吃了 3 个月的正餐，更重要的是，站长教了他电报技术。

　　1863 年冬天，15 岁的爱迪生得到了他的第一份工作，在休伦港的一家珠宝店里负责收发电报。第二年夏天，

上图：年轻的爱迪生读课本中关于科学的内容，如理查德·格林·帕克的《自然与实验哲学》。
下图：14岁的爱迪生。

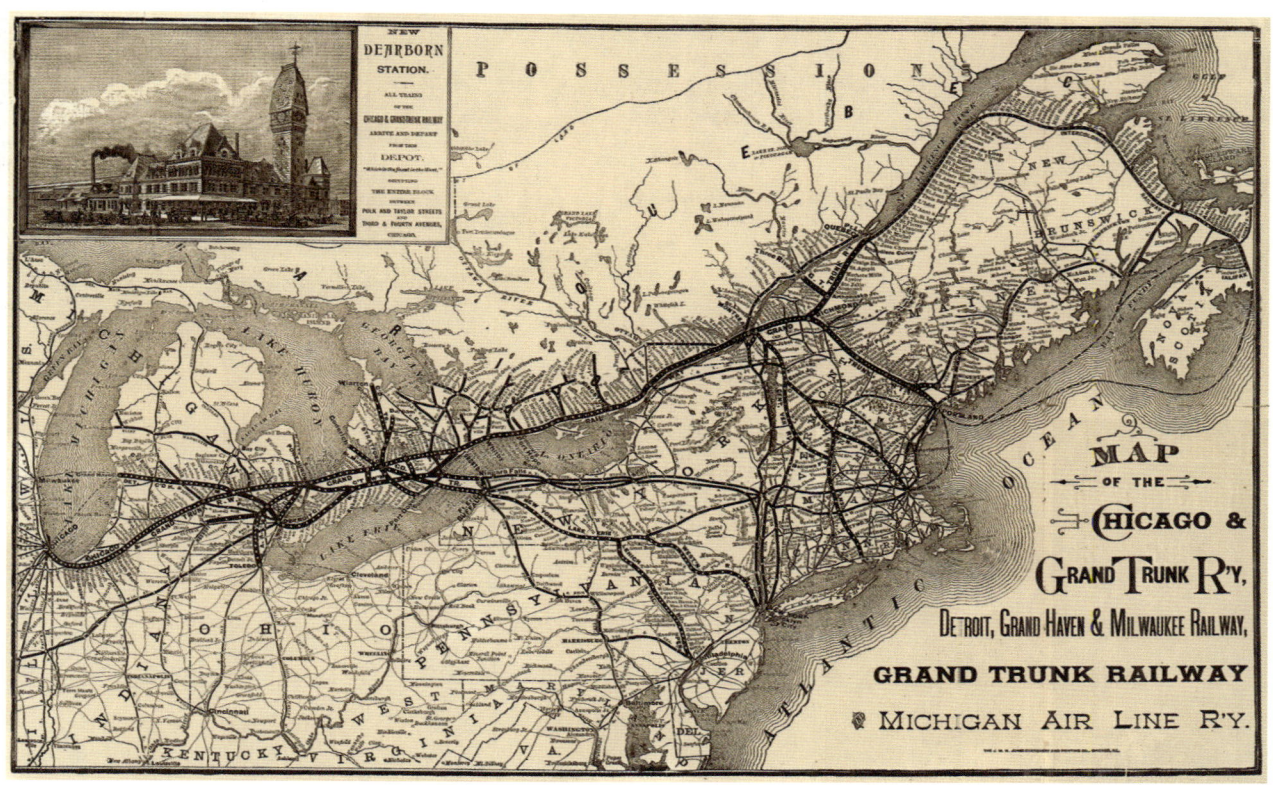

大干线铁路地图，1859年爱迪生在这条线路上做了一名报童，而在19世纪60年代初当了一名报务员。

他在大干线铁路的安大略省斯特拉特福德交汇站当了一名电报员；从1864年到1867年，作为一名流动报务员，他来回穿梭于整个中西部和南部城市，包括辛辛那提、韦恩堡、印第安纳波利斯、孟菲斯和路易斯维尔。

19世纪60年代美国内战后，大多数电报员都是未婚年轻男子，他们奔波于各个城镇之间，在各个电报局谋求职位。他们这个团队每个人的技术都很精湛，但是生活极不稳定，近似流浪。每个电报员都期望自己对技术有一个全面的了解，这样他们就能维护、修理并调整设备了，包括化学电池供电系统。爱迪生也不例外，不过很幸运，作为一个电报员，他掌握了这些技能，当然，他只是那些想要通过自学和设计改进电报设备来继续学习的电报员群体中的一小部分而已。

爱迪生更善于接收电报信息（听一个传入信号的滴滴声，并且把这个信息转

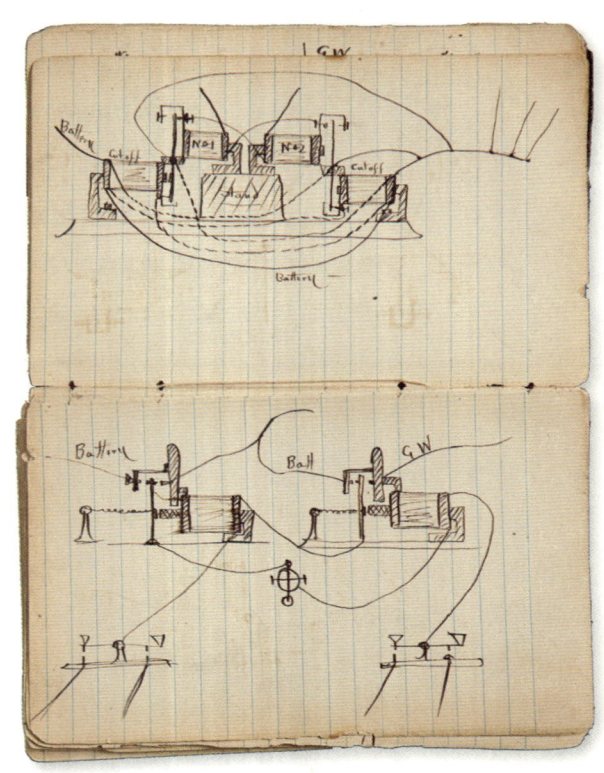

上图：这是俄亥俄州辛辛那提市的全景图，爱迪生分别于1865年和1867年在西部联盟电报公司当了一名电报操作员。

下图：爱迪生的早期技术教育，包括绘制电报电路和继电器的设计图，这些页面来自19世纪60年代末的一个袖珍笔记本上。

录在纸上），不太擅长发电报（在一个电报键上敲击出要发的信息），所以他就负责夜班，传送长篇报纸的复印件。夜班给了爱迪生充裕的时间来阅读、研究技术文献和做实验。1867年爱迪生在辛辛那提工作，那时他随身携带一个笔记本，里面记载了他为改良电报设备勾画的实物模型设计，包括能增加传入电报信息强度的新继电器的设计；还有能使信息远距离传送的中继器以及在同一个电报线上可以发送多条信息的多电报电路。

平时爱迪生用多余的闲钱购买书籍、工具和设备进行实验。19世纪60年代后期，爱迪生阅读的有关技术方面的书籍有迈克尔·法拉第的《电学实验研究》(1855)和狄尼修·拉德纳的《电报》(1867)。爱迪生经常购买书籍，1866年，有一

次差点在路易斯维尔被枪杀，他在那里的一家废旧品拍卖店里买了五十本旧的《北美评论》。爱迪生后来回忆说：

　　"一天清晨，我扛着 10 本书穿过报社后开始往家走。我家就在一家酒馆上面的一间屋子里，周围黑漆漆的一片，到了家附近的时候，我听到了一声枪响，我停下来。这时一个警察跑了过来，卡住我的脖子。不过幸运的是，我认识他。开枪之前他一直对着我大叫，但我确实耳聋，没听见……原来他误以为我偷了书。"

　　1867 年秋，爱迪生离开了路易斯维尔，回到了休伦港的家。在休伦港待了几个月后，他变得焦躁不安，问他在波士顿工作的一个电报员朋友，那里是否有适合他的工作。这个朋友告诉他可以立即过去。

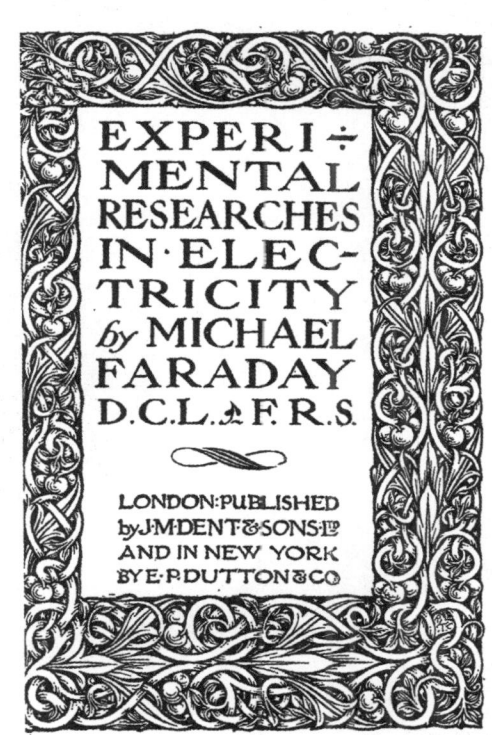

EXPERI÷MENTAL RESEARCHES IN·ELECTRICITY by MICHAEL FARADAY D.C.L. F.R.S.

LONDON:PUBLISHED by J·M·DENT&SONS·L^{TD} AND IN NEW YORK BY E·P DUTTON&C^O

受英国科学家迈克尔·法拉第研究的影响，爱迪生对电磁学的理解是他成功成为一名电报发明家的关键。电动机发明者法拉第的工作奠定了19世纪电气技术的科学基础。

1

一个创新者的教育经历

"我一生都在做一个商业发明家，从来不涉足做任何没用的东西。"

像爱迪生这样有抱负的年轻发明家,波士顿的环境对他十分有利。自 19 世纪 50 年代以来这里一直是主要的电报设备制造地和城市电报系统开发的领头羊。西部联盟电报公司和富兰克林电报公司在波士顿都有办公场所。一些有影响力的电报发明家,像摩西·法默和约瑟夫·斯特恩斯也都住在那里。另外波士顿还有一些富豪企业家专门投资机械店,让独立发明家可以使用店里的机床、设备,雇佣娴熟的机械师帮助他们开发和测试新想法。

爱迪生在 1868 年春天抵达波士顿后,西部联盟电报公司聘用他在总公司接收来自纽约的夜间报刊报道。这样爱迪生白天就有了充裕的自由支配时间可以参观机械店、试验新想法,还可以为电报企业期刊《电报员》撰写技术专栏文章。

1867 年到 1870 年间,波士顿电报系统的电报线从 137000 千米增长到了 179200 千米,年电报信息量从 5879000 份增加到 91580000 份,而就在这个时候,爱迪生来到了波士顿。整个 19 世纪 70 年代,电报线长度和电报业务量都持续稳步增长。美国城市的发展需要铺设专门的电报系统,包括消防和警局呼叫系统,连通住宅区与办公区的电报专线,以及可以从中央区向用户提供金融和大宗商品价格信息的报表服务电报专线。随着电报业务不断增长和快速变化,电报公司需要新的技术来维持他们的服务从而保持商业竞争力。爱迪生通过自学以及他在 19 世纪 60 年代晚期当流动报务员的经历,已经有了改良电报技术的想法,而波士顿正好为他提供了资金支持,由此爱迪生开启了作为一名职业发明家的生涯。

第1页:这是西奥兰治实验室重型机械工厂的手动工具。爱迪生对机械工厂的了解以及接触到的技术娴熟的机械师,帮助他开启了他的职业生涯。上图:位于波士顿的西部联盟电报公司的办公室。波士顿的电报公司和机械工厂为雄心壮志的年轻爱迪生提供了一个有利的环境。

投资商并不难找，爱迪生没花多长时间就找到了，他就是 1868 年 4 月曾经资助爱迪生制造股票打印机的早期赞助商德威特·C. 罗伯茨，他也是一名报务员。另外波士顿商人兼富兰克林电讯公司董事长埃比尼泽·B. 韦尔奇还资助爱迪生研究火警电报和双频电报发报机——这是一个能同时发送两份电报信息的电报机装置。

当然，寻找投资商有时也会遇到麻烦。比如爱迪生早期曾有一个想法，发明一台能够传送文字的传真电报机，但是后来他却没有找到融资方。正如他在 1868 年 9 月给一个朋友的信中写到的，"由于试验太昂贵，而且资金短缺，所以我把这个想法变成现实之前很可能需要好多个月。"

爱迪生（1884年）。

1868 年 10 月 13 日，爱迪生为他的第一个发明——电子投票记录仪签署了发明专利申请。这台投票记录仪能够把投票结果传送到一个中央记录器上，这台中央记录器就会自动列出结果。"这项发明能够在会议中每天节省公众好几个小时，我认为这就是我创造的财富。"爱迪生后来回忆道。然而，当他把这台投票记录仪带到华盛顿时，他才了解到国会立法议员对这台机器并不感兴趣。他还被告知："年轻人啊，那并不是我们想要的，在立法中有少数人十分希望可以影响立法，而你的发明恰恰打破了这些人仅有的希望。"经历这次教训后，爱迪生宣称曾经发誓只发明人们想要的东西的誓言可能不足为信了，但这对他来说也是一个宝贵的教训——了解市场需求对新产品是十分重要的。

1869 年 1 月 21 日，爱迪生与两个波士顿商人乔尔·希尔斯和威廉·E. 普卢默签署了一项协议，他们帮助爱迪生获得了一项改良印字电报机的专利，也就是众所周知的

股票行情自动收录器，能够从一个中心办公室将股票价格传送给银行家和股票经纪人，经纪人办公室的接收器将信息打印到纸条上。爱迪生的股票行情自动收录器比当时的股票打印机更为简单，后者得用三条电报线，而收录器只用一条就可以了。在希尔斯和普卢默的支持下，爱迪生为 25 个用户开通了一项股票报价业务。

爱迪生的第一项专利发明，电子投票记录仪。

有了这样的业务，爱迪生就从西部联盟电报公司辞职了，并宣布他将成为一个全职的发明家。1869 年 1 月 30 日，他在《电报员》上发布了一个通知："托马斯·阿尔瓦·爱迪生先生已经从马萨诸塞州的波士顿西部联盟电报公司辞职，并将时间全部奉献给他的发明创造。"后来在接下来的 6 年时间里，他又发明和制造了电报系统。从 1869 年到 1875 年，爱迪生向美国专利局提交了 110 项专利申请。在这段时期，他学会了如何管理店铺、如何与商业合作伙伴合作、如何用专利安全保护他的发明，以及如何招募优秀的员工。更重要的是，爱迪生与一些知名的电报行业的管理层与工程师建立了良好的关系，他们给爱迪生提供了财力、法律、商业和技术上的支持，并且影响了他的研究进程。简而言之，爱迪生获得的技能和经验，使他成为门罗帕克和西奥兰治的一名高效创新者。

1869 年 4 月，爱迪生在富兰克林·波普的帮助下，在纽约市和罗彻斯特市之间的一条电报线上试验了他的双频电报发报机。富兰克林·波普是一位有影响力的电气工程师，曾担任《电报员》编辑，以及黄金–股票电讯公司的主管。双频电报发报机是爱迪生早期的一个发明，可以在单一电报线上发送多份电报信息，不过有一定的局限性，电路线一旦超过 644 千米，电报就无法发送了。当时爱迪生正在波士顿，而波士顿的赞助商缺少资金继续支持他改良股票打印机、双频电报发报机和自助电报机或磁力记录仪——这是一个能使商家与远距离的工厂通信的专线电报系统。因此，爱迪生决定搬到美国顶尖的金融和商业中心纽约，去寻找有足够财力来支持他研究的投资者。他曾告诉一位朋友说，"对我来说，四处漂泊或回到波士顿是无用的，因为我在那里赚不到任何钱"。

果然，爱迪生的工作引起了纽约电报行业高层管理人员的注意，尤其是塞缪尔·S.劳斯，他是黄金－股票电讯公司的董事长，这家公司的工作就是把黄金价格信息传送给纽约银行和大宗商品经纪商。当波普在8月份辞去黄金－股票电讯公司主管的职务后，劳斯就任命爱迪生为他的继任者。但是不到四个星期，黄金－股票电讯公司就与一个竞争对手合并，之后爱迪生也丢掉了这个职位，因此这位年轻的发明家转战到了新泽西州的伊丽莎白，在那里，他与波普以及《电报员》编辑詹姆斯·阿什利一起创办了一家电气咨询公司。

19世纪70年代初期，有一些知名企业主管支持爱迪生，同时也影响了他的发明。其中就有电报工程师马歇尔·莱弗茨，他是爱迪生的第一个重要的良师益友，也曾兼任黄金－股票电讯公司的董事长。莱弗茨自19世纪40年代末期以来一直从事电报业务，并且在美国内战期间，曾担任美国电报公司的总经理。19世纪60年代后期，他担任西部联盟电报公司商业新闻部的总监。在莱弗茨的经营管理下，黄金－股票电讯公司一直垄断着纽约证券交易所的信息——他决定通过强有力地掌控印字电报机技术来保持他的垄断地

马歇尔·莱弗茨，黄金-股票电讯公司董事长，是爱迪生第一个重要的生意上的良师益友。

位。莱弗茨还认识到，爱迪生的技术能力将能帮助他的公司开发设备，并维护其股票报告业务的垄断地位。

1870 年 2 月 10 日，爱迪生与黄金－股票电讯公司签署了两份合同。在其中一份合同里，公司同意支付爱迪生 7000 美元（现在的 124000 美元）改良股票打印机。在另一份合同里，公司将支付爱迪生 3000 美元（现在的 53300 美元）发明一种"简单、可靠、实用"的可传输字符的传真电报机。同时公司还替爱迪生支付实验场地的租金，实验工具、器械费用以及爱迪生雇佣的一名研究助理 6 个月的薪水，总共 400 美元（现在的 7110 美元）。这些与黄金－股票电讯公司的协议，使得爱迪生与机械师威廉·昂格尔建立了合作伙伴关系，在新泽西州的纽瓦克开了他的第一个专业店。

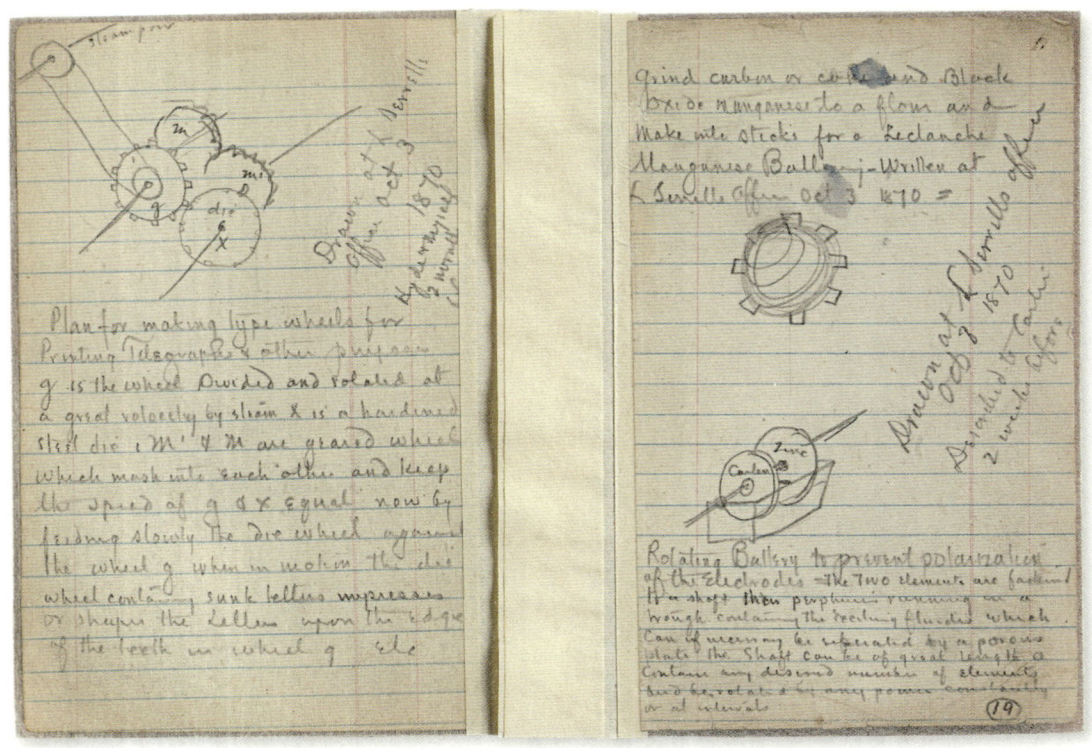

在爱迪生的职业生涯早期，他就发誓要保留实验的完整记录。这本19世纪70年代早期的笔记本包含了他发明电报装置的笔记和草图。

后来，马歇尔·莱弗茨把爱迪生介绍给丹尼尔·克雷格，后者是国家电讯公司总代理，也是美联社前董事长，曾经投资英国发明家乔治·利特尔的自动电报系统。该系统无需操作员在电报电键上敲击摩尔斯电码就能传送信息。在一条条纸带上用一系列穿孔表示的点和划取代电码。当纸通过电报发报机时，这些孔可以使触头暂时关闭电路，从而发送信息。在接收端，可以自动把信息记录在纸上。这样电报信息传送就变得更有效、成本也更低了。电报公司也不必再聘请经验丰富的电报操作员了，即使不怎么懂技术的工人也能完成该操作，只要使用穿孔机，然后把纸带放进发报机就可以了。

莱弗茨和克雷格想让爱迪生改良利特尔自动电报系统的组件性能。1870年8月，爱迪生同意发明一种改良穿孔机，为此，他将得到1300美元现金奖励和3700美元的国家电报公司的股票（分别是现在的23100美元和65000美元）。

利特尔自动电报系统有技术缺陷，需要进一步开发才能有实用价值。因此，克雷格请乔治·哈林顿提供资金援助，哈林顿是一名企业家，曾经是林肯政府财政部的一名助理，并且在1865年到1879年之间担任美国驻瑞士的外交官。1870年11月，克雷格和哈林顿组建了自动电报公司，以开发和提升自动电报系统。后来哈林顿成了自动电报公司的董事长，也鼓励爱迪生设计他自己的自动电报系统，并且在1870年10月与他合作创办了美国电报工厂，为利特尔自动电报系统制造组件，也为黄金－股票电讯公司制造印字电报机。到了1870年秋天，爱迪生在纽瓦克开办了两个制造工厂：纽瓦克电报工厂和美国电报工厂。

纽瓦克是一个制造业繁荣的工业城市，主

波普－爱迪生电报打印机。在1869年和1870年，爱迪生与业务合作伙伴富兰克林·L.波普共享三项专利。

新泽西州纽瓦克市沃德街的爱迪生工厂，从1871年到1875年，他在那里设计和生产电报发明。

要生产机床、珠宝和化工产品，这里也有铸铁厂，不过对爱迪生而言，最重要的是这里有大量技术精湛的机修工和机械师。其中许多工人来自欧洲，尤其是德国。在爱迪生的工厂车间里，大部分员工都是德国专家，他们精通工具制造、机械和维修。威廉·昂格尔是德国后裔，后来与爱迪生在电灯行业密切合作的机械师西格蒙德·伯格曼，也是移民到美国的一个德国年轻人。查尔斯·巴彻勒和约翰·克罗西是移民到美国不久的欧洲移民，他们于19世纪70年代早期也加入了爱迪生的团队。

巴彻勒是一名英国机械师，他曾在曼彻斯特制线制造商J.P.科茨公司工作，于1870年来到美国，在纽瓦克的一家制线厂安装机械，完成这份工作任务后，他继续留在美国，开始在爱迪生的美国电报厂工作。约翰·克鲁西是瑞士出生的机械师，他的少年时代是在一家孤儿院度过的，在那里他学会了纺织。他在苏黎世成为一名经验丰富的机械师之前，也做过锁匠的学徒工。克鲁西于 1870 年踏上美国这片土地，在新泽西州伊丽莎白的辛格缝纫机厂工作，在这之前，他曾经去过巴黎、伦敦、比利时和荷兰，这些经历为他拓宽了视野。在辛格厂，克鲁西为公司改良了制造设备，然后得到了提拔，但这位经验丰富的瑞士机械师早就听说纽瓦克有位名叫爱迪生的青年发明家很有前途，于是他决定跟着爱迪生工作。巴彻勒后来评论说，"克鲁西是所有人当中最孜孜不倦的工人，同时也是做事最麻利、最心灵手巧的人"。

1871 年初，爱迪生在自动电报机上的研究更加深入了，乔治·哈林顿也给美国电报工厂带来了其他投资者。与此同时，纽瓦克电报工厂正在忙着为黄金 – 股票电讯公司生产印字电报机。5 月 26 日，爱迪生与黄金 – 股票电讯公司签署了一份利润丰厚的合同，按照合同规定，爱迪生可以为工厂重新选址，也可以扩大生产规模。根据协议的条款，爱迪生将出任电气技师顾问 5 年，年薪为 2000 美元（现在的 38000 美元）。另外，黄金 – 股票电讯公司还要给爱迪生 15000 美元（现在的 285000 美元）的公司股票，而爱迪生则同意出让他的"万能打印机"的控制权，除此之外，他把另一个印字电报机的专利也移交给公司，然后从公司获得 20000 美元（现在的 380000 美元）的股票。爱迪生随后把工厂名字纽瓦克电报工厂改

上图：查尔斯·巴彻勒，19世纪70年代和30年代，爱迪生的首席助理。下图：约翰·克鲁西，1877年，制造出第一台锡箔留声机的机械师。

爱迪生的万能股票行情打印机（万能打印机）把股票和大宗商品价格传送给银行和经纪事务所。

为爱迪生＆昂格尔联合工厂，把工厂车间从铁路大街搬到更宽敞的沃德街，占据了沃德街工厂的整个四层楼，每层楼有7平方米的工作区。

6月，爱迪生向黄金－股票电讯公司交付了"万能打印机"样机，它的设计与早期的打印机类似，但做了几个方面的改进，新模型耗电量更少，有几个零件可以互换，这样组装股票行情自动收录器更快更高效了。爱迪生也重新安置了打印机的磁条、印字轮、印码杆和其他组件，以便操作员可以更容易地调整仪器。爱迪生在夏末开始生产这种打印机，到1871年底，他已经为黄金－股票电讯公司生产了600台万能打印机了。

1871年10月，爱迪生创办了新闻报道电报公司。该公司给用户传送的新闻直接从中央办公室传到安装在用户家里的电报打印机上。令人期待的是24小时不间断新闻报道，用户可以订阅100多年，公司还向用户承诺，"世界上所有的大众新闻，无论是财经、商业，还是国内外的，都会第一时间接收在纽约的主电报局中"。宣传单上称这种仪器，"新颖、很有观赏价值、完全没有噪声，几乎不需要用户操心"。公司可以免费将电报打印机安装在用户家里的任何地方，但需收取每周3美元的服务、油墨和纸张费用。

但是根据1902年匹兹堡一家报纸上的一则报道称，新闻报道电报公司不出3个月就倒闭了，不过在它倒闭之前，爱迪生注意到了一个女员工：16岁的玛丽·史迪威。有一天，爱迪生找到玛丽，向她求婚。"不过，别着急，"他告诉她，"你仔细考虑一下；

从左到右：爱迪生的第一任妻子玛丽和他们的3个孩子威廉·雷斯里、玛丽安·艾斯特拉和小托马斯·阿尔瓦。

你先跟你母亲谈谈这件事，然后如果方便的话，尽快告诉我，就周二吧。"玛丽跟她母亲交谈之后，第二天就接受了爱迪生的求婚，他们在一周后也就是 1871 年 12 月 25 日结婚了。

（1884 年 6 月 1 日，《纽约世界报》上刊登的一篇访谈中，玛丽否认了这个故事。她说她从来没有给爱迪生工作过，他们的第一次见面是在 1871 年春，她去参观纽瓦克工厂车间。而且爱迪生在向玛丽求婚之前，已经追求她好几个月了。玛丽也否认爱迪生是一个感情冷漠的丈夫，"我跟他在一起很开心，我期望自己能尽可能长寿，因为他对我和孩子们的感情是真实的，他对我和孩子们都很好，我和孩子们都能感受到他的温柔"。）

托马斯和玛丽有 3 个孩子：生于 1873 年 2 月 18 日的玛丽安·艾斯特拉；生于 1876 年 1 月 10 日的小托马斯·阿尔瓦以及生于 1878 年 10 月 26 日的威廉·雷斯里。

虽然他们没有互表爱意的书信，但据托马斯本人在 1872 年 2 月写的笔记中可以看出，爱迪生希望玛丽在车间能帮他发明东西，但是他对她的技术能力很失望。在 2 月 1 日的一本满是电报电路草图的笔记本上，爱迪生写道："我最最亲爱的、我心爱的妻子、我的夫人玛丽·爱迪生完全不会发明任何有狗屁价值的东西！！"2 月 14 日，他又玩笑般的更俏皮地写道："我的宝贝儿老婆没有任何发明天赋"。

19 世纪 70 年代早期，西部联盟电报公司的董事长威廉·奥顿也影响过爱迪生。

创建于 1856 年的西部联盟电报公司在美国内战时期就已经是美国最大的电报公司了。1866 年合并了两个最大的竞争对手——美国电报公司和合众国电报公司——从而巩固了其地位，但该公司仍面临来自小型区域公司的竞争和基础电报专利过期后出现的新竞争对手的竞争。与马歇尔·莱弗茨相比，奥顿也使用新技术来挑战他的竞争对手；但与他不同的是，奥顿对爱迪生来说不像是一个良师益友，而更像是一个利用爱迪生技术来为他公司牟利的精明的商界领导人。

爱迪生可能早在 1871 年春天就与奥顿相识了，那时黄金 - 股票电讯公司的一名高管给了他一封信，介绍了西部联盟电报公司董事长。当时，西部联盟电报公司因为想要涉足金融信息业务，已经控制了黄金 - 股票电讯公司。两家公司关系密切，爱迪生很容易接触到西部联盟电报公司的管理层，这些人可以给他提供技术支持、可以让他使用电报业务的信息，甚至给他的工厂提供资金支持。

1872 年的秋天，爱迪生向西部联盟电报公司申请支持他的试验——二重电报机——一个可以同时向不同方向传送两条信息的系统。这项技术可以提升现有有线网路的信息传送能力，不必再架设昂贵的新通信线路，像西部联盟这样的电报公司对这项技术很感兴趣。

1873 年 2 月，爱迪生与奥顿见面，讨论了改进多路电报的想法。会面达成一项非正式协议，爱迪生同意为西部联盟电报公司开发多路电报系统。1874 年 12 月，在奥顿写给二重电报机发明者约瑟夫·斯特恩斯的一封信中解释了他为什么支持爱迪生，并表达了他对斯特恩斯的关心，希望斯特恩斯不要担心他的竞争对手，因为他们可能会规避斯特恩斯不成熟的专利草图：

> "我雇佣他 [爱迪生] 搞发明，其中发明过程中所涉及的全部或部分成果，都是在保护您的专利权前提下进行的。这样做的目的是鼓励其他发明家使用新模式，同时尽可能取得更多的团队专利。当然也不是为了彰显爱迪生个人的荣耀，而是为了保护西部联盟电报公司使用他们从您那里购买的专利使用权。"

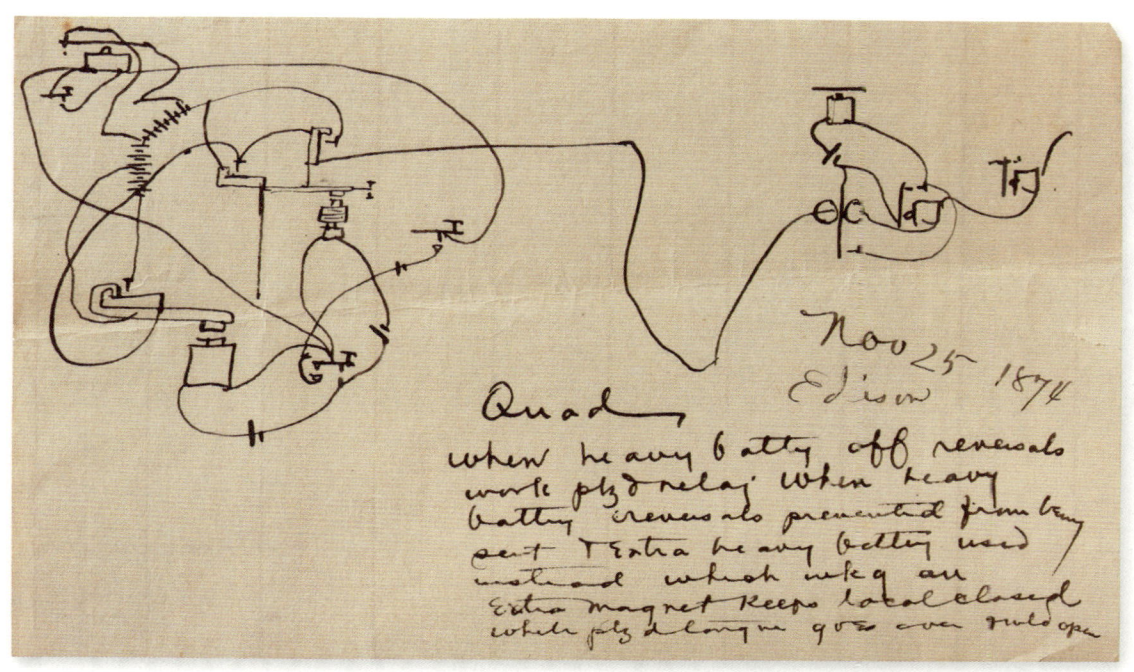

爱迪生的四重电报机电路的草图，设计成可以同时在同一条电报线上发送4条信息。

　　设计双工电路对于爱迪生来说，并不算是一个严峻的技术挑战。1873 年初，他发明了几种双工电路，也设计了几种同向双工电路，都是为了能在同一条电报线上的同一个方向同时传送两条信息。爱迪生也勾画出了四重电报机的草图，这种四重电报机的想法把双工电路和同向双工电路结合了起来，可以在同一条电报线上同时传送 4 条信息。到这时，爱迪生已经完成了奥顿的预设目标，但奥顿并没有和他签正式的合同。

　　1873 年春爱迪生去英国旅游，在那里他为英国邮政局试验了一个自动电报系统，解决了阻碍实用四重电路的一个技术难题。1873 年 8 月，他又为四重电报机起草了一份专利侵权警告函，或者叫初步专利申请，但由于后来他一直忙于其他电报机的发明，所以没有继续从事这个研究。直到 1874 年春天他才向西部联盟电报公司的首席电气技师乔治·B.普雷斯科特寻求帮助开发该系统。在威廉·奥顿的支持下，普雷斯科特提供给爱迪生西部联盟电报公司的电报线和设备，用来试验四重电报机。该系统的首次测试是在纽约和费城之间进行的，有关测试的新闻报道刊登在 1874 年 7 月 10 日的《纽约时报》上。9 月，爱迪生就在纽约和波士顿之间的西部联盟电报公司的电报线上安装

金融家和铁路事业推动者杰伊·古尔德，他支持爱迪生的四重电报机试验。1874年，古尔德收购了大西洋&太平洋电报公司，这是他控制美国电报产业所做的一部分努力。

了一台四重电报机，紧接着12月开通了一条纽约和芝加哥之间的通信线路。

但到了1874年底，爱迪生的资金链出现了问题，急需用钱。由于1873年经济衰退的持续影响，电报公司减少了设备订单，爱迪生急需现金维持工厂运转、支付试验费用。资金极其紧张，爱迪生不得不把他的家从纽瓦克搬到了市区的一栋较小的公寓里。他希望四重电报机试验的成功可以说服奥顿购买这个技术，从而改善自己的财务状况。

12月底，奥顿因一次长途旅行离开了纽约。与此同时，铁路金融家杰伊·古尔德已经获得了大西洋＆太平洋电报公司的控股权，它是西部联盟电报公司的竞争对手。奥顿一离开，古尔德就收购了自动电报公司——包括爱迪生的电报专利和他作为电气专家的服务项目。12月30日，古尔德为了讨论四重电报机，拜访了纽瓦克的爱迪生。

1875年1月4日，古尔德以30000美元的价格购买了爱迪生的四重电报机的专利（现在的634000美元）。此时，爱迪生基本上完成了四重电报机的技术开发，并且已经把研究重点转向了自动电报。因此奥顿在来年1月返回纽约，并向爱迪生提出购买四重电报机专利的要求时，爱迪生拒绝了这项提议。

从古尔德那里获得的资金解决了他当务之急的现金流问题，但也威胁到了他与西部联盟电报公司的关系。1月底，西部联盟电报公司对爱迪生提起诉讼，很快，奥顿和古尔德就卷进了一场激烈的法律冲突，并牵涉了在华盛顿政府最高层工作的公司政治盟友。

不过难能可贵的是，爱迪生十分重视他的自主权，为自己的利益而聚敛巨大财富并没有吸引到他。作为一个创新者，爱迪生的企业运转能力取决于他获得的资金数量。如果有充足的资金，他就能获得巨大的成功。如果没有它们，他就无法支付员工的工资，也购买不了工具、设备以及他发明所需要的物资。因此，他花了大量的时间去解决资金渠道问题，以维持工厂和实验室的运转。

到 1875 年春天，爱迪生的成功足以让他拥有更大的自主权。5 月，他结束了与机械师约瑟夫·默里在 1872 年建立的合作伙伴关系，在沃德街工厂自己开了一家独立的实验室。5 月底，查尔斯·巴彻勒起草了一份实验计划列表，其中除了做其他实验以外，还包括试验一种新式雕刻工艺，另外一种无线电磁体、一种金银探测器、一种低成本开采低品位铁矿石工艺和一种新式印刷工艺。列表上还包括"一种可以复印 100 份副本和系统复印的复印机"——这里提到了电笔和复印机，这是爱迪生第一个与电报无关的重要发明。新实验室场地和待办事项列表标志着爱迪生准备转向其他发明了。

尽管他急切地想把新想法变成产品，但电报行业的经理仍然需要爱迪生的服务，而爱迪生也需要他们的支持。虽然奥顿对四重电报机提起了诉讼，但这并没有阻碍他于 1875 年 7 月与爱迪生见面谈论音频电报的事项，这是一种通过发送不同音调的声音信号来传送多条信息的系统。其实当时以利沙·格雷已经发明了一种音频电报系统了，但奥顿担心会与西部联盟电报公司的二重电报系统竞争，所以，他就鼓励爱迪生开发自己的音频电报。1875 年秋天，爱迪生开始了声学研究。12 月 14 日，爱迪生和奥顿签署了一项协议，协议解决了他们在四重电报机中的纠纷，而且爱迪生的音频电报研究由西部联盟电报公司提供资金支持。这项协议也为爱迪生在新泽西州的门罗帕克开一个新实验室提供了资金。

"成功者习惯做失败者不愿做的事。"

电笔

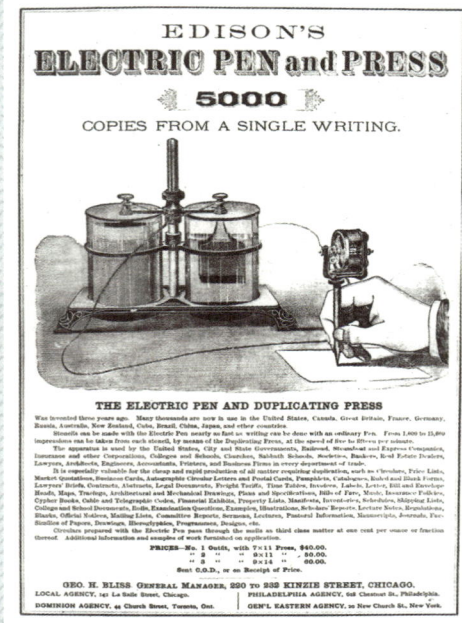

1875 年，爱迪生发明了电笔，这是一种办公室人员用蜡纸复印手写文件的装置。这也是第一批与电报无关的发明，而且直接卖给消费者。实际上电笔是一个手持往复式走针，由一个小型电动马达和电池提供动力。书写者在一张蜡纸上书写时，铁针快速上下移动并在纸上打出一系列小孔，然后将这张蜡纸铺到空白纸上再放进一个金属框里，用一个油墨圆筒滚压过蜡纸，油墨透过小孔，留在下面的空白纸上，就可以复印文件。

电笔的发明让爱迪生认识到，19 世纪 70 年代的美国大众迫切需要改良办公室信息技术。保险公司、铁路公司和其他大型组织都需要高效廉价的方法复印大量的表格、公函和其他文件。办公室人员可以用打字机里的复写纸复印 10 份，但是在电笔发明之前，大量复印的唯一方法就是，在一个叫复写器的装置上，进行一个杂乱的化学油印处理过程。

爱迪生和查尔斯·巴彻勒在 1875 年春天开始复印试验。起初，他们尝试用油墨和化学处理的纸进行模板油印，但爱迪生对结果并不满意。到 6 月底，他们"想到了制作油墨复印纸模板的好点子——用一支笔刺破油纸，然后在上面刷上一层油墨"。爱迪生和巴彻勒设计了一支发条驱动的笔，但效果也不好。于是到了 7 月，他们就把发条换成了电动马达。

1875 年 9 月，爱迪生和他的机械师约翰·奥特签署了一份制造电笔的合同，然后就开始在纽约州、宾夕法尼亚州和其他州委派销售代理商。每出售一支笔，爱迪生向代理商收取 20 美元（现在的 423 美元）。代理商再以每支笔 30 美元（现在的 634 美元）的价格出售，包括电池和配件 。

电笔是第一批直接卖给消费者的爱迪生的发明。

但办公室人员不愿意接受这个装置，抱怨电笔噪声大、太重、电池难保存。曾有一位代理商指出："我发现我们最大的困难是说服职员来我们的地方试用一下，他们不喜欢费力地学习如何使用这种笔。"

不过消费者的反馈也有助于爱迪生和巴彻勒对电笔的机械缺陷进行改良，并且设计出一种更好用的电池。1876年11月，爱迪生把电笔的生产和销售权分配给了芝加哥西部电气制造公司。直到19世纪80年代早期，爱迪生仍继续收取电笔的版税，但在这10年间，又出现了一些更新、更廉价、更高效的复印方法，因此这个电笔也面临着不少的挑战。

爱迪生的复印技术用在了阿尔伯特·B.迪克的模板复印，也就是油印机上。1887年，一个叫迪克的芝加哥木材商人购买了爱迪生1880年的一个专利权，这个专利就是在布满针尖的沟槽金属板上制作印刷模具的工艺。迪克的复印工艺是用一个改良打字机搭配印刷模板和轮转印刷机，从而实现大量复印。这种油印机广泛应用于办公室、学校和教堂的廉价复印。电笔也被认为是现代纹身针的前身，1891年纽约纹身艺术家塞缪尔·奥赖利用改装了的电笔把油墨注入了皮肤。

爱迪生的电笔和复印机使办公室职员能够复印大量的手写文档。

2

发明
工厂

"天呐，我们这里没有规则——我们正在努力成就一番大事业。"

第18～19页：在密歇根州迪尔伯恩市的格林菲尔德庄园重建的爱迪生门罗帕克实验室。上图：门罗帕克实验室（左），以及1880年砖砌的办公室和图书馆（右）。图书馆收藏着爱迪生收集的有助于电灯研究的技术文献。

门罗帕克实验室在19世纪70年代末和19世纪80年代初，是世界上装备最精良的私人工业研发室。在这里，爱迪生和他的实验员们改良了电话，发明了留声机，而且研发了商业电灯和电力系统。不过爱迪生那些革命性的发明，就其本身而言，并不完全代表门罗帕克的意义。在门罗帕克，爱迪生总结了三个要素，构成了他余生的创新方式，这三个要素是：以团队为基础的研究、企业对研究和开发的支持以及他本人作为一个可信赖的、实用性的发明家的品牌形象，以鼓励投资者资助实验室和发明。

爱迪生从纽瓦克搬到门罗帕克可能与纽瓦克的房东发生的一场纠纷有关。爱迪生曾在纽瓦克的一个废弃工厂租了一个按月结算租金的场地，后来他不再需要这个场地的时候，在月底通知了房东并且退还了钥匙。但房东却控告爱迪生，按照条例，按月结算租金的租房者要负责一整年的租金。愤怒于不公正的诉讼条律，爱迪生决定离开纽瓦克。

1875 年 12 月 29 日，爱迪生在门罗帕克购买了两大片广阔的土地。门罗帕克是一个拥有 200 户居民的小村庄，也是宾夕法尼亚铁路沿线的一个车站，这个车站位于纽约市以南 40 千米和新泽西州的新布伦瑞克以北 11 千米处。1876 年 1 月至 3 月，爱迪生的父亲塞缪尔在其中一块土地上负责监督修建了一座两层楼的实验室。而在另一块靠近铁路的土地上，矗立着一座红边装饰的浅色框架房屋，爱迪生和玛丽以及他们的女儿玛丽安、儿子小托马斯，一起搬到了那里，小托马斯当时还是婴儿。

1878 年的《费城时报》这样描述了门罗帕克实验室：

爱迪生在门罗帕克的家，1881 年夏。

"一座近 30 米长、两层楼高的框架房屋，没有任何标志或装饰，看起来像一座拉伸了三倍长度的乡村白色框架校舍。两个砖头烟囱从房屋的一边拔地而起。这栋楼的旁边有一个水池，此外还有一棵大树，四周的木栅栏围起来有 6 亩多地。"

第一层楼包含一个绘图室和图书馆、一个机械车间、一个铁匠锻造车间以及一个木工车间。《纽约太阳报》记者阿莫斯·卡明斯把实验室比作一座"老式浸信会教堂"，还形象生动地这样描绘二楼：

"一个巨大的实验室，到处堆满了电工仪表。1000 瓶化学药品靠墙排列着。一圈煤油灯在一个空心砖锻造台上正冒着烟。他们的烟囱提炼精炼物后被熏黑了。一个开放式的搁物架放置在房屋中间，上面摆着罐装硫酸（金属硫酸盐），太阳光线穿过它们，在地板上留下绿色的斑点。房间的最西端摆放着电话和其他仪器，西南角还有一架小风琴。"

卡明斯在房屋中间的一张桌子边找到爱迪生时，"他的手脏兮兮的，满是烟灰和油污，头发也是乱蓬蓬的，脸上虽然没有胡子但仍需要刮一下，黑色外套破破烂烂，衬衫又脏又无领圈，鞋子皱巴巴且沾满了红色泥巴"。

当记者问爱迪生为什么搬到门罗帕克时，他回答说："我无法获得安宁，经常受到参观者的打扰，我最喜欢这绿油油的乡村，在这里我可以学习、工作和思考。"爱迪生很好地回答了这个问题，但同时也借此机会表达了他对城市生活的反感。他又说："我可能得补充一点，这会逐渐成为职业人士或精神紧张人士的共同体验，他们不能忍受城市公众媒体的关注、青少年俱乐部人们夸夸其谈的热情和卑鄙的侵扰、愚蠢的记者和女性化男人。"门罗帕克的与世隔绝使爱迪生和他的实验员们避免了城市的干扰，而实验室靠近铁路的便利又使得他们更容易接触到城市创新中心的人们和资源。

记者给门罗帕克实验室起了个绰号"发明工厂"，爱迪生在这里发誓说："每6个月产生一个重大发明，每6周产生一个小发明。"但是门罗帕克不是一家工厂。工厂老板重视的是生产力和纪律，使用打卡钟和严格的工作规章来管理工厂车间工人的行为，工人的自主性和独立性受到限制。

相比之下，19世纪的机床车间是创新的环境。机械师是熟练的工匠，他们与工厂的工人相比，享有更多的独立权和自主权。他们拥有自己的工具，在一种称为"内部承包"的制度下，可以与车间老板协商薪酬。这样的结果是，机械师比工厂工人有更多的控制权，可以控制工作流程和生产进度，机床车间看重的是手艺的品质而不是数量，并且通过鼓励他们独立、随意和个人的积极主动来支持创新发明。

机床车间随意的工作氛围促进了新思想的推广和

1878年12月，爱迪生请求玛丽·爱迪生的继姊妹莎拉·乔丹为工人们开办一家公寓。1880年8月，爱迪生为房子里的20盏白炽灯接上了电线。

1880年，爱迪生和员工们在门罗帕克实验室的二楼。弗朗西斯·杰尔记得爱迪生在午夜宵夜期间经常弹奏一曲"采集和狩猎风格"的风琴曲子。

技术知识的迁移。后来的学徒跟着有经验的师傅学会了做贸易，许多机械师的工作是不稳定的，从一个城市到另一个城市、从一个车间到另一个车间，不断寻找工作。他们带着他们的技能到处搬来搬去，独立发明家可以租用工具、设备，雇佣机械师，来帮助他们开发和测试新发明。

在门罗帕克，爱迪生汇集了所有他所需要的工具、设备、信息和技术娴熟的工匠，然后把一个个想法转变成一个个实用发明。虽然他主要依赖机床车间文化的介值观和实践，并以一种创新的方式利用这些资源，但是爱迪生能激发实验员们追求一个共同的目标，这也正是他成功的关键。他带领大家坚定实验室目标，推动着实验员们去实现他的想法，而不是他们自己的想法。正如爱迪生在 1881 年 9 月曰灯专利诉讼陈词中提到的，他不会告诉工人如何解决问题；他希望他们能自我反思。"我通常引导他们朝我想要执行的总体思路上走，但如果我发现一个助理有任何独创性的想法，我不会帮助他得出实验结果，而是让他自己弄清楚他的想法是否可以行得通，以便来鼓励他"。

以前在纽瓦克的主要机械师查尔斯·巴彻勒、约翰·克鲁西、詹姆斯·亚当斯以及查尔斯·N.沃思也跟随爱迪生一起来到了门罗帕克。沃思是一位瑞士的机械师，他在1870年秋加入爱迪生团队之前曾为辛格缝纫机公司效劳。1872年他带着一封爱迪生称他为"一个稳重和聪颖的人"的推荐信回到了瑞士，却不料竟会在1873年秋又回到了爱迪生身边。

这些机械师组成了一个约200名员工的核心小组，他们从1876年到1882年间一直与爱迪生一起工作。爱迪生在门罗帕克的头两年，工资单上只有十几名员工。到了1878年，人数大增，当年爱迪生雇佣了更多的工人来协助电灯项目。工人们出于不同的原因来到门罗帕克；有些人希望获取技术经验，有些人只是想要工作，有些人只是来做短期工；还有些人像机械师约翰·奥特，与爱迪生一直在一起工作，相伴度过了他们的余生。

在门罗帕克的工作和生活并不受工厂出勤打卡钟的制约。电灯实验员查尔斯·克拉克后来回忆道："与爱迪生在一起的实验室生活是艰苦的，但我们所有人都是快乐的。我们整个星期长时间工作，身体累到极限，然后从周六到周日下午晚些时候我们就彻底休息，尽情地娱乐。"

员工们通常每周工作6天，每天10个小时，而且有时工作到深夜。通常在这种情况下，爱迪生会给大家提供宵夜，同时一边唱歌一边讲笑话、讲故事。弗朗西斯·杰尔回忆道："在午夜宵夜期间，爱迪生经常走到风琴旁，弹奏一曲'采集和狩猎风格'的曲子。其中一个小伙子会给我们弹奏一些过去的老曲子，然后我们所有的人，包括爱迪生，就会伴着曲子唱歌。"午夜休息时刻的娱乐活动促进了大家的团队意识和同志情谊。查尔斯·克拉克对篮子里的食物印象十分深刻，他曾说："提醒一句，那可不是一顿冷餐，而是有蔬菜、肉、甜点和咖啡的热晚餐。吃饭填饱肚子的同时，还能打趣开玩笑、讲讲故事，这增添了我们之间的欢乐气氛。最后，爱迪生会站起来，伸伸腰，

对面图片：1880年，爱迪生（中间，拿着草帽）和实验员们在门罗帕克实验室的门廊口。

爱迪生的笔记本

随时记笔记是爱迪生通向创新之路的关键。他用笔记本记录了实验工作、保留了与业务合作伙伴的合同、跟踪实验室和公司的财务状况，还能保护他的发明专利。早在1870年，爱迪生就意识到了随时记笔记的价值，当时他在随身携带的一个笔记本封底写道，"今后，我要随时完整记录所有的新发明。"

托马斯·爱迪生国家历史公园保留了500多万份文档，都是有关爱迪生发明的发展状况的。其中最主要的部分是爱迪生和员工们用来记录实验室实验的3500本标准笔记本。19世纪70年代初，爱迪生在任何可用的东西上都随时记笔记，包括分类账簿、袖珍笔记本和散落的纸片。直到1878年秋，门罗帕克实验室开始电灯实验，他才尝试系统化记录。由于电灯系统比较复杂，从事该项目的实验员人数也较多，所以爱迪生使用了一种标准的15厘米×23厘米的实验室笔记本来记录，在上面记录有爱迪生和实验员们勾画的草图以及实验结果。

1928年12月，爱迪生在西奥兰治记录关于橡胶研究的笔记。

爱迪生经常用实验室的笔记来保护他的专利不受侵权，笔记本不仅仅可以做法律证据，还能够使实验员之间相互沟通，交换思想和概念。爱迪生和员工们在纸上画草图来探索解决办法，机械师再利用这些草图和机械学原理负责创建三维模型。

标准尺寸的笔记本是公用的，因此其中大多数都记录着多个实验员的笔记和草图。而他自己用的是袖珍笔记本，这可以追溯到19世纪60年代末，当时他还是一名报务员，本子上勾画有改良电报电路的草图、购买工具和各类用品的财务支出，还记录了他读过的书。在爱迪生的档案卷宗里有330个口袋笔记本，其中大多数是他从1887年到1931年在西奥兰治写的。

爱迪生有时候在实验室和工厂周围来回走动，与实验员、生产经理交流看法，他通常会用口袋笔记本把想法记录下来。笔记本上列有一页一页的待办事项、给员工下达的指示、新发明的想法，以及为改进现有产品进行的实验，等等。这些笔记表明，爱迪生的发明并不是纸上谈兵。

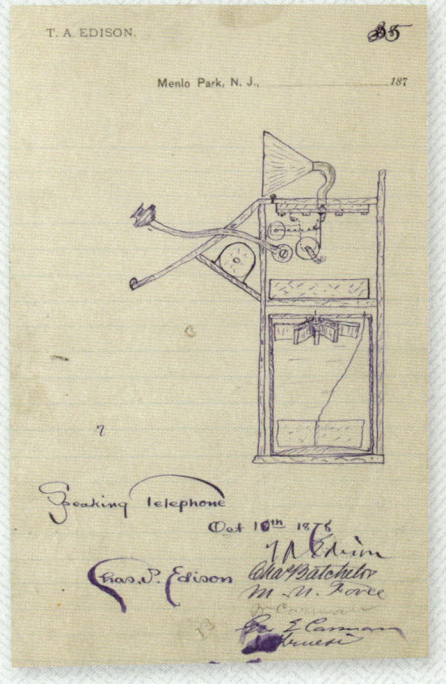

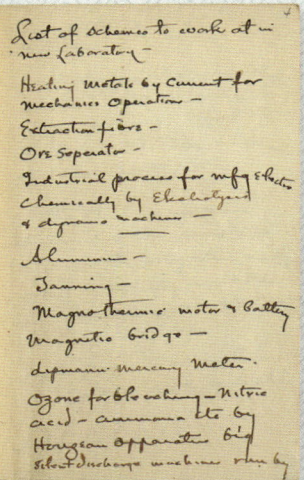

爱迪生的技术笔记和图纸，像这样的电话草图和项目列表，让我们看到了他的实验室是如何设计新发明的。

"我晚上工作是为了逃避访客。这里的夜晚很美好很安静！"

系一系他的腰带，然后开始闲逛去了——这标志着晚餐结束，工作即将重新开始。"

爱迪生勤奋工作的能力赢得了员工的忠诚和团队合作精神。"我们一整夜在做实验，直到中午才睡，"查尔斯·巴彻勒在1875年9月写给他兄弟的信上说，"我们有54种不同的东西正在研发中，有些我们已经研究四五年了。爱迪生是一个不知疲倦的劳动者，然而，没有哪一种失败能影响到他，无论失败多么惨重。"1879年4月，另一名实验员弗朗西斯·厄普顿写信给他父亲谈到关于电灯研究的难度时说道："无论如何，爱迪生先生将战胜这些困难。我丝毫也没有丧失对他的信任，在我看来，他有多么神奇的力量啊！只要不违背任何自然法则，他时刻准备着发明别人可能请求他发明的任何东西。他说要么他终究会拥有他想要的东西，要么他会证明某些事是不可能的。"

当然，如果没有企业的赞助，门罗帕克实验室会是一个装备精良但却孤立的机床车间厂。作为19世纪70年代初的一个电报技术的发明者和制造商，爱迪生的历史成就表明，对于电报行业的经理来说，发明不仅仅只是不可靠发明家的特别活动而已；如果能得到有效组织和管理，发明就能实现企业的营销目标。

西部联盟电报公司的董事长威廉·奥顿就是这个变化中的一个重要人物。19世纪70年代初，独立发明家仍然开发最新的技术来出售，他们的专利卖给现有的公司或募集资金组建自己的公司。1870年，西部联盟电报公司增设了电工技师这个工作岗位，帮助公司评估新的电报技术，但却没有能力自己做发明。爱迪生的发明天赋以及他管理高效创新实验室的能力让奥顿确信，支持爱迪生将会给西部联盟电报公司带来更大的竞争优势。

爱迪生与西部联盟电报公司曾在1875年12月签署了一份合同，按规定，西部联盟电报公司为音频电报的研究提供经费，给他们提供资源，并帮助配备门罗帕克实验室。1877年1月29日，爱迪生起草了一封信给威廉·奥顿，提议定期给实验室提供资

TRADE MARK

Thomas A Edison

爱迪生用他的名字、肖像和独特的伞状签名在他生产的消费品上印上商标。

金以维持运转。他在信中写道："目前车间运营费用包括煤、煤油，工人的薪酬大约每天 15 美元或每周 100 美元。目前我没有收入来源，所以保证不了车间的正常运转，除非我有能力提供资金，否则我必须关门了。"爱迪生提议西部联盟电报公司每周支付给他 100 美元 (现在的 2220 美元) 的机床车间厂的运转费，用来交换电报发明的支配权。

这项提议得到了奥顿的认同，于是他们签署了一项 5 年的合同，签署日期是 1877 年 3 月 22 日，按照合同，西部联盟电报公司同意支付爱迪生每周 150 美元 (现在的 3320 美元) 的实验室费用，而爱迪生要放弃电报发明的支配权。除此之外，西部联盟电报公司还同意支付爱迪生所有发明的版税，包括所有专利费和律师费。作为交换，公司给爱迪生委派了一名专利局代表，是当时任西部联盟电报公司法律顾问的格罗夫纳·P. 劳雷。劳雷后来在爱迪生的电灯融资上发挥了重要作用 (参见第 4 章)。

作为发明者，爱迪生是值得信赖的，因此在新技术开发和产业研究实验室投资盈利方面，爱迪生展示出了发明者的信心。新闻报纸也帮助他提高了这种声誉，19 世纪后期的美国人着迷于新技术开发，而且报刊编辑们也都迫不及待地想通过发表关于爱迪生实验室和发明的报道来满足公众的好奇心。但是爱迪生并没有因为自我主义或者自我膨胀让媒体夸大其词，而是允许记者进入实验室实地采访，而且根据实际需要，允许在公众面前发布他的名字、肖像和形象。这种早期的"品牌"活动不仅面对公众，而且对未来的投资者也很有影响力。

不过有时候，爱迪生也会因为媒体的关注而感到不安，尤其是因为记者采访而打断了重要的实验时。他更不喜欢虚张声势的宣传。这在 1888 年 3 月变得尤为明显，当

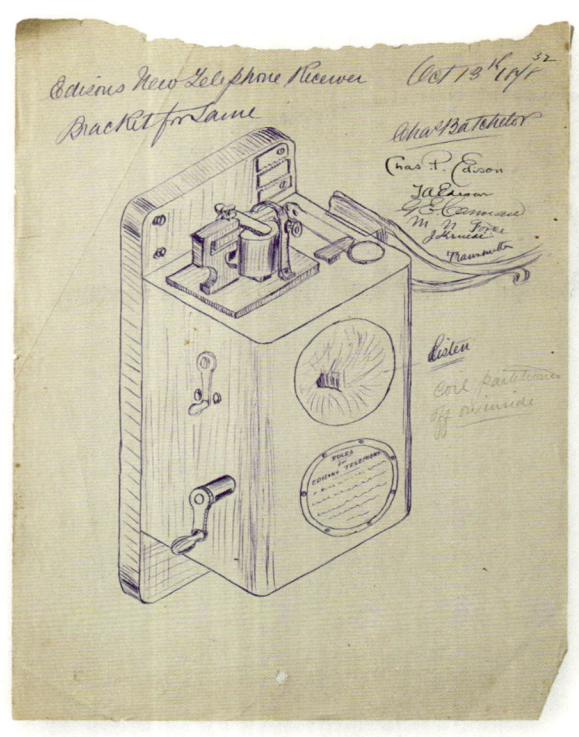

碳精按钮电话草图。为了防止专利诉讼，爱迪生在他的笔记和图纸上仔细记下了日期和签名。

时他十分反对英国留声机代理人乔治·古尔戈的广告策划方案，他说："我深知媒体对我们很有帮助，但在我看来，完全没有必要在宣传活动结束后，还搞一个游行大肆炫耀。"

古尔戈想在伦敦举办一场留声机展览会，并出版一本关于爱迪生的书。爱迪生批准了展览，但拒绝了出版书的想法。"我不反对任何宣传留声机的广告，只要你喜欢，宣传到哪种程度都行，但是我个人可不想出名，也不希望参与我不喜欢的活动，至少在美国，这些活动很不雅观。"

爱迪生在门罗帕克的第一个主要实验项目是设计一个亚历山大·格雷厄姆·贝尔电话的替代机。爱迪生的电话研究以他的音频电报机为基础，后者是一个可以在一条电报线上用不同的声音传送多条电报信息的仪器。爱迪生在西部联盟电报公司的资助下，于1875年秋开始音频电报机的研究。爱迪生和以利沙·格雷一起计划开发一种可以传送语音的音频电报机，但是他们的主要目标是声音的传送，以利沙·格雷是芝加哥西部电气制造公司的电气工程师，他也在试验音频电报机。

1876年6月，爱迪生的两个合伙人在费城世博会观看了贝尔电话的演示。爱迪生后来声称其实他在5月就已经开始研究电话了（他的"电话电报"的专利申请在5月9日签署生效），但贝尔发明的报道促使他于1876年夏秋之间强化了这项工作。西部联盟电报公司想要开发出属于自己的电话网络与贝尔竞争，到1877年初，开发一种贝尔电话的替代品已经成为门罗帕克实验室的一项主要研究项目。

爱迪生的电话工作着重于改进贝尔的发射器。贝尔电话用金属膜片和绕线磁铁传输语音。声音引起膜片振动，这样在一条电话线上会产生电磁感应电流，受话端再次产生振动，使听话人听到语音。然而，贝尔电话产生的信号弱。爱迪生认为这是由于贝尔电话的弱电磁感应电流引起的，于是他尝试多种方法改变电流的电阻，从而增强电话信号。为了产生可变电阻，他又开发出了一种碳基材料的发射器。

1877 年到 1878 年初，爱迪生花了大量时间寻找合适的碳，并测试不同的电话组件排列。他设计的电话电路比贝尔的更复杂，感应线圈可以使电话信号传输得更远。

1878 年春，西部联盟电报公司以 100000 美元 (现在的 230 万美元) 购买到了爱迪生的电话专利权，并且组建了美国语音电话公司，该公司在美国的几个城市安装了爱迪生的电话。那时西部联盟电报公司起诉美国贝尔电话公司专利侵权，然而法院却支持了贝尔的专利。1879 年，西部联盟电报公司和美国贝尔电话公司达成和解：以专利版税作为交易，西部联盟电报公司同意退出电话业务。根据这项安排，爱迪生的电话专利转移到了美国贝尔电话公司。

爱迪生的"碳粉接收器"电话。根据传说，爱迪生的首选电话问候语是"喂"，而贝尔选择的"啊嘿"却从未流行。

3

锡箔留
声机

❧

"我已有了许多项发明，但只有这个才像是我的亲生孩子一样，我急盼它快点成年，以便在我晚年尽点赡养之责。"

大众文化通常把发明描述成一种瞬间的灵感，正是这种灵感引导人们寻找新的方法。查尔斯·巴彻勒描述了这样一个"灵感突现"的时刻，那是 1877 年 7 月 17 日，爱迪生有了录音的想法。当时他们正在寻找存储和恢复电话信息的方法。有一次，他拿起了一个电话膜片——这是一张用于将语音转换成电磁波的薄膜——然后提出了一个实验计划："如果我们有一个唱针，"他告诉巴彻勒，"我们就可以在一些材料上录音，然后把这些材料拉到唱针下面，这样我们的语音就可以回放了。"

巴彻勒在膜片的中心连接了一个金属针头，然后安装到一块有槽沟的木片上。爱迪生把一张蜡纸条穿过凹槽木片，然后对着膜片讲话。"在第二次拉动纸条的时候，"巴彻勒回忆道，"我们俩都意识到，我们已经录音了。"

第32～33页：托马斯·爱迪生国家历史公园展出的爱迪生最初的锡箔留声机。铜管里的膜片振动金属针，把声波刻录在包裹着圆筒的锡箔纸上。下图：爱迪生和员工们通常尝试许多方法，直到他们找到正确的解决方案。在这份1878年3月的笔记里，爱迪生画了几种不同的录音膜片。

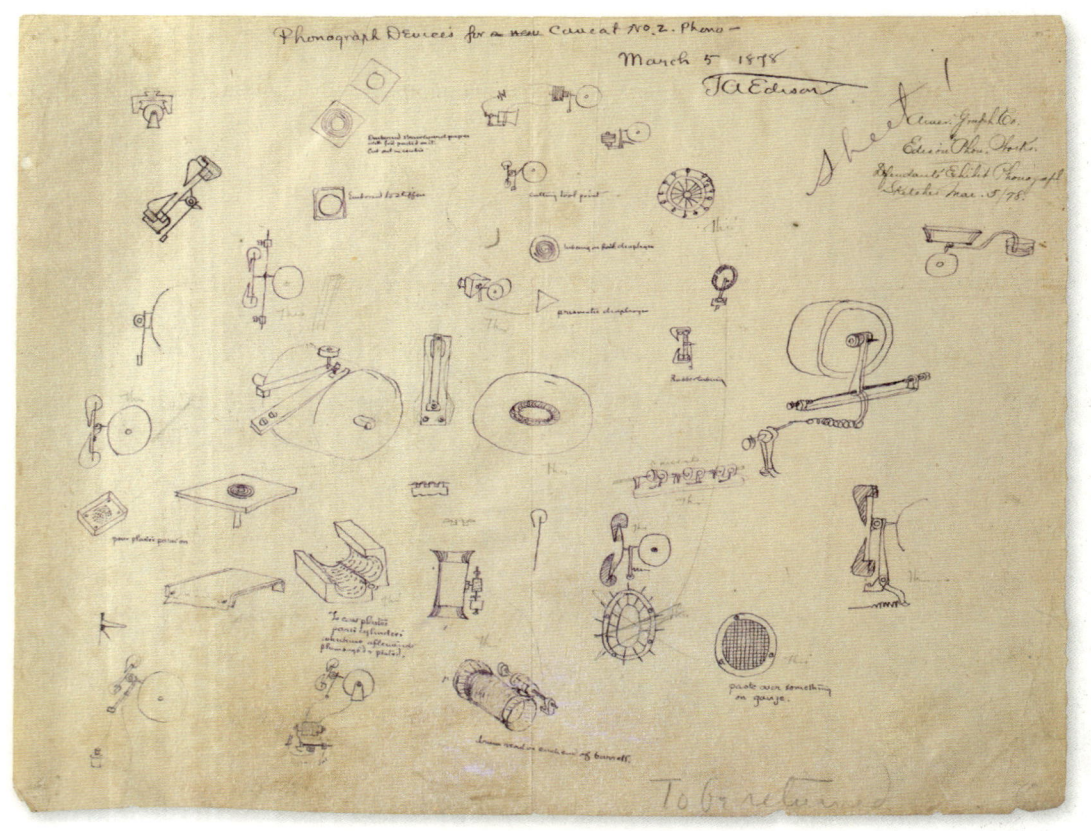

左图：1878年夏之前，爱迪生曾考虑在蜡纸条上录音，后来最终决定使用包裹在圆筒上的锡箔纸片。右图：第一台锡箔留声机，现在收藏在托马斯·爱迪生国家历史公园博物馆。

爱迪生的声音振动膜片，使得金属尖针把声波刻录在蜡纸上。然后反过来操作此过程，语音就能复原了。第二天，爱迪生在笔记中写道："毫无疑问，我可以把人的声音完整地储存起来，什么时候需要就什么时候再放出来。"

爱迪生发现录音是一个新的视角，是受先前经验的影响而形成的——尤其是他一直研究的音频电报、电话和电报转码刻录机给了他很多启发，电报转码刻录机这种装置可以把长电报信息记录或"刻录"在一个放置在旋转板上的槽纹圆纸盘上。通过对音频电报和电话的研究，爱迪生熟悉了声音的物理性质和特征。布鲁克林区的一个化学老师罗伯特·斯派斯曾经在1875年教授过爱迪生声学知识。此外，爱迪生还有一本赫尔曼·冯·亥姆霍兹的《论音调的感觉》(1863)，这本书在声学、声音和音乐理论研究上具有一定的影响力。另外爱迪生还听说过声波记振仪，这种装置是法国科学家莱昂·斯科特在1857年发明的，它可以把声波追踪描绘在一个涂有煤油灯灰（沉淀在煤油灯上被熏黑的残留物）的纸筒上。

爱迪生在 1878 年夏秋期间继续录音实验。他在不同厚度的蜡纸上试验录音，甚至尝试不在纸面而在纸的边缘录音。他还改良了录音针头和膜片的大小形状。在这些早期的实验中，爱迪生测试了不同的设计，包括纸带的卷轴和螺旋槽纸盘。到 9 月中旬，他专注于设计一个圆筒录音机器，11 月初，他设想在金属圆筒上包上一张锡纸，然后在锡纸上录音，并将"刻录 200 个左右的单词语音，而且把它们从同一圆筒上再现出来"。11 月 29 日，爱迪生把这台机器的草图给了约翰·克鲁西，后者花了 6 天制作了一个模型。

　　克鲁西于 12 月 6 日完成了任务。锡箔留声机是一个手摇曲柄圆筒，安装在两个膜片之间，金属针头用薄的钟表弹片连接在留声机上，放置在膜片和圆筒之间。那天，爱迪生把一张锡纸包在铜制的圆筒上，摇动曲柄，并对着录音膜片唱歌。他首先唱的便是一段儿歌《玛丽有只小羊羔》。爱迪生的声音引发膜片振动金属针头，金属针头把声波刻录在了锡箔纸上。然后他把圆筒放回到起点，将唱针放在刻录好的槽纹上，最后摇动曲柄。令他惊讶的是，留声机第一次试验就成功了。

　　爱迪生和他的员工们很快就公开了留声机。爱迪生的合作伙伴爱德华·约翰逊在 11 月 6 日写给美国最前沿的技术出版物《科学美国人》的一封信上描述了这个过程，然后在 12 月 7 日，巴彻勒给《英国机械师》的编辑邮寄了一份锡箔留声机的说明。爱迪生给《科学美国人》的编辑演示了锡箔留声机后，12 月份该期刊就报道了此事："托马斯·爱迪生先生最近来到编辑部，将一台小小的机器放在了我们的办公桌上，然后转动曲柄，机器就开始向我们问安，并问我们是不是喜欢留声机，告诉我们它一切都很正常，还友善地祝我们晚上好。"这台机器令编辑们很惊讶，他们评论说："无论一个人多么通晓现代机械……如果没有亲身体验，他是不可能听机械语音的，他会以为他的感觉在欺骗他。"

　　在《科学美国人》报道后，紧跟着，国内外各大报纸都在报道锡箔留声机和它的发明者的故事。直到 1877 年底，在电报行业经理和工程师的小圈子里，爱迪生已经算是一个知名人物了。以前虽然大众也都知道爱迪生，但关于他的工作，可能并不太了

玛丽安·爱迪生
回忆门罗帕克

爱迪生的大女儿玛丽安认为，她在门罗帕克度过的童年是她一生中最快乐、最精彩的时光。1956年，在她84岁生日前不久，她曾回忆道："实验室对我来说有一种奇特的魅力，我最幸福的时光莫过于小时候的那段时光。"实验室的二楼和玻璃吹制室尤其吸引她，但她从来没有进过机械加工车间，因为担心她金色的长发会卷进机器里。

"我每天的一项任务就是把父亲的午餐送到实验室，"她回忆道，"我总是偷偷看看篮子里，放的有什么，而且总能看到一张大馅饼盖在三明治上。"关于留声机，玛丽安也十分生动地讲述道："我永远不会忘记留声机发明的第二天，经过一个激动人心的夜晚，所有的人都不在场，都去休息了，但仍有一个孤独的身影还在那里，他一摇动圆筒上的曲柄，我父亲的声音'玛丽有只小羊羔'就很清晰地传了出来，我高兴得跳上跳下。"她还提到，前来参观留声机的游客络绎不绝，其中还包括法国著名女演员莎拉·伯恩哈特。

谈到她的家庭生活，玛丽安记得住在一座三层楼的维多利亚式的房子里，由三个仆人和一个马车夫服侍，马车夫"住在马厩旁边的一个公寓里"。1878年10月26日，当托马斯和玛丽的第三个孩子威廉·雷斯里出生时，她很失望，因为新生婴儿不是一个女孩。"我弟弟汤姆是一个体弱多病的孩子，他不得不在佛罗里达州过冬，所以我没有一个玩伴。"

玛丽安描述她的母亲是一个美丽的金发女郎，喜欢为她的朋友和家人举办奢华的派对，并且喜欢穿昂贵的衣服。"我还有一些为她订做的洛德＆泰勒服装的照片，"玛丽安回忆说，"其中一件与众不同的衣服是红黑色相间的织锦衣服，装饰着长着黑翅膀的红鸟。"

尽管经常开派对，在门罗帕克的玛丽还是孤独的。"我父亲因为工作经常忽视她，至少看起来是这样对她的。他从来不参加她的派对，而且他经常顾不上吃饭，常常直到凌晨才回家，或者根本不回家。"

由于爱迪生大部分时间不在家，所以玛丽在睡觉的时候，会在枕头下面藏一把厌于防身的左轮手枪。但有一次夜晚，父亲差点因此被枪杀，那天父亲回来了，"他忘了带前门的钥匙，又不想惊醒全家人，于是从房屋的格架爬上门廊屋顶到他的卧室窗户。母亲以为他是一个窃贼，差点开枪。父亲听到她尖叫，就大声喊她的名字，这才避免了一场灾难。"这是爱迪生一生中第二次差点被枪杀。

1880年莎拉·伯恩哈特在美国巡演期间曾要求见"伟大的爱迪生"。她12月5日拜访门罗帕克期间，被爱迪生迷得神魂颠倒，还问爱迪生是否结婚了。

解。而这一次留声机改变了一切。新闻媒体的报道引起了轰动，给爱迪生带来了国际声誉。这些宣传活动的结果是，门罗帕克实验室被粉丝的来信和新发明的请求给淹没了。

1878 年初，有几个客户表示想把留声机应用于科学研究。史蒂文斯理工学院教授阿尔弗雷德·M.迈耶想在他的声学实验中使用留声机。他给爱迪生写信说道："该结果（在科学领域）产生了深远的影响，其潜力是巨大的，我无法表达对您天赋的羡慕之情，不如坦率地说，我宁愿是你这会说话机器的发现者，也不愿是声学领域里任何取得最大发现的那个人。"内科医生克拉伦斯·布莱克认为，留声机可用于研究咽喉发音和疾病。

亚历山大·格雷厄姆·贝尔早年对锡箔留声机也产生了兴趣。他尊重爱迪生的成就，但他认为自己从事的电话工作已经让他几乎发现了录音的原理。正如他 1878 年 3 月向他岳父写道："这对我来说是一件最令人惊讶的事情，我居然让这项发明从我手指间溜走了，这么多年来，我的思路一直是针对这一课题的。"贝尔测试了一台留声机，以确定留声机是否可以用于语言教育，但他发现锡箔录音不能充分区别某些特定的元音，最后他得出结论，留声机是一个有趣但有缺陷的玩具。

在 1878 年的头几个月里，爱迪生和他的合作伙伴们在门罗帕克、纽约市、华盛顿特区和美国东部其他城市演示了留声机。1877 年 12 月底，爱迪生把这种机器展示给西部联盟电报公司。在纽约的库伯联合学院和第五大道浸信会教堂也分别进行了演示。爱德华·约翰逊还在罗得岛州和纽约州北部的几个城镇——埃尔迈拉、敦刻尔克和詹姆斯敦——举办了展览。"在所有地方，人们都对电话和留声机显示了极大的热情，"约翰逊报告说，"当他们听到留声机播放出我不太动听的歌声时，人声鼎沸，他们几乎把墙给挤塌了。"

对面图片：19世纪美国前沿科技杂志《科学美国人》于1877年12月22日发表文章，第一次描述了爱迪生的锡箔留声机。该发明引起了新闻媒体的轰动，使爱迪生成了一位名人。

system that will shorten the process of extracting the metals and reduce the cost, so as to enable poor ores, which are so abundant, to be worked at a profit. Millions of tons of the material are technically known as "tailings" (that is, ores from which has been taken all the gold and silver that, by present processes, can be profitably extracted, but which still contain an appreciable quantity of the precious metals) exist in all the auriferous districts. For the treatment of these ores various methods have been suggested. The principal difficulty that has been encountered is that of bringing mercury into contact with the gold where the latter exists in only small quantities, or from the flouring of the mercury when vapors of mercury are employed, entailing loss of amalgam and mercury in the subsequent treatment.

Messrs. Forster and Firmin, of Norristown, Pennsylvania, have recently devised a novel method of treating ores with mercury, for which letters patent have been granted them in the United States, Canada, Australia, and other countries. The pulverized ore containing free gold or silver is fed from the hopper, shown in the illustrations, with a horizontal tube, A, Fig. 2. While in the act of falling it is impinged

Fig. 2.

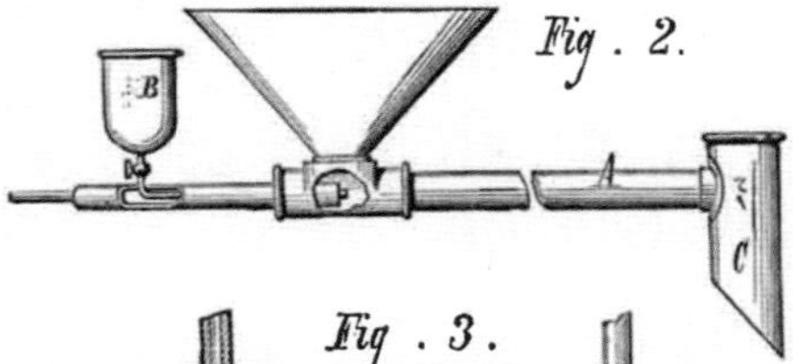

Fig. 3.

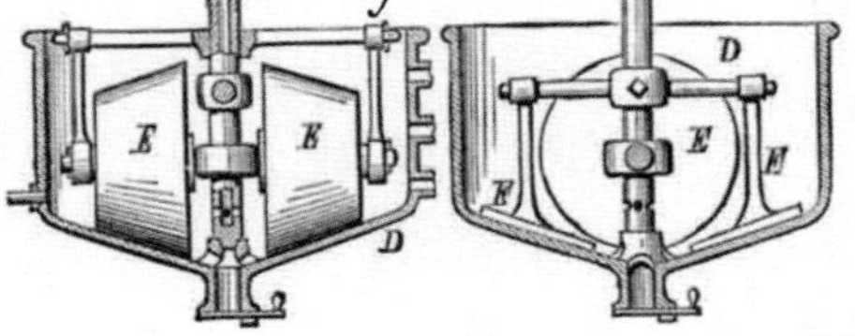

upon by a stream of mercury, which escapes from the receptacle, B, through the inner pipe shown. The flow is broken up and carried forward by steam or air pressure, after the manner of the well known principle of the sand blast. The horizontal tube connects with a vertical tube, C, upon which the ore and the atomized mercury are together forcibly projected, grain by grain, in a continuous stream, and fall, by their own gravity, into the washer or receiver, D. It is claimed that an almost unlimited quantity of ore may be treated by this process, as the attendants have only to feed the hoppers and remove the deposit. The inventors state that "with only a three inch tube from three to five tons of ore can be treated per hour."

In connection with this amalgamator an improved washer, shown in detail in Fig. 3, is used. This consists of a vessel, having a conical bottom, in which rollers, E, and also with scrapers or mullers, F, are placed. The feed water is injected through the shaft or near the bottom of the vessel, and the upward current carries off the waste ore, while the amalgam and surplus mercury collect in the dead water space in the conical bottom, whence they are drawn off through the discharge cock.

The advantages claimed for this invention are: 1st. The rapid continuous process of amalgamating, thus treating very large quantities of ore. 2d. The thorough impregnation of the metals with the mercury, giving larger results. 3d. The profitable working of poor ores or tailings, which are now valueless. 4th. The simplicity of the apparatus, having no parts to get out of repair. 5th. The cheapness and portability of the apparatus, and the ease and economy with which it can be operated wherever there is a steam boiler.

In the improved washer the amalgam and mercury are re-

Scientific American.

ESTABLISHED 1845.

MUNN & CO., Editors and Proprietors.

PUBLISHED WEEKLY AT
NO. 37 PARK ROW, NEW YORK.

O. D. MUNN. A. E. BEACH.

TERMS FOR THE SCIENTIFIC AMERICAN.

One copy, one year, postage included $3 20
One copy, six months, postage included 1 60

Clubs.—One extra copy of THE SCIENTIFIC AMERICAN will be supplied gratis for every club of five subscribers at $3.20 each; additional copies at same proportionate rate. Postage prepaid.

The Scientific American Supplement

is a distinct paper from the SCIENTIFIC AMERICAN. THE SUPPLEMENT is issued weekly; every number contains 16 octavo pages, with handsome cover, uniform in size with SCIENTIFIC AMERICAN. Terms of subscription for SUPPLEMENT, $5.00 a year, postage paid, to subscribers. Single copies 10 cents. Sold by all news dealers throughout the country.

Combined Rates.—The SCIENTIFIC AMERICAN and SUPPLEMENT will be sent for one year, postage free, on receipt of *seven dollars*. Both papers to one address or different addresses, as desired.

The safest way to remit is by draft, postal order, or registered letter.

Address MUNN & CO., 37 Park Row, N. Y.

☞ Subscriptions received and single copies of either paper sold by all the news agents.

Publishers' Notice to Mail Subscribers.

Mail subscribers will observe on the printed address of each paper the time for which they have prepaid. Before the time indicated expires, to insure a continuity of numbers, subscribers should remit for another year For the convenience of the mail clerks, they will please also state when their subscriptions expire.

New subscriptions will be entered from the time the order is received; but the back numbers of either the SCIENTIFIC AMERICAN or the SCIENTIFIC AMERICAN SUPPLEMENT will be sent from January when desired. In this case, the subscription will date from the commencement of the volume, and the latter will be complete for preservation or binding.

VOL. XXXVII., No. 25. [NEW SERIES.] *Thirty-second Year.*

NEW YORK, SATURDAY, DECEMBER 22, 1877.

Contents.

(Illustrated articles are marked with an asterisk.)

Acids, tests for	391	Keely motor deception	388
Amalgamator and ore washer*	383	Knitting machine, Tuttle*	383
Astronomical notes	394	Leaders (60)	396
Barrel factory, mammoth	392	Lead traps, bending (32)	395
Bas reliefs*	392	Lecture experiments	387
Battery notes (18)	395	Locomotive economy	388
Battery power (36)	395	Madstone (62)	396
Battery, small	396	Magnet arms (29)	395
Battery solution (21)	395	Magnet wire (30)	395
Beauty, sense of	392	Mercurial soap (33)	395
Bird lime in Japan	393	Mosaics, imitation	394
Boat building	385	Natural knowledge, limits	393
Book notices	394	Nickel and cobalt	387
Boring tapers*	389	Nile, proposed diversion	387
Carbon in plants	390	Oil well, Pennsylvania	387
Chersydrus, banded*	391	Paper, receiving	385
Crystalizing grasses (5)	395	Phonograph, the talking*	384
Cone pulley (61)	396	Photo-chromos (2)	395
Correspondence, Washington	388	Photo-engraving*	386
Dead, preservation of the	391	Population of world	389
Electric battery for blasting (14)	395	Rifle barrels (37)	395
Electric fire-balls	387	Rusting, to prevent (58)	396
Electric pen (27)	395	Sawing machine, scroll*	390
Engine notes (20)	395	Sealing wax (10)	395
Exhibition, international	391	Sewage, to detect (7)	395
Expansion of metals (59)	396	Sheep skins, tanning (31)	395
Foreign market	384	Steel corroding (57)	396
Galvanic battery (42)	396	Steamboat building	385
Gelatin for moulds (15)	395	Steam ports, to lay out (40)	399
Glycerin and fermentation	388	Stereotyping letter heads (38)	396
Grate bar, oscillating*	390	Stencil plates, cutting (65)	396
Gun locks, bluish color (50)	396	Storks eating rabbits*	391
Heat waves	394	Telephone notes (49)	396
Heel protector*	390	Troops, white and colored	394
Holland, prosperity in	391	Vermin in trees (4)	395
House signs, prismatic	387	Volume XXXVII	384
Huron, wreck of	392	Washing machine*	390
Ice boats, building	385	Wire for the Brooklyn bridge	385
Ice houses	384	Wrought iron and steel	394
Kalsomining (1)	395		

TABLE OF CONTENTS OF
THE SCIENTIFIC AMERICAN SUPPLEMENT
No. 103.
For the Week ending December 22, 1877.

Price 10 cents. To be had at this office and of all newsdealers.

I. ENGINEERING AND MECHANICS.—Diack's Excavator for Sinking Cylinder Foundations. 5 illustrations.
Hardening and Tempering Steel. By JOSHUA ROSE. No. 2. To Temper to Straw Yellow, Brown Yellow, Light Purple, Blue, Greenish Blue, etc., etc. To Temper High Grades of Steel. Tempering in Milk and Water. What is Hardening, and what is Tempering?—Sea Sounding. Sir William Thomson's Self-indicating Sounding instrumet; with 1 illustration.
On the Minute Measurements of Modern Science. By ALFRED M. MAYER. Art. XII. The Application of Rotating Mirrors to the Measurements of Minute Lengths, Angles, and Times. Saxton's Comparator Applied to the Comparison of Standard of Lengths. Mayer's Instrument for Measuring Contraction and Expansion of Metals. 2 engs. —Raising and Lowering Weights.—Rock-drilling Machinery. By JOHN DARLINGTON Tools; Brain's Radial System; Systems used at Mont Cenis, St. Gothard, Musconetcong, and Minerva. The Cut and Sink, and Practical Description of the most Successful Cuttings; with 5 engs.

THE TALKING PHONOGRAPH.

Mr. Thomas A. Edison recently came into this office, placed a little machine on our desk, turned a crank, and the machine inquired as to our health, asked how we liked the phonograph, informed us that *it* was very well, and bid us a cordial good night. These remarks were not only perfectly audible to ourselves, but to a dozen or more persons gathered around, and they were produced by the aid of no other mechanism than the simple little contrivance explained and illustrated below.

The principle on which the machine operates we recently explained quite fully in announcing the discovery. There is, first, a mouth piece, A, Fig. 1, across the inner orifice of which is a metal diaphragm, and to the center of this diaphragm is attached a point, also of metal. B is a brass cylinder supported on a shaft which is screw-threaded and turns in a nut for a bearing, so that when the cylinder is caused to revolve by the crank, C, it also has a horizontal travel in front of the mouthpiece, A. It will be clear that the point

Fig. 1.

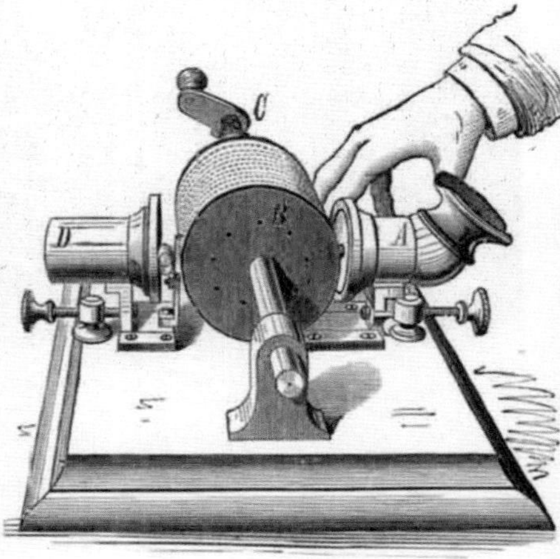

on the metal diaphragm must, therefore, describe a spiral trace over the surface of the cylinder. On the latter is cut a spiral groove of like pitch to that on the shaft, and around the cylinder is attached a strip of tinfoil. When sounds are uttered in the mouthpiece, A, the diaphragm is caused to vibrate and the point thereon is caused to make contacts with the tinfoil at the portion where the latter crosses the spiral groove. Hence, the foil, not being there backed by the solid metal of the cylinder, becomes indented, and these indentations are necessarily an exact record of the sounds which produced them.

It might be said that at this point the machine has already become a complete phonograph or sound writer, but it yet remains to translate the remarks made. It should be remembered that the Marey and Rosapelly, the Scott, or the Barlow apparatus, which we recently described, proceed no further than this. Each has its own system of caligraphy, and after it has inscribed its peculiar sinuous lines it is still necessary to decipher them. Perhaps the best device of this kind ever contrived was the preparation of the human ear made by Dr. Clarence J. Blake, of Boston, for Professor Bell, the inventor of the telephone. This was simply the ear from an actual subject, suitably mounted and having attached to its drum a straw, which made traces on a blackened rotating cylinder. The difference in the traces of the sounds uttered in the ear was very clearly shown. Now there is no doubt that by practice, and the aid of a magnifier, it would be possible to read phonetically Mr. Edison's record of dots and dashes, but he saves us that trouble by literally making it read itself. The distinction is the same as if, instead of perusing a book

在1878年4月的一次访问华盛顿特区期间，爱迪生在马修·布雷迪工作室自豪地摆姿势与他的锡箔留声机合影。

4月，爱迪生去了华盛顿特区，在史密森学会②举办的美国科学院年会上展示了留声机，在国会也向议员们展示；在马修·布雷迪（美国内战期间的战地摄影师）的摄影室里，他还自豪地摆出姿势与留声机合影；之后在白宫，深夜给总统卢瑟福·海斯的演示则把这次华盛顿之旅推向了高潮。爱迪生后来在他的授权传记中回忆道："展览一直持续到大约午夜十二点半，海斯夫人和其他几位女士不得不起身装扮好离开。我在凌晨两点半离开。"

爱迪生喜欢演示锡箔留声机，但其商业化开发的问题也需要得到关注。1877年12月底，他委托一个匈牙利销售商西奥多·普斯卡什作为他的欧洲销售代理。1878年1月7日，爱迪生签订了两份合同，包括特殊用途留声机的制造和销售。一份是与奥利弗·拉塞尔签订的关于玩具留声机的，另一份合同规定给予丹尼尔·萨默斯和亨利·戴维斯自鸣钟和自鸣表的销售权。作为交换，每出售一台留声机，爱迪生将收取10%的版税。

1878年1月30日，爱迪生把留声机在美国的独家销售权给了一些投资者，其中包括亚历山大·格雷厄姆·贝尔的岳父和贝尔电话公司创始人伽迪尼·赫巴德。作为交易，每出售一台留声机，爱迪生将收取20%的版税，以及10000美元（现在的233000美元）启动金，用于把留声机开发成"能录制信函或播放乐曲的令人满意的装置"。4

② 译者注：设在华盛顿的美国国立博物馆，因出资创办人史密森得名。

月 24 日，赫巴德和他的合作伙伴在康涅狄格州组建了爱迪生语音留声机公司。

这样，爱迪生就可以把营销责任外包给公司组织者了，另外公司还给了他在实验室改良留声机的资源。门罗帕克构建出了不同锡箔留声机的模型，但整个 1878 年，爱迪生都在忙于轻包业务，首先签约把机器生产外包给纽瓦克、纽约和费城的工厂车间，然后把营销和制造转包给商业伙伴和承包商，这样爱迪生就能集中注意力研究技术设计了，这是他的强项，但这也意味着他不能完全控制销售策略或生产质量了。到了 19世纪 80 年代初，爱迪生改变了这种策略，因为推广电气照明系统比较复杂，他必须更多地参与制造和销售。

由于留声机没有一个明确的用途，这也影响了公司的推广力度。爱迪生与爱迪生语音留声机公司的合同提到了娱乐和商业用途，但没有提供具体的细节。爱迪生和他的合作伙伴为留声机考虑了各种用途。除了把留声机作为电话应答器——正如早期实验笔记所述——爱迪生还提出了其他几种用途，包括会说话的娃娃，会说话的玩具动物、音乐盒以及自鸣钟。爱迪生也设想可以用留声机录制法庭证词，还能在人行道播放广告。在 1878 年《北美评论》5～6 月期上，爱迪生刊登了一篇题为《留声机和它的未来》的文章，在文中，他也指出了留声机的几个可能的用途，包括语言教育和盲人有声读物等。

1878 年 4 月，爱迪生告诉《费城周报》的一名记者说他想在留声机上录制小说，他当时描述的一个"阅读"体验类似于今天的有声读物。"嗯，如果你病了，或你的视力差，或你不能忍受强光，留声机会给你读诗。留声机可以在黑暗中或强光下阅读。留声机可以阅读整篇小说，还能重读，这样，做针线的女士们也能听完一个故事了。"爱迪生声称他可以生产出比印刷版本更便宜的有声读物。"我能以 3 美分提供一部针刺录制的有声小说，而不像纸质版小说那样花 50 美分，因为作品不用打字、排版、印刷，而是针刺录制。"

但遗憾的是，在 1878 年，锡箔留声机并不能做任何一件事情。操作这种仪器需要高水平的技巧和足够的耐心。录制的声音不大也不清晰，而且锡箔纸很脆且易损。录音只能播放一两次，储存任何长度的录音也是困难的。因此，爱德华·约翰逊在1878年1月总结留声机的状况时说："留声机引起了巨大的轰动，但我认为它给人们的印象更像是一台玩具，而不是一台实用机器。"

这是一种缺乏实用性的机器，公司决定把该发明的新颖性资本化，但经理们争辩说他们是否应该出售或租赁留声机或建立一项向公众展示留声机的业务。伽迪尼·赫巴德首选销售留声机，但公司的总代理爱德华·H.约翰逊强烈要求用于展览，而另一位公司经理查尔斯·切弗也认为"可能会赚大量的美元……马上展览留声机的话"，并主张允许参展商独家专属区。赫巴德不反对留声机展览，但他认为要想组织和管理一个国家的参展商网络是很难的。为了应对机器的日常维修，以及需要创造收益来支付不断增长的开销，4月2日，赫巴德向美国贝尔电话公司的代理宣布，以每台100美元(现在的2330美元)的价格出售大型展览留声机。

几个星期后，赫巴德改变了要展览留声机的想法。4月中旬，在华盛顿参加了一个留声机演示会之后，波士顿的雷德帕思文化局的组织者詹姆斯·雷德帕思提出建立一个留声机演讲业务。成立于1868年的雷德帕思文化局，安排知名作家和公众人物——包括马克·吐温、亨利·沃德·比彻和弗雷德里克·道格拉斯——在美国的各大城市和乡镇做演讲，这是一种受欢迎的成人教育和娱乐形式，而且文化局和演讲者都是有利可图的。19世纪70年代，一些新技术，比如电话，都是通过巡游演讲和演示介绍给公众的。赫巴德十分欣赏受大众欢迎的公开演讲，他接受

"我并不是失败了10000次，我只是成功找到了10000种不可行的方法而已。"

了雷德帕思的提议，"在全国不同地区同时进行一系列演讲，向公众介绍留声机"。

1878 年 5 月，雷德帕思开始组织留声机展览会。爱迪生语音留声机公司发出通告，如有意参与，公司提供给对方在指定区域长达三个月的留声机展览会独家权利。另外参展商需要支付 100 美元，公众的入场费为 25 美分。公司提取 25% 的收益。

1878 年 9 月，雷德帕思报告说，他的展览会业务收入超过了 7000 美元（现在的 163000 美元），但两周后因为寥寥无几的与会者，他关闭了纽约欧文大厅的演示会。"我们已经做了大量广告，但没人愿意付费参与，"雷德帕思告诉赫巴德，"约翰逊先生，我当然相信，如果我们坚持下去，我们应该很快就会有人山人海的展览会。但我没有坚持。因为这个城市已经举办了300 多场留声机展览会了，我认为公众对此已经毫无兴趣了。"

马克·吐温是19世纪后期巡回演讲中最受欢迎的演讲家之一。在电影、广播和电视出现之前，这些讲座给大众提供了娱乐，并向公众介绍新技术，比如电话和留声机。

而与此同时，在伊利诺伊州组织展览会的乔治·布利斯也遇到了类似的问题。布利斯在芝加哥的时尚州街租了一个店面举办了留声机演示会，并且通过报纸广告、街头标语和海报加以推广，花了 200 美元（现在的 4650 美元）。然而，他不可能竞争得过更受欢迎的娱乐形式，他最后也得出结论，公众对留声机的兴趣已经减少了。

1878 年 1 月初，爱迪生对锡箔留声机进行了改进，更换了一个更大的圆筒，一个扩音喇叭和一个调整圆筒速度的调速轮。1878 年初，进一步的研究主要集中在设计一个能够录制多达 50 个单词的小型廉价演示留声机。到 1878 年 3 月，这种小型留声机的售价是每台 30 美元 (现在的 698 美元)。他期望能够销量大增，但这些演示机并没有达到令人满意的效果，只卖了寥寥数台。

小型演示留声机的设计目的是为了创收，直到门罗帕克实验室能生产出它所希望的标准模型：一个由发条机制驱动的唱片留声机。爱迪生期望发条留声机能缓解手摇机器产生的速度不均匀问题。1878 年 1 月和 2 月，蒸汽驱动式留声机的试验表明还有开发潜力，但蒸汽不是一种实用的动力源。到 4 月初，爱迪生的发条唱片机终于完成，但这种机器不能充分工作，所以他最终放弃了这种设计。

也就是在这个月，爱迪生再一次改良了留声机，他把一个发条装置嵌入了圆筒里。除了发条驱动以外，这台机器的主要特点是：有一个摆速调节器，能提高录音膜片和圆筒位置的轴承，以及一根可移动滑杆，能够更牢固地把锡箔固定在圆筒上。5 月 19 日，爱迪生给西奥多·普斯卡什写道："今天发条圆筒留声机开始运行了而且运转顺利。下周六我可能会出货。"尽管爱迪生把发条设计纳入英国专利说明书上，但不知什么原因，他的发条圆筒留声机从未上市。

1878 年 10 月初，爱迪生和巴彻勒在门罗帕克为改良锡箔留声机做了最后的认真尝试，当时，他们设计了一张录音机草图：把锡箔卷进圆筒中并竖立起来。把锡箔放到圆筒里面，是因为爱迪生希望能简化机器使用锡箔纸的过程。草图和专利图纸显示，发条马达可以驱动机器，还能使操作者随意开始和停止录音。爱迪生告诉《纽约太阳报》，这台机器能够录制多达 4000 个单词。他说，"任何人在空闲的时候都可以对机器发号施令，然后他的办公室助理就可以播放出几句或者多句话，只要拽一下绳子，就能停止机器"。爱迪生语音留声机公司希望这个新版本的留声机可以重振他们的业务。

尽管实验室准备好了这个设计的测绘图，并纳入 1878 年 3 月的一份专利申请书的产品说明里，但爱迪生并没有把机器投入商业化生产[1]。到 1878 年秋，爱迪生语音留声机公司注意到了销售量的下降，并表示，公众对留声机不感兴趣了。1878 年 10 月到 11 月间，留声机的销售额从 2305 美元下降到 1065 美元。11 月爱迪生给了爱德华·约翰逊一笔贷款，从原来的投资者手中获得了公司的控股权。约翰逊计划出售一款小型的演示留声机，这种留声机是他与西格蒙德·伯格曼共同开发的，后者也曾是爱迪生的雇员，在纽约开制造厂，但锡箔留声机的利益仍继续减少。12月份销售量曾有小幅上升，但在1879年的1月和7月之间持续下降。1879年1月21日，爱迪生语音留声机公司取消了与爱迪生的合同，他在1879年8月收到最后的版税报表。那时，爱迪生正忙于电灯研究。直到1886年，西奥兰治实验室创建不久前，才重新回到留声机的研究上。

19世纪70年代末，锡箔留声机在市场上失败了，究其原因，有以下几个：首先，爱迪生语音留声机公司的着重点并没有放在留声机的实际用途上，这样就无法指导留声机的技术改进，也不能促使公司实施有效的营销策略。其次，公司在留声机的不同功能（娱

在公众对锡箔留声机发明的称赞中，1878年4月10日，《每日画报》对爱迪生冠以'门罗帕克的奇才"的称号。

乐与商业）和不同的营销策略（销售与租赁）两方面举棋不定。在改良锡箔留声机的努力中，门罗帕克实验室把重点放到了机器上，而不再是录音介质上。但如果没有能容易操作或储存的录音，留声机就是一台实用性受限的机器 —— 爱迪生后来在西奥兰治解决了这个问题。因此，爱迪生语音留声机公司的失败在于依赖的市场短暂而有限：公众把留声机当作一个新奇的玩具看待，而少部分科学家把它看作是声学研究的工具。

4

一笔
巨额财富：
爱迪生的电气照明系统

"电灯是未来之光——而且，它属于我——除非有其他人获取了更好的。"

1878 年秋，门罗帕克实验室开始解决发明家们自 19 世纪 40 年代以来一直未能成功解决的问题：开发一种实用的白炽电灯。爱迪生和他的团队不仅发明了一种白炽灯；还设计了一整套电气照明系统，并且创建了多家公司，可以在美国和其他国家生产和销售该系统。早期的爱迪生电灯公司奠定了现代电力工业的基础。

19 世纪初，英国科学家汉弗莱·戴维发现了电弧和白炽发光原理，当时他发现把某些材料用电加热到白炽状态就会发光。他还进行了演示，当电流通过一个连接两根碳棒的电路时，碳棒之间的空隙会产成一道极强的闪亮白光。

19 世纪 70 年代末，俄国工程师雅布洛奇科夫推出了第一个实用弧光照明系统。但是这种刺眼的弧光灯更适用于户外和大型室内空间。这种局限性激发了发明家们对电灯进行"再分"的热情，设计一种较小的、不那么明亮的灯，专门用于室内和商业区

第46～47页：在西奥兰治实验室储藏室里的爱迪生麦芝达牌电灯泡。通用电气公司——爱迪生电灯公司的继承公司——于1909年开始生产以麦芝达为商标的灯泡。上图：1809年，英国化学家汉弗莱·戴维发明了第一台电弧灯。6年后，他为煤矿工人制造了一种安全的明火灯。

照明。

爱迪生也意识到了这个问题。1877年9月，他把一根碳化纸条白炽化，但碳丝暴露在空气中被迅速氧化并烧尽。而为了防止氧化，爱迪生又尝试把碳丝放进真空中，但又没有十分有效的真空泵，于是放弃了实验。

1878年刚入夏时，爱迪生和巴克前往美国西部旅游途中，长时间地讨论了如何利用瀑布发电并远距离输电到矿区的问题。巴克还曾鼓励爱迪生去安索尼亚参观华莱士的弧光照明系统和新的发电机。于是1878年9月9日，爱迪生和查尔斯·巴彻勒、宾夕法尼亚大学教授乔治·巴克以及一名报社记者一起去康涅狄格州的安索尼亚参观了威廉·华莱士的铜厂。

据《纽约邮报》报道，华莱士的系统让爱迪生很兴奋。他"从发电机那儿跑到弧光灯处，又从弧光灯处跑回发电机那儿，还一度天真地趴在桌上做着各种计算"。回到门罗帕克的爱迪生确信，他可以解决"再分"电灯的问题。

爱迪生的解决方案是安装一个开关，这样就可以在元件过热以前，暂时切断电流，防止电灯元件熔化或燃烧。他还设想把电灯连接的方式改为并联电路，这样，可以使开关控制自己的灯，而不必关闭整个系统，也就是说消费者可以关掉自家的灯了。

9月13日，爱迪生把这些想法列入专利申请，并且发电报给华莱士："我要发大财啦。"巴彻勒给一名同事写信说："我们已经在电灯上做了一件大事而且我认为我们已经解决了再分问题，这样我们就可以做出许多我们想要的小功率灯了。"爱迪生则告诉《纽约太阳报》记者说："我现在已经有目标了。如果大家知道我是怎样完成目标的，他们一定都会想知道为什么他们从来就没有想到，而其实这是很简单的一件事。"

爱迪生预言，他的电灯照明将比煤气灯照明更便宜。由一个中央控制中心集中发电，然后为企业和居民提供电气照明和电力。他还设想这个照明系统可以照亮曼哈顿下城区的大部分区域。"给你带来光明的同一线路也将带来电力和热。有了电，你可以运行一部电梯、一台缝纫机或任何其他需要一台马达驱动的机械装置，有了热，你则可以烹饪食物。"爱迪生这样告诉《纽约太阳报》。

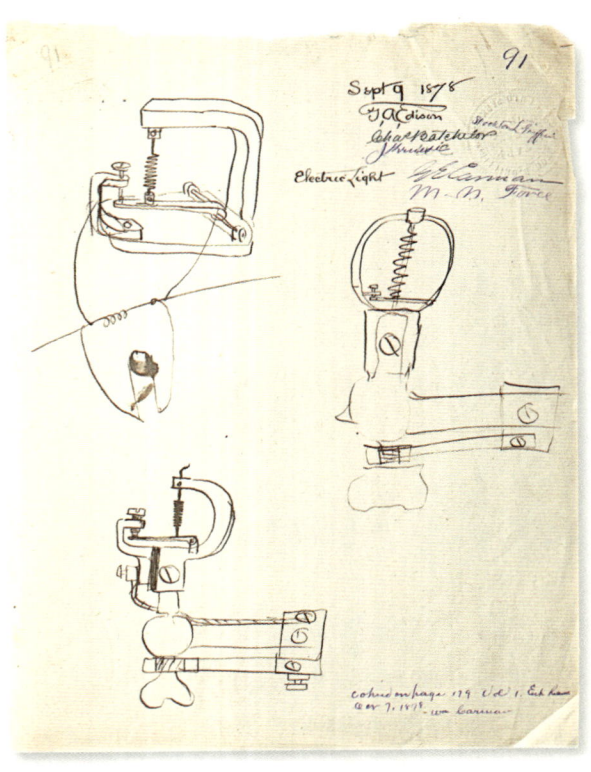

1878年9月，爱迪生画了这些电灯草图，几个月后，他决定把燃烧器放进一个真空玻璃罩内。

爱迪生的"突破性进展"报道后，纽约和伦敦证券交易所的煤气照明公司的股票一落千丈。9月下旬，爱迪生的律师格罗夫纳·劳里开始和一些有意投资人士商谈，这些投资者包括西部联盟电报公司的总裁诺尔文·格林，德雷克塞尔－摩根公司的合伙人埃吉斯托·P.法布里，以及与纽约中央铁路公司总裁威廉·H.范德比尔特有来往的商界领导们。10月16日，这些谈判最终决定成立爱迪生电灯公司，总资本为300000美元（现在的6440000美元）。爱迪生授予该公司美国北部和南部电灯专利的独家控制权。作为回报，他获得了250000美元的公司股票，30000美元（现在的698000美元）的实验费用，以及额外的100000美元，另外，在保证最低15000美元年薪的前提下，收取该公司出售的每盏灯5美分的版税。

劳里在创建法人组织资助爱迪生的研究方面发挥了重要作用，他还充当爱迪生和投资者之间的一个中介人。当爱迪生未能推出新灯时，那些相信爱迪生已经解决了电灯问题的电灯公司的董事们变得很不耐烦。爱迪生对公司董事们缺乏信心的行为大为恼火，不过劳里让爱迪生放心，并建议他向公司坦言他所面临的挑战，并安排公司官员参观门罗帕克。

尽管爱迪生最初很乐观，但自他上次设计出一种实用电灯已经过去好几个月了，一直没有什么进展。1878 年秋，当门罗帕克的员工们研制灯的调整器时，他们才意识到他们还必须得设计一整套系统——不仅仅是一个灯——还包括开关、电表、配电系统和新的发电机，因为爱迪生对华莱士的发电机不满意。

　　除此之外，爱迪生还必须确定该系统的技术要求，包括研究现有电灯技术以及了解煤气和弧光照明系统的费用。于是爱迪生聘请了弗朗西斯·厄普顿来审查涵盖这个领域的所有科技文献和专利。厄普顿来到了门罗帕克，他拥有数学和科学学术背景，在鲍登学院和普林斯顿大学分别获得学士和博士学位，也在柏林跟着德国科学家赫尔曼·冯·亥姆霍兹学习了一年。

　　1878 年 11 月，实验室设计出了第一台电表，这样电灯公司就可以计量出用户的用电量了。12 月，实验员开始设计一种新的发电机。爱迪生认为铂金是最耐热的材料，但这种材料既稀缺又昂贵。1879 年 1 月，为了找到铂金的替代材料，他开始试验金、铱、镍和其他金属，但结论是，铂金依旧是最佳的金属材料，于是他又开始更加系统地研究铂金的性质——最主要是要了解铂金在白炽状态下的表现。

　　1879 年初，在灯的研究方向上，爱迪生决定做两个改变。首先，防止白炽化下的铂丝被分解的试验失败后，他决定把灯丝放在真空里。虽然这个实验爱迪生已经在

纽约市第五大道65号的爱迪生电灯公司总部。

1877 年做过，但他现在使用的设备可以产生更好的真空体。另一个改变是爱迪生决定设计一种高电阻（电阻是指导电材料如铜或铝阻挡电流通过的能力）灯丝的灯。因为根据欧姆定律，低电阻灯需要大量的电流才能达到白炽化，这意味着导体不能太短也不能太粗。而高电阻的灯需要的电流相对较小，这就需要爱迪生设计更长、更细的导体，并且还要降低系统的整体成本。

把灯丝放在一个高真空的玻璃灯泡里可以阻止氧化，但当电流加热时，铂丝中膨胀的气体就会胀裂这种金属丝。于是爱迪生在真空体里逐渐加热这种金属丝，慢慢地赶走了气体，从而解决了这个问题。但是一个更大的挑战出现了，那就是找到一种粘在铂丝上的隔热材料，以防止铂丝过热。

到 3 月份，实验室又设计出了一种灯，灯丝仍是铂丝，且密封在玻璃真空里。到此，爱迪生认为他已经成功地发明了一种实用灯，且在门罗帕克进行了一场小型演示，之后便开始计划一场更大型的演示。然而，他的实验员还没有找到一种防止铂丝熔化的方法，另一个问题就是铂的稀缺性。1879 年春，爱迪生在矿区给邮政局局长发了数百份通函，询问有关铂矿的矿床信息。春夏期间，研制发电机、电表和配电系统的工作继续进行中。

尽管实验室在其他系统组件上取得了进展，但直到 1879 年秋还没有设计出一种实用铂丝灯。最大的障碍是未能为铂丝生产出一种隔热材料。10 月初，实验室开始试验碳灯丝。爱迪生和他的团队为什么试验碳尚不清楚，这是 19 世纪的实验室里常见的一种材料，爱迪生曾把它用到他的碳精按钮电话筒上。10 月初，巴彻勒用焦油和灯黑塑造了一个螺旋灯丝，然后放进烤箱里慢慢碳化。碳试验显示，碳可能会满足爱迪生的高电阻要求。10 月末，巴彻勒试验了各种碳材料，包括钓鱼线、纸板和沾有焦油的棉线等。最终碳化棉线试验取得了最好的效果。1879 年 10 月 22 日，一盏碳化棉线灯问世，总共点了 13 个半小时。

巴彻勒的耐用碳化灯丝是爱迪生研制实用白炽电灯过程中的一大突破，但这还不是研究的结束，因为实验员在门罗帕克仍在继续改良灯泡和其他系统组件。1879 年 12 月 21 日，《纽约先驱报》发表了碳丝灯的第一篇报道。12 月的最后一周，数百名游客来到门罗帕克参观爱迪生在实验室搭建的一个电灯展览。铁路公司甚至为此增开了几辆列车。据《先驱报》报道，"实验室有 25 盏电灯，照得灯火通明，办公室和会计室有 8 盏，另外还有 20 盏分布在通往仓库和一些毗邻房子的街上"。

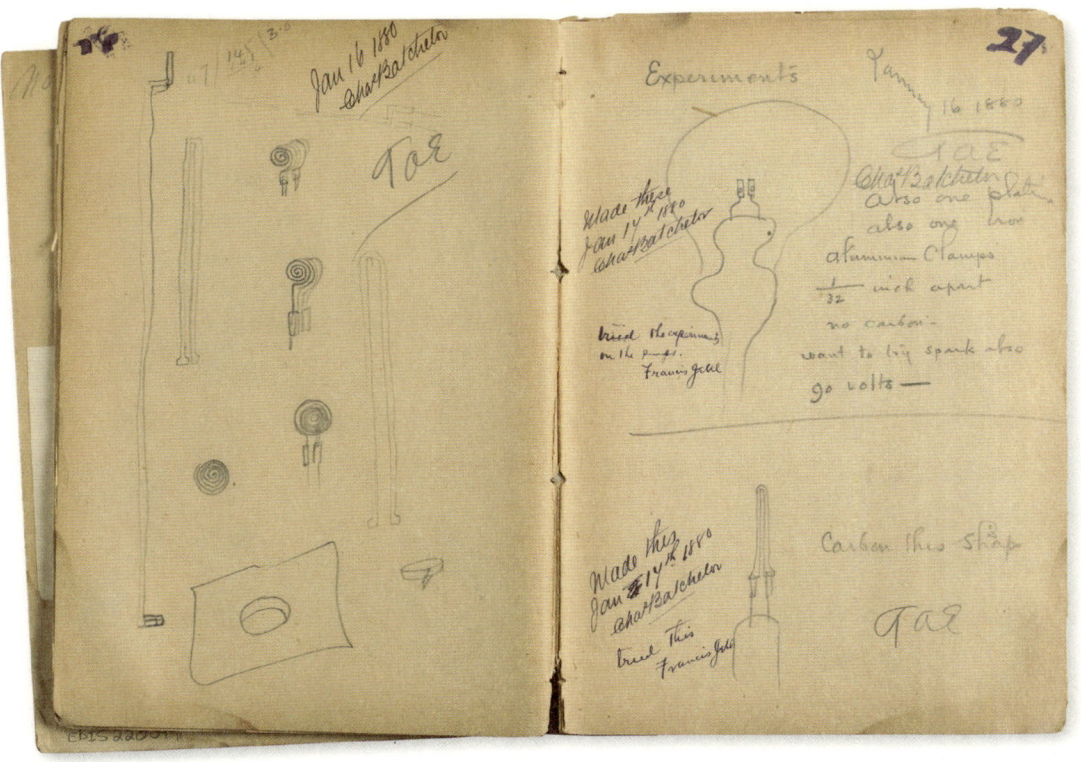

爱迪生实验室的笔记本让我们有机会目睹发明的过程。这些页面显示，爱迪生和巴彻勒合作设计了灯丝。

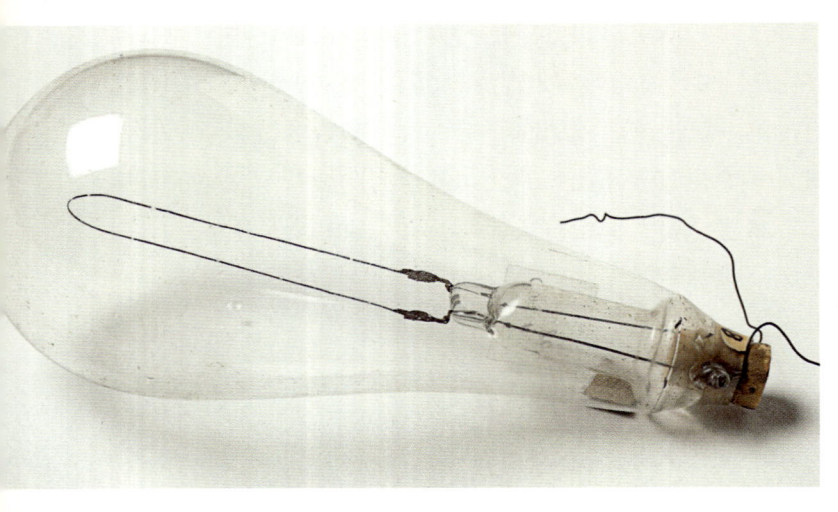

早期的爱迪生灯泡只是插在一个木质底座上。门罗帕克实验室设计了我们现在所熟悉的更安全的螺旋式灯座。

爱迪生取得的这一成就轰动了整个美国甚至全世界。来自波士顿的电报线路承包商彼得·多德来在 12 月 27 日给爱迪生写信说道："无论我什么时候去了市区，我总会遇到某人或其他人，他们想要知道我对你发明的灯的看法……相比较而言，上周在这个城市里谈论的全是你的电灯，除此之外没有其他话题了。"宾夕法尼亚州切斯特市的阿尔弗雷德·泰勒在 1880 年 1 月 3 日给爱迪生写道："我用心读过各种详细报道，这些报道时常在报纸上出现，我现在急切地等待最后的辉煌时刻，你通过不懈努力，毋庸置疑一定会摘取成功的皇冠，给世界提供一种更便宜、更好的灯。"

爱迪生为了给世界提供一种更好的灯，他需要公司生产和销售该系统。但爱迪生电灯公司控制了爱迪生的专利，而其董事会又不愿意在生产运营上投资，他们更喜欢出售新技术的许可权。因此为了控制成本，也为了能继续改进电气照明技术和生产方法，爱迪生只好在自己的车间制造该系统。降低生产成本将有助于使爱迪生的电气照明系统更具竞争力。

1880 年 4 月，爱迪生在门罗帕克实验室附近购买了一个废弃的工厂用来生产灯。工人们开始生产真空泵，同时实验室工作人员继续改良灯。门罗帕克实验员设计改良灯座，开发技术来测试有缺陷的灯丝，还设计了大批量生产灯丝的工具。当然，实验室也在寻找一种更可靠的灯丝材料。在试验了各种不同的物质后，他们发现竹纤维作为灯丝比碳化棉线效果更好。于是爱迪生派代理前往日本、南美和佛罗里达州寻找当地不同种类的竹子进行试验。到 1880 年 12 月，爱迪生决定采用日本竹作为灯丝。

灯厂配有切割竹纤维用的电动圆锯和气动玻璃吹制机，9月，生产出首批试验灯。11月，爱迪生成立了爱迪生电灯公司管理工厂，日生产量达到1200盏，于1881年的春天开始商业生产。

1881年3月4日，爱迪生建立了电气管道公司，为中央车站生产地下导管。同月，爱迪生和巴彻勒创建了爱迪生机械厂，生产发电机和爱迪生照明系统的其他大型设备。同年4月，爱迪生联合西格蒙德·伯格曼和爱德华·约翰逊建立了伯格曼公司生产电灯灯具。

爱迪生指出，集中发电是他系统的一个关键营销策略。在1880年10月发行的《北美评论》上，他宣布计划"在全美国所有大的人口密集中心"引进他的电气照玥系统。11月，他在《纽约世界报》上描述了该系统：

1880年，在新泽西州门罗帕克的爱迪生灯厂的员工们。

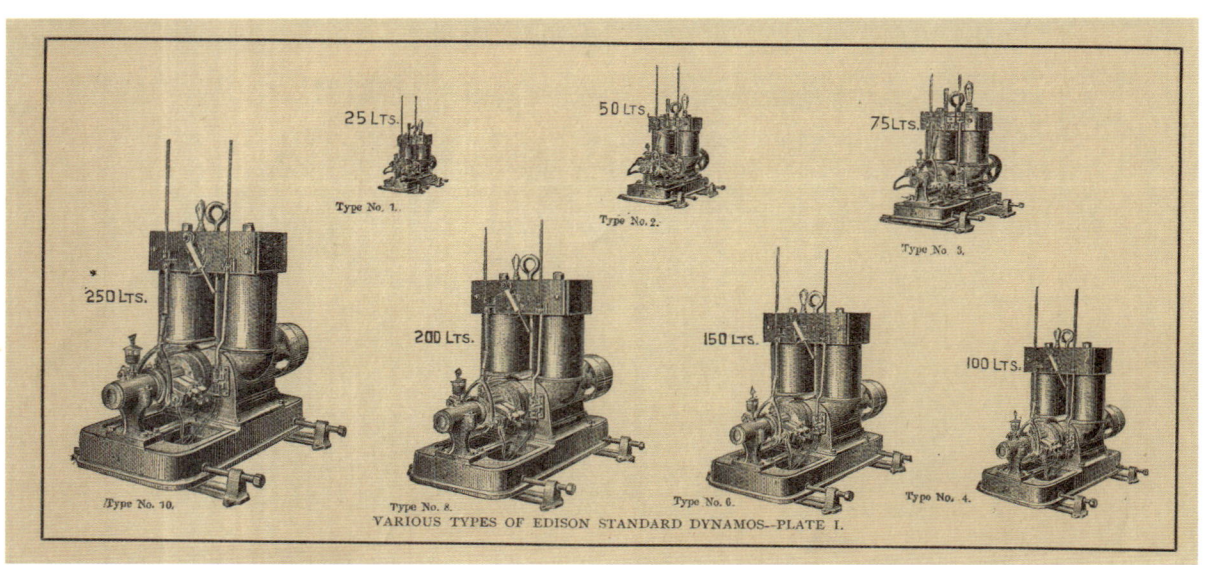

爱迪生发电机或发动机，额定不同的电灯容量。独立发电厂的购买者可以选择适合他们需要的发电机。

> "从每个地区的中央电厂出发，灯光和电能可以输送 800 米，电线将铺设在管道里……管道每隔 6 米就会经过一个接线匣，这些匣子可能与各家各户连接。电线将直接连接到每座供电建筑的一个电表上，电表用来测量用电量，就像现在测量煤气用量的煤气表一样。"

爱迪生的最大兴趣在于开发一个中心发电站业务，但他也向客户提供独立的照明系统——用客户自己的蒸汽发动机和发电机建立的独立系统。1880 年 5 月，爱迪生的第一个独立照明系统安装在了"哥伦比亚"号轮船上，这艘船是亨利·维拉德的俄勒冈州和铁路航海公司旗下的一艘新建蒸汽船。该照明系统是在门罗帕克以外经营的第一个系统，它包括 4 个发电机和 120 盏灯。1881 年 2 月，纽约的印刷商海因兹-凯查姆公司安装了第一个陆基独立照明设备，公司印刷彩色图片，并声称与其他任何形式的人工照明相比，爱迪生的灯更有利于配色。4 月，爱迪生电灯公司创建了管理独立电厂业务的独立照明局，该局于 1881 年 11 月演变成了爱迪生独立照明公司。

1881年巴黎电气博览会上，爱迪生的"巨型"发电机或发动机。这台发电机重30吨，发的电足够点亮700盏电灯。

到 1883 年春，爱迪生已经售出了 330 个独立系统，为 64000 多盏灯供电。独立电厂非常昂贵，需要一个经验丰富的技术员操作和维护，所以通常电厂都是卖给大型商行和工业企业、酒店和剧院。

1880 年 12 月 17 日，纽约爱迪生电气照明公司成立，用来建设和运营曼哈顿区的中心发电站。第一个地区是曼哈顿下城区的一个 2.59 平方千米的区域，以纽约东河、华尔街和云杉街、轮渡码头以及拿骚街为界。爱迪生战略性的选址，引起了纽约的报纸和主要金融机构的关注，得到了有利的宣传，并获得了银行家们的支持，于是他们打算为电气照明系统的进一步发展投资。

电气化铁路

如何让发电厂在白天没人用电灯的时候继续发电？爱迪生在门罗帕克回答了这个问题：设计发动机为电梯、工业机械和电气化铁路提供电能。

爱迪生最初有了电气化铁路的想法是在 1878 年夏，那时他去加州旅游，途经爱荷华州，看到广袤的田野时，爱迪生想，短途电气化铁路可以把粮食运输到州铁路干线，"从而延长经济作物的生产半径"。

1879 年冬，爱迪生问格罗夫纳·劳里是否可以在门罗帕克投资一项铁路试验。劳里告诉爱迪生，让他忘了这个想法，然后把精力集中在电灯上，但爱迪生继续攻克难题，到 1879 年 5 月，他为电力机车和轨道绘制了一套图纸。爱迪生后来解释说："我决定一有机会拿到钱就修铁路。"

1880 年 2 月，爱迪生果然筹集到了资金，然后花了 15000 美元（现在的 340000 美元）在门罗帕克实验室附近沿着急转弯和陡坡修了一条 1.2 千米长的轨道。机车电机是一种改良发电机，有 35 马力的功率，速度可达 68 千米／时。供给铁路的电能来自实验室的引擎室，由两台蒸汽发电机带动。1880 年 5 月，工人们完成了铁路修建，然后整个夏天机车载着实验室工作人员和访客们来回穿行在这条铁路上。

有了这次经验，1881 年 8 月，爱迪生开始规划一条更长的铁路。9 月 14 日，爱迪生电灯公司的一名董事亨利·维拉德刚接管了北太平洋铁路公司，他同意在门罗帕克实验室附近资助新建一条 4 千米长的轨道，配有三节车厢和两辆机车——一辆机车用于载客，另一辆机车用于载货。11 月，塞缪尔·英萨尔报道称，爱迪生正在制造一辆客运机车，要装饰豪华，而且最高时速将会达到 160 千米／时。完成后的客运机车是否会以这种速度运行，很大程度上取决于司机的勇气。但我认为如果爱迪生先生决定以这种速度首次运行，那么确保乘客们的生命安全应该是一件

值得好好考虑的事情。

  这条 4 千米长的铁路于 1882 年 4 月竣工。5 月，爱迪生报告说，他有"一辆机车能以 32 千米／时的速度拉动四节车厢，每节车厢载有 30 名乘客……整件事情做得非常出色"。

  1881 年 12 月，亨利·维拉德需要资金来完成北太平洋铁路的建设，于是撤回了投资电气化铁路试验的资金。无奈之下，整个 1882 年，爱迪生都是自费继续该项目的研究。然而，由于资金匮乏，加上需要处理其他电气照明业务，爱迪生还是没能组建公司把电气化铁路市场化。1883 年 4 月，他把电气化铁路的专利权分配给了美国电气铁路公司，该公司由竞争对手电力牵引发明家斯蒂芬·D. 菲尔德经营管理。

上图：查尔斯·巴彻勒驾驶着爱迪生电力机车。爱迪生的女儿玛丽安回忆道："乘坐他的电气化机车，我总是很开心。"对面图片：19世纪90年代初，约翰和弗雷德·奥特在西奥兰治实验室的重型机械工厂外面测试一台电气化铁路的发动机。

爱迪生需要得到纽约市政府的许可才能铺设地下管道，但市政府最初不同意爱迪生铺设 30 千米的地下线路的请求。不过，1880 年 12 月 20 日，纽约市政议员们在门罗帕克参观了电灯展览演示，并享用了一顿由戴尔蒙尼饭店提供的精致晚餐之后，爱迪生的申请变得十分顺利了。1881 年春，爱迪生开始铺设地下管道。为了监督整个系统建设，这一年，爱迪生在纽约度过了大部分时间。3 月，他把住所搬到了纽约，并在第五大道 65 号为他的电灯公司开设了一间办公室。

　　1882 年夏，工作人员完成了地下管道的铺设。公司在珍珠街 255 ～ 257 号购买了一栋建筑作为中心发电站厂址。为了承受所有设备的重量，工作人员对建筑物的地基、墙和地板都进行了加固。两个 2.4 米高的烟囱拔地而起，同时还有一个蒸汽驱动输送机

1919年10月，爱迪生在纽约市珍珠街中心发电站的挂牌仪式上。

系统，用于给锅炉装煤和清灰。电站有 4 个大型锅炉和 6 台 27 吨的发电机，每台发电机功率为 100 千瓦时。爱迪生电灯公司估算，发电厂每天将消耗 5 吨煤、43532 升水。电站的建设成本，包括房地产、发电设备、灯具和地下电线，达到了 300000 美元（现在的 6810000 美元）。

1882 年 9 月 4 日，珍珠街发电站开始给 368 栋建筑中的 8117 盏电灯供电。第二天，《纽约先驱报》报道："昨晚，一种奇特的光芒照亮了整个四分之一下城区的商店和商业区。昏暗闪烁的煤气灯常常因劣质和不干净的灯罩而使灯光变得很昏暗，而现在它正被一种稳定且光亮如昼又柔和的灯所取代。"

到 1884 年 4 月，珍珠街电站已经为 500 栋建筑中的 15000 盏灯提供了服务。爱迪生电灯公司还在当月的公司公告上宣称："公众对电灯的需求远远超过了供给，电站准备扩建。"因为运营成本高于其收入，电站在 1882 年和 1883 年有所亏损，而在 1884 年首次盈利。但 1890 年 1 月 2 日早晨的一场火灾结束了这个电站的运营，除了一台发电机，其余的全被大火摧毁了。后来重建的电站一直运营到 1895 年才退役。

爱迪生的电气照明业务不仅仅局限在美国。早在 1878 年 12 月，他就把英国电灯专利权分配给了 J.P. 摩根的银行企业，德雷克塞尔－摩根公司。19 世纪 80 年代初期，在欧洲、南美洲和亚洲也建立了一些公司推广电灯。哈瓦那爱迪生电灯公司成立于 1881 年 6 月。爱迪生的印度殖民地电灯公司则于 1881 年 6 月 13 日成立，控制着澳大利亚和其他英国殖民地的爱迪生电气照明专利。布宜诺斯艾利斯于 1882 年 8 月也创建了一个电灯厂。1883 年 5 月，阿根廷的爱迪生电灯公司也成立了。

下页：1882年水晶宫博览会上，爱迪生电气照明系统的成功展览吸引了来自英国贵族和顶尖科学家的注意。

然而，欧洲是爱迪生国际电气照明业务的重点。1881 年 7 月，爱迪生派查尔斯·巴彻勒前往巴黎为世界博览会监督安装电灯展厅。19 世纪晚期的工业展览对引进新技术十分重要，而且，对于欧洲人和美国人而言，参加一个展览会可以让他们首次目睹像电话、留声机和电灯这样的新发明，展览会还可以让有意向的客户对比竞争技术。巴彻勒的助理奥托·摩西这样描述当时巴黎博览会的开幕式："非常荣幸，我见证了照明展览圆满成功的那一刻，这将被载入史册。昨晚我们第一次启动了总装机容量，我保证，我从来没见过这么美的场景。"法国总理莱昂·甘必大和夏威夷国王卡拉卡瓦等知名政要也到场参观了爱迪生的展览。

展览会结束后，巴彻勒继续留在巴黎，负责在法国组建公司生产和推广电灯。爱迪生和他的商业伙伴担心人们对巴黎博览会的关注将助长欧洲竞争对手侵犯他的专利。于是 1882 年 2 月，他在法国建立了 3 个电灯公司：负责生产电灯的工业和贸易公司；在法国推广中心发电站的爱迪生电气公司，以及爱迪生大陆公司，主要负责审批许可整个欧洲的爱迪生电灯公司，其中有一家是德国爱迪生公司，成立于 1883 年 3 月，在柏林运营一个中心发电站。

1881 年秋，爱迪生派爱德华·H. 约翰逊到伦敦水晶宫展览会展示电灯，并建立一个中心发电站。12 月，约翰逊在皇家艺术协会的一次会议上演示了电灯。据约翰逊说，"爱迪生的灯首次亮相伦敦非常成功……我们的展馆人山人海，灯光非常稳定、均匀。"

在 1882 年水晶宫博览会上，约翰逊不仅照亮了水晶宫通往展区火车站的大道，还照亮了两个大房间——娱乐苑和音乐厅。音乐厅有 235 盏灯以及悬挂在一个枝形大吊灯上的 80 盏灯。1882 年 1 月 18 日，威尔士亲王出席了预展会。约翰逊令亲王和其他 150 名政要惊讶不已，他竟然把一盏灯浸泡在水中，而把另一盏裹在布里的灯敲碎了，竟然也没有火灾危险。

约翰逊认为，伦敦人"白天呼吸着夜里人为制造成的伦敦大雾（污浊气体污染的空气）"，他们一定会欣赏爱迪生清洁明亮的电灯。于是约翰逊把中心发电站建在了伦敦

Holborn Viaduct showing Station,   London.   E 31258

霍尔本高架桥中心发电站所服务的800米长的区域，从霍尔本马戏团和新门街到邮政总局，给4条电路上的近1000盏灯供电，包括街灯照明、餐馆、旅店和商店。

市霍尔本高架桥上，这座桥建于19世纪60年代，连接霍尔本与新门街。这里是中心发电站的一个理想位置，因为这里靠近舰队街的报社、邮政总局、两个火车站、两家旅馆和一座教堂。

一条地铁在高架桥下穿行而过，高架桥上建筑物的煤气主管道和自来水总管道都铺设在隧道里。这样工人不用刨开街面施工就可以安装电线，如果在街道施工还需要得到议会的批准。因此，约翰逊甚至不用动一铲土就能为建筑供电。世界上第一个爱迪生电灯中心发电站于1882年4月13日运营，可供2200盏灯照明。

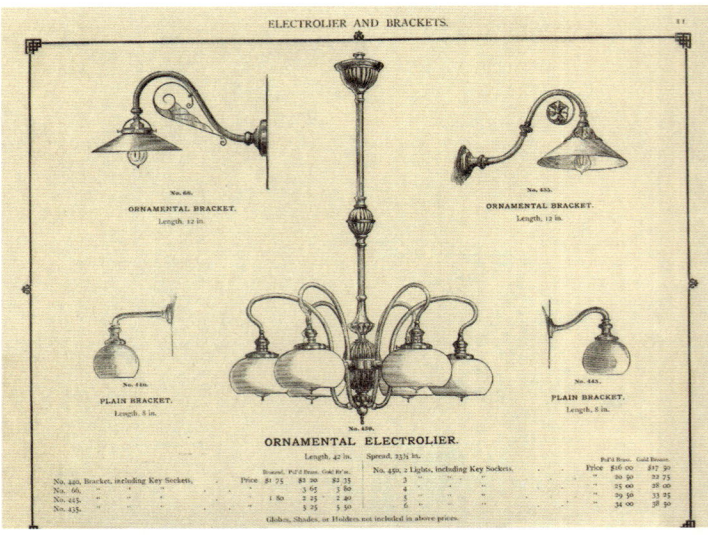

左图：爱迪生尝试让电灯成本与煤气照明的竞争力相当，但电灯初期费用较高。每盏灯都售价1美元 （现在的22.70美元），但是一个750盏电灯容量的独立发电厂的花费可能高达12000美元（现在的272000美元）。
右图：伯格曼公司生产的不同风格和不同装饰的爱迪生电灯灯具。这些灯具的价格从1.75美元到38.50美元（现在的39.50美元到874美元）不等。

　　到1883年，爱迪生成立了一家集团公司来生产和销售他的电气照明系统，但母公司爱迪生电灯公司缺乏资金，无法扩大业务。因此1883年5月1日，爱迪生用自己的钱投资建立了托马斯·A.爱迪生中心发电站建设部。从1883年5月到1884年9月，为了独立照明业务，该建设部与爱迪生独立照明公司合并，在马萨诸塞州、俄亥俄州、宾夕法尼亚州和纽约一些较小的城镇筹划建设了13个电灯中心电站。在这些城镇，当地投资商也成立了一家电气照明公司，然后付钱给爱迪生的建设部来设计和安装电气照明系统。他们雇佣一些推销员逐街逐户调查收集有关客户数量和类型的详细信息。有了这些信息，爱迪生的员工就能确定镇中心发电站的最佳位置，并根据实际情况布局配电系统了。因为爱迪生的直流系统可供电的区域只有2.59平方千米，所以推销员必须在普通居民和商业客户之间确定恰当的平衡点，以保证当地照明公司的盈利。在移交给当地公司之前，爱迪生建设部会安装好发电设备和简单的操作系统。

到 1884 年初，爱迪生已经解决了有关电气照明系统的主要技术问题，但他仍继续面临着许多技术挑战和商业难题。在实验室里，他花了大部分时间提高灯丝的性能、降低生产成本。虽说这不是开创性的研究，但对他的电气照明业务的可行性至关重要。

1884 年 2 月初，托马斯和玛丽离开纽约前往佛罗里达休假近两个月。等他们 3 月底回来时，发现财务问题威胁到了他的电气照明业务的扩大，最终他不得不对爱迪生电灯公司进行了重组。爱迪生曾自己拿出 11000 美元资助

"我现在是电灯厂的常规承包商，因此我计划在发明这件事情上放个长假。"

过中心发电站的建设部，他期望电灯公司能够偿还他的这部分资金。然而，公司的董事们从不热衷参与中心发电站的业务，反而更倾向于靠出售专利权来盈利。另外，因国家银行系统资金短缺，公司也没有资金偿还爱迪生，而且董事会还试图控制爱迪生的支出。在这种情况下，爱迪生决定关闭建设部，但 1884 年 9 月 1 日他与电灯公司却又达成了一项协议，因为独立照明业务，他把建设部与爱迪生独立照明公司合并。

10 月，爱迪生发动了代理权争夺战，用赞同他经营理念的董事会取代爱迪生电灯公司的原董事会。爱迪生告诉《纽约太阳报》记者："我们想要一个少诉讼多做业务的董事会……我已经给出了一个完美的系统，并且我想看到它出售……我不想看到我的工作因缺乏正确的领导而前功尽弃。"月底，他们达成了一项妥协，电灯公司总裁舍本·伊顿和董事会成员格罗夫纳·劳里辞职，尤金·克罗韦尔成为总裁，而爱迪生的门罗帕克以前的同事爱德华·约翰逊成为副总裁。

5

从门罗帕克到西奥兰治

"要想发明,你就需要有丰富的想象力和一堆废铜烂铁。"

1884 年 8 月 9 日，玛丽·爱迪生（Mary Edison）在门罗帕克去世，那年她年仅 29 岁。对于爱迪生来说，1884 年到 1886 年间发生了许多不幸的事，而妻子的离世只是开始而已。于是他离开了门罗帕克和纽约，到新泽西州的西奥兰治和佛罗里达州的迈尔斯堡继续工作。爱迪生的女儿玛丽安（Marion）回忆道："母亲去世的时候，我发现父亲很悲伤，痛苦得发抖，流着泪，哽咽着。"玛丽安后来认为，或许爱迪生原本打算留在门罗帕克工作，但这一切都由于玛丽的去世而改变了。[1]

玛丽葬礼后的几个月，爱迪生和玛丽安一起去旅行了。1885 年 2 月，爱迪生担任报务员时的好友埃兹拉·吉利兰德（Ezra Gilliland）陪同他们参观了新奥尔良棉花百周年博览会。在博览会上，爱迪生遇到了 19 岁的米娜·米勒（Mina Miller），她的父亲是俄亥俄州发明家路易斯·米勒（Lewis Miller），他是农用设备制造商，也是肖托夸协会[3]的创办人之一。

3 月，爱迪生、玛丽安、埃兹拉·吉利兰德以及他的妻子莉莲（Lillian）一起开始了长途旅行，从新奥尔良佛罗里达州的杰克逊维尔，然后在圣奥古斯丁稍作停息，之后租了一条渔船，沿佛罗里达州西海岸顺流直下，驶向克卢萨哈奇河的河口蓬塔·拉萨（Punta Rassa），再从蓬塔·拉萨顺河而上抵达迈尔斯堡的一个小镇。

第68~69页：爱迪生西奥兰治研究所的重型机械加工车间，和今天向世人展示的一样。上图：爱迪生在佛罗里达州迈尔斯堡的家，冬天常居住于此，拍摄于1909年。1914年爱迪生接受当地一家报社采访时说道："在美国仅有一个迈尔斯堡，并且有9千万人想要找到它。"这段话后来成为该市的座右铭。

③ 译者注：肖托夸协会（Chautauqua Institution），旨在进行成人教育，路易斯·米勒与约翰·文森特主教一起创办的。

如同爱迪生后来所回忆的那样，"这个小镇那时几乎是一个以牧牛为主的小镇——到处是牛和酒吧，而且居民也大多数是牧民和渔夫，牛仔们在大街上随处可见"。可能是这个情景和这里的气候吸引了爱迪生来这里办厂、居住。不过当地报纸还自吹自擂说："迈尔斯堡在佛罗里达州的优势是无与伦比的。气候温和、天气凉爽，有助于增强身体机能，并使你容光焕发。这里地处热带，形形色色的热带原始风景和这里文明的痕迹，更令观光者赏心悦目。"他们不知道或许爱迪生欣赏的是这个小镇积极向上的乐观精神？在爱迪生拜访前夕，迈尔斯堡出版社甚至还曾预言："现在杰克逊维尔市甚至要把迈尔斯堡视为竞争对手了，其他地方也嫉妒我们的优势。"但不管怎样，在离开迈尔斯堡之前，爱迪生还是购买了 79 亩河畔地区的土地权，距离小镇商业区大约有 1.6 千米。

爱迪生和吉利兰德计划在购买的土地上建造毗邻的别墅和实验室，这样他们就能逃离东北部严酷的冬天了。1885 年秋天，工人们开始清理土地并且建造码头和堤岸。活动房的木材是在缅因州砍的。船只运载着木材从波士顿到佛罗里达州，他们中途停在纽约挑选家具、锅炉和爱迪生实验室的机械装置。迈尔斯堡出版社曾报道，"这些房子都是两层建筑，四方屋顶，三边都有宽敞的露台，两层楼之间有一个大厨房。"它们是在 1886 年 3 月爱迪生和他的新婚妻子米娜度蜜月期间完工的。

1885 年 3 月，爱迪生和玛丽安返回了纽约，吉利兰德和莉莲返回了他们波士顿的家。1885 年春末夏初，因为要与贝尔电话公司讨论一个实验合同，所以爱迪生去过几次波士顿，而且就住在吉利兰德家的避暑山庄，位于波士顿湾北海岸的伍德塞德别墅区。米娜·米勒曾在波士顿女子精修学校学习过，而且是伍德塞德别墅区的常客。

没人知道爱迪生与米娜是何时相爱的，但是

米娜与托马斯·爱迪生，拍摄于1908年。

爱迪生在 1885 年 7 月的一篇日记中曾这样描述：与米娜在波士顿街上的一面之缘使他心烦意乱。"每当看到一个像米娜的女士——我就会开始想念米娜甚至差一点儿被一辆电车碾过——假如再多想一下米娜，必将会导致一场意外车祸。"

他们恋爱期间，为了能够私下联系，爱迪生教米娜摩尔斯电码。8 月份去纽约州北部肖托夸协会（米娜家在那里有一栋小别墅）参观时，爱迪生再一次见到了米娜。他邀请米娜加入他和玛丽安以及吉利兰德夫妇的旅行，从纽约州北部到新罕布尔什州，夏末，当马车穿过怀特山时，爱迪生用摩尔斯电码在米娜手上敲击出求婚的信号。她回击："我愿意。"

托马斯和米娜于 1886 年 2 月 24 日在美国俄亥俄州亚克朗市的米娜家完婚。据爱迪生的家人传闻，关于居住地，爱迪生让米娜自己挑选：可以住在纽约市的时髦别墅，

爱迪生买下了格兰蒙特，这是一栋维多利亚时代安妮女王风格的建筑，有 29 个房间、1 个谷仓、1 个花房和 79 亩土地，价值 125000 美元（现在的 300 万美元）。

也可以住在乡下的家里。米娜选择了后者。

　　婚礼前夕，爱迪生买下了格兰蒙特，它是卢埃林公园最大的房产之一，也是新泽西州西奥兰治的一所高档住宅社区。格兰蒙特由建筑师亨利·哈德逊·霍利（Henry Hudson Holly）设计，建成于1880年至1882年间，它曾是纽约纺织品经销商阿诺德＆康斯特布尔公司财务主管亨利·佩德的家，1884年7月，阿诺德＆康斯特布尔（Arnold, Constable）控告佩德挪用公款盖房，于是查封了格兰蒙特。因为急于将房子脱手，阿诺德＆康斯特布尔于1886年1月11日以12.5万美元（现在的300万美元）的低价将格兰蒙特卖给了爱迪生，整套房子包括79亩土地、1个谷仓、1个花房和其他附属建筑。房屋设计精致，面积庞大，美不胜收，爱迪生都为之惊叹，不过他却说："它对我来说简直美得无与伦比，但对我的妻子而言还不够完美。"

格兰蒙特的一层会客厅。1914年6月玛德琳·爱迪生与约翰·斯隆在这里完婚。1931年10月21日爱迪生去世后，他的家人也是在这里为他举办了一个私人葬礼。

　　在格兰蒙特，米娜和爱迪生抚养了他们的三个孩子：生于1888年5月31日的玛德琳（Madeleine），生于1890年8月3日的查尔斯（Charles），生于1898年7月10日的西奥多（Theodore）。

　　米娜负责格兰蒙特的日常起居。她雇佣保姆、管家，制订饮食计划，购买家庭物资，支付账单，还负责修理和维护。作为一个长时间忙于工作的发明家的年轻妻子来说，这些对于米娜来说是一个负担。所以她常常很孤独，尤其是在19世纪90年代，那时爱迪生花费大量时间在新泽西州西北部的山上忙于矿石加工厂的工作。但是米娜

托马斯和米娜的三个孩子，从左到右：西奥多，玛德琳（和她的保姆海伦娜·麦卡锡·多伊尔），查尔斯。

受过良好的教育，很有教养，她知道怎样经营一个家庭，也知道如何支撑起爱迪生家庭的社会责任。她将自己的角色定位成格兰蒙特的"家庭管家"，她要为爱迪生营造一个温馨包容的家庭氛围。1925 年她接受《矿工》（*Collier's*）杂志采访时说道："一直以来，我的工作就是照顾好爱迪生先生——照顾好这个家，尽可能地帮助他出色地完成他的工作。而且我们全家所有人都把他的工作放在首位。在家庭生活方面，大家和睦相处，生活丰富多彩，也经常在家里举办一些家庭活动。"

1979 年玛德琳去世前几年的一次口述历史访谈录中，当问到对于写她父亲的那些书，她的看法是什么。她说有些书挺喜欢，但没有一本使她满意，因为它们忽略了他的家庭生活。通过阅读这些书，她谈论道："你可能会认为他像一个机器人，绝不会停止工作——其实，那不真实。"

玛德琳关于她父亲最早的记忆是她 5 岁时陪米娜去西奥兰治火车站接他，当时爱迪生从新泽西奥格登矿石加工厂回来。"我看到一个满身污垢的人从火车上下来，浑身上下布满煤灰，这是我见过最脏的一个人。我想，天哪，那是我父亲吗？"

米娜教育孩子们注意自己的言行举止，但爱迪生对于该如何抚养他的孩子有明确的想法。一天早晨，他看到一个女佣给玛德琳系鞋带，而玛德琳自己却懒洋洋地躺在卧室的椅子上。爱迪生狂怒不已。他跟米娜说："我的孩子决不能让女佣来系鞋带，应该让她自己系。"

据玛德琳说，爱迪生虽然也喜欢热闹，喜欢孩子和年轻人的陪伴，但他不喜欢正式的娱乐活动。每次米娜的晚宴开始前，爱迪生都会一成不变地犯胃病，而这时，米娜就会让玛德琳去照看楼上生病的发明家，并警告他"这是最后一次"，然后她自己去招呼客人。

每周日早上，爱迪生会看多达 5 页的报纸。下午他通常和孩子们去散步或者开

1900年爱迪生与查尔斯·爱迪生在佛罗里达州的贝莱尔钓鱼。1940年，查尔斯在照片背后写道："我们乘着一艘小型帆船绕着珊瑚礁出发。最大的那条鱼是我钓的！"

车旅行——这是他最喜欢的一个娱乐活动。周日晚上，爱迪生一家会邀请朋友和米娜的家人过来，大家围坐在钢琴旁唱歌或表演莎士比亚作品中的情节。圣诞节时，家中客人往往多达 30 人，而且在冬天每逢周二，这家人还会定期去观看纽瓦克市的轻歌舞剧表演。最初米娜去时感到奇怪为什么会是每周二，后来路过卫理公会时，她才想起来周二是祈祷会之夜。

爱迪生和米娜 1886 年搬进格兰蒙特，那时他在新泽西州哈里森的爱迪生电灯制造厂做研究。他计划继续研究电灯，但是对于新发明他又有了新的想法，不久他决定要在离格兰蒙特不远的地方建一个更大的实验室。

于是 1887 年 1 月，爱迪生在山谷路（现在的缅因街）和湖畔大道的拐角处的西奥兰治买了 12 亩的土地建造他的新实验室。为了设计新的工厂，他雇佣了格兰蒙特的建筑师亨利·哈德逊·霍利，由他负责设计建造一栋三层楼的砖砌建筑，工作区达 5 亩。5 月份开始动工。

　　但是春末的时候，在一次实地考察中，爱迪生发现工人建造的实验室墙壁有 2.5 厘米的倾斜。于是他立即解雇了霍利，重新聘用了一个新的建筑师约瑟夫·塔夫脱。那年夏天，爱迪生认定该建筑没有足够的研究场地，因此让塔夫脱在原有计划的基础上另盖了 4 栋 1 层的砖楼——每栋楼有 232 平方米。

　　西奥兰治实验室比门罗帕克实验室大很多，但它也反映了爱迪生创新方式的一个重大改变。那时爱迪生依然拥有电灯制造公司的控股权——该公司总部设在纽约斯克内克塔迪——他计划在西奥兰治继续电灯研究。当然他也设想过开发一些简单的技术，

20世纪20年代末，爱迪生的西奥兰治实验室和工厂的航拍图。

可以易于生产和销售。他曾说："我计划主要研究那些低投资高回报的小发明，而且只能卖给批发商。不像电灯发明这么烦琐。"

为了使发明的产品多样化，爱迪生把他的想法应用到了一个又一个发明上，这样做同时也有助于降低市场风险。如果一个产品在市场上没有竞争力，还有其他产品可以支持研究及工厂运营。1889年12月成立的爱迪生制造公司在19世纪90年代一直贯彻这一策略，那时它已经开始生产爱迪生的产品了，比如风扇马达、电影设备和医疗器械等。这家公司建立之初主要生产留声机电池、电话机和电报系统。

1887年8月，爱迪生写信给两位有意向的投资商——波士顿的羊毛商人小威廉·劳埃德·加里森（William Lloyd Garrison Jr.）和德雷克塞尔-摩根银行公司的合伙人詹姆斯·胡德·莱特（James Hood Wright），在信中他简要说明了他的创新策略。爱迪生向加里森介绍西奥兰治

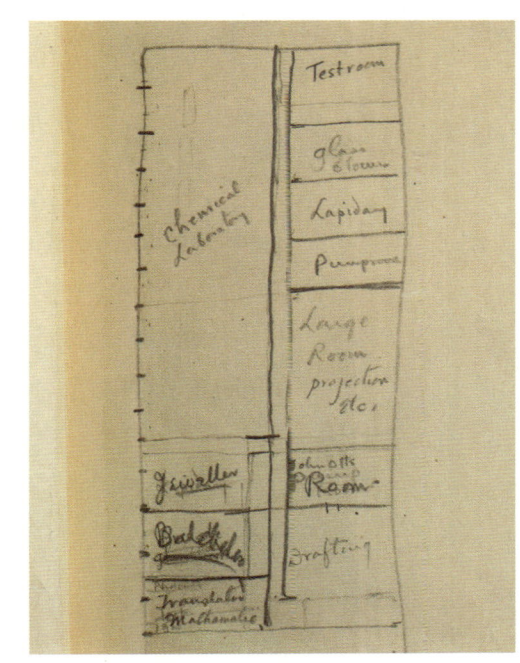

上图：1887年，工人建造西奥兰治实验室时，爱迪生在他的笔记本上画了一个一层的规划草图。他为玻璃吹制工、钟表匠和两个主要实验员查尔斯·巴彻勒与约翰·奥特预留了空间。后来他把化学实验室搬到了自己的楼里。下图：19世纪90年代由爱迪生制造公司生产的电风扇。

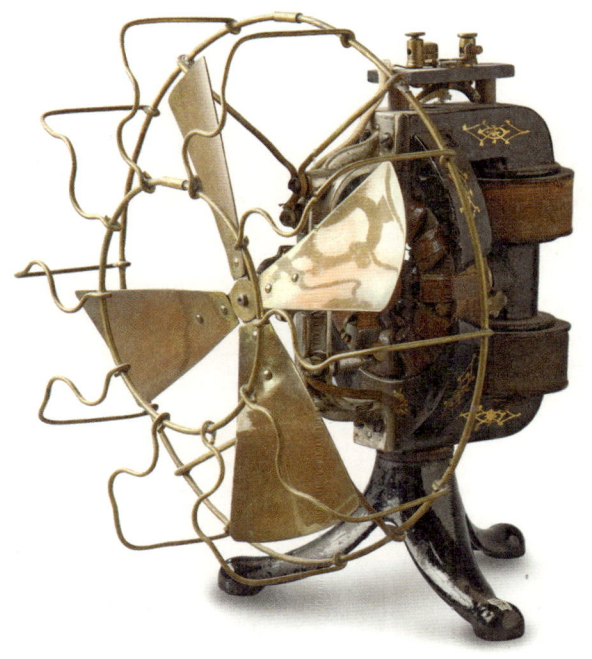

实验室时说道："为了保证能快速低成本进行实验，西奥兰治实验室的配备是最现代的，我希望能创造出大量工业上有用的发明和电气用具。"此外，他告诉莱特："我计划在奥兰治山谷建造一个大工厂，不过一开始是小规模的，以后逐步做大。"爱迪生雇佣娴熟的技术工人，利用工具、机器以及技术，能够在工厂中快速、低成本地大量生产他的发明，然后将所有利润再次投入到实验室中以维持新研究。

1888 年 1 月，爱迪生给另一位有意提供资金的投资者亨利·维拉德（Henry Vilkrd）概述了一些新想法。除了继续研究电灯和留声机，他计划开发矿石加工技术并且发明一些其他产品，比如助听器、机械摘棉机、煤炭分选机、除雪设备以及人造丝，人造象牙和人造贝壳等。

爱迪生想说服加里森和莱特也投资他的公司，"应当有充足的资金可以自由支配，可以建造工厂，为工厂安装设备"，并且通过批发商和零售商将它们销往市场。成立这个公司将会为爱迪生提供实验室研究和建工厂所需要的资金。"我始终相信，"爱迪生写信给莱特，"我可以在 15 年或 20 年内建造一个工厂，聘用 10 到 15000 人，并且原始股东会有 5 倍的收益。"除此之外，爱迪生还向莱特展现了他的可靠性："通过你对我长期的了解，你应该相信我不会把你的资金打了水漂，或者你也猜到了我管理的公司一定会经营得很好。"

莱特礼貌性地搪塞爱迪生，对爱迪生说，他要去旅行，回来后会把这个计划跟约翰·皮尔庞特·摩根（J. P. Morgan）聊一聊的。但此后，没有证据显示约翰·皮尔庞特·摩根公司向爱迪生继续询问了此事。加里森倒是表达了投资兴趣，但对爱迪生是否能找到投资者存有怀疑。加里森解释道："目前由于货币市场的特殊情形，新企业想吸引投资是很难的……大家对资金的态度通常都是谨慎的。"

到 1887 年 9 月中旬，工人们已经完成了主楼屋顶一半的工程和两栋一层卫星楼的奠基工作。查尔斯·巴彻勒是爱迪生在门罗帕克的亲密伙伴，他秋天来到西奥兰治监督实验室的装配工作。工人们继续建造实验室，而爱迪生和巴彻勒则寻找设备和供应目录，在笔记本上写满了他所需要的物品，包括化学用品、机器、工具和用品等。

11 月 25 日，巴彻勒首次点燃锅炉。12 月 1 日，工人们开始为格兰蒙特铺设电线。

19世纪80年代的西奥兰治实验室。

12月23日巴彻勒在日记中写道：他们今晚"首次从实验室照亮了爱迪生的家"。没有人知道爱迪生是何时开始首次实验的，但首次发工资是1888年1月5日，是一个周末。

号称"现存配备最好的最大的实验楼"耗费了爱迪生180000美元（现在的4309000美元），他还给各个实验室楼群编了号——从1到5。5号楼是主实验室，拥有1个大型研究型图书室、1个储藏室、2个机械车间、1个摄影工作室和1个暗室、1个演讲大厅和一些实验室。

蒸汽动力、电力和信息代表着19世纪后期工业革命的驱动力，爱迪生将动力房设在该楼的一端，而图书室在另一端。动力室的锅炉和发电机为实验室的机工车间提供电和热，还为皮带驱动机床提供能量。动力室房顶上，矗立着一根24米高的砖烟囱。

在 5 号楼的另一头是图书室——一个很大，装修精美，天花板很高并有涂漆纹饰的房间。在主层之上是爱迪生和他的秘书伏案办公的地方，有两个阳台，有许多壁龛，并且到处是书柜。图书馆的墙壁上装饰着爱迪生一生中拍过的照片、画作、所得的奖品和其他纪念品，都经过精美装裱。

爱迪生将图书室作为正式接待室。马克·吐温（Mark Twain）是一位早期的访客，于 1888 年来西奥兰治观看爱迪生的改良留声机。他对新技术很着迷，（他是率先使用打印机的作家之一）并且十分愿意把留声机当作录音机来使用。爱迪生后来回忆道，马克·吐温在图书室用了好几个小时在蜡筒留声机上录制有趣的故事。但遗憾的是，这些录音在 1914 年的一场火灾中不幸遗失。

1909 年 10 月，另一位来西奥兰治的名人便是东京第一银行行长兼日本商会委员会代表总裁大实业家涩泽荣一（Eiichi Shibusawa）。1912 年 4 月 12 日，爱迪生款待了德国工程师鲁道夫·狄赛尔（Rudolf Diesel），他于 1893 年发明了内燃机。那时狄赛尔与正在研究美国工业博物馆藏品的德国科学家和工程师代表团在美国旅行。

1904年，爱迪生在西奥兰治实验室的图书室里。

对于爱迪生和他的员工来说，图书室也是一个信息来源地。如今，图书室有大约 10000 卷资料，包括公开发表的专利报告、科技期刊以及各个领域的图书。作为一个成功的发明家，爱迪生需要信息——不仅需要最新的科技动态，也需要经济数据、资金、设备以及供应来源，还有他的竞争对手、商业社团以及合作伙伴的活动信息。要知道，拥有优质资源的发明家比那些信息闭塞的竞争对手更占优势。

通常爱迪生通过以下几种途径获取信

息：他如饥似渴地阅读报纸和杂志，依靠信用报告机构来监测商业伙伴的财务状况。而西奥兰治的员工也养成了一个习惯，从门罗帕克开始，他们将所有与爱迪生活动有关的文章都放入剪贴簿。后来，在 20 世纪早期，简报服务部照常将与爱迪生相关的文章发送到实验室，使他在印刷媒体上也能看到自己。来自商业社团和消费者的信件则是另一种途径，但主要还是靠藏书丰富的图书室来追踪科技和商业方面的最新发展动态。

从图书室穿过大厅是储藏室，爱迪生将他的员工开发新发明所需的工具和材料都放置在这里。1927 年，爱迪生告诉莫里斯·霍兰德（Maurice Holland），发明的秘密就是有一个"大垃圾堆"。1887 年他曾向詹姆斯·胡德·莱特（James Hood Wright）解释说："我一般会储存几乎每一种规格的材料。"爱迪生相信，有一个设备齐全的储藏室可以节省实验人员等待物资和设备的时间，有助于提高生产效率。"之前耗费数月并且花费大量资金的发明现在两到三天就可以完成，而且成本非常低。"他写道。

西奥兰治实验室的储藏室。储藏室职员通过这个窗口将工具和用品传给正在重型加工车间工作的机械师。
下一页：西奥兰治实验室的重型加工车间。

1887 年秋，爱迪生起草了一份订货单，其中包括 2 磅马鬃、2 磅猪鬃、1 盎司海豹毛、4 盎司豪猪刺、1 张带毛的鼠皮、10 磅海象獠牙和 2 盎司鲨鱼皮。他还订了少量外国原材料：铁、铜、镍、硬橡胶和软橡胶，还有化学品。爱迪生不知道实验会不会用到猪鬃，但如果他们用的话，手头上有一些总是不错的。实验室备货的初期费用很高，但是爱迪生说从长远看会很省钱。而且他还认为"在装备精良的实验室工作，员工的生产量是实验室原材料不充分的员工的 10 倍"。

爱迪生向莱特吹嘘他的实验室配备齐全，可以生产各种物品，"小到女士手表，大到火车头"。重型机械加工车间在储藏室旁边，内有能够为大型设备制造金属零部件的车床，如蒸汽机车。这个车间很大，足够容纳 50 个人工作，车间里放置着钻床、车床、牛头刨床、铣床和镗床——这些都是用来进行金属切割、塑形和钻孔的。橡胶皮带连接到轴上，沿着房间两侧的天花板带动机器。两个大型直流电电动机，安装在车间一端的平台上，带动两个主轴。安装在房子中心的一台高架移动式起重机和 6 吨的链式起重机可以使机械师轻松移动大型金属件。

在重型加工车间上边的二楼是精密仪器加工车间，其中有为更小、更精细的工作

如女士手表设计的车床、磨床和铣床。现在看到的精密仪器加工车间从建筑的一头扩展到了另一头。爱迪生在 1887 年设计实验室的时候，用一堵隔墙将房间一分为二。隔墙将精密仪器加工车间与其他几个实验室分开，实验室里爱迪生的员工从事一些特定项目。在其中一间（现在已不再存在），研究人员对电影进行了第一次实验。

5号楼2层的精密仪器加工车间。

在门罗帕克，爱迪生和他的团队一起工作的房间很大，而西奥兰治实验室则不同，在这里，不同的楼层分配设计，使得爱迪生可以安排工人到具体房间，这样可以给予实验员更多的个人空间。实验室离机床车间和储藏室近，既方便了机械师，他们可以将想法转换成可行的模型和实物，也使得研究员很容易就能拿到工具和用品。爱迪生还可以根据自己的需要改变实验室的楼层布局，只要拆除或者移动隔断墙就行。

精密仪器加工车间和二层其他房间之间用一扇门隔开，其他房间包括被中心大厅分开的几个实验室。其中一个实验室里有制作实验灯泡的吹玻璃设备，另一个则有水银真空泵，用来抽空玻璃灯内的空气。爱迪生将12号房间作为他的个人实验室。从12号房穿过大厅，绘图员拿上爱迪生公司实验员的草图，然后将草图变成精确的实测图，最后机械师根据实测图构建发明物的原型。5号楼的三层又增加了实验室、展览室、1个报告厅

上图：12号房间，爱迪生的私人实验室和绘图室。
下图：在5号楼2层。加工车间与绘图室、实验室相邻，方便爱迪生和他的员工之间相互交流。

和 1 间摄影棚兼暗室。报告厅是爱迪生最初的计划，他打算在这里向参观者和记者演示发明，不过后来很快变成了一个音乐房，在这里研究员开发了录音技术。20 世纪早期，爱迪生曾用这间房子评估录音唱片以及试听音乐家和歌手的唱片。而在那间摄影棚兼暗室中，爱迪生的员工还制作了用来宣传爱迪生产品的图片。

从 1 号楼到 4 号楼都是单层的卫星楼群，与主实验室成直角。这些楼群的具体职能如下：面朝山谷街的 1 号楼是电流计室（电流计是一种用来测试电流的仪器），其中有电力研究和测试用的设备。由于铁配件与电磁仪器会相互干扰，所以这栋建筑是由铜钉和铜管建成的。

电流计室反映出爱迪生对西奥兰治的电灯研究有着持久的兴趣。19 世纪 80 年代后期这一研究主要集中在改良电灯的灯丝设计和性能上。19 世纪 80 年代后期到 19 世纪 90 年代早期这段时间，爱迪生完成的合同对他的电灯公司来说就是一个重要的收入来源。1889 年，爱迪生电灯公司、爱迪生灯具公司、爱迪生机械制造厂和贝格曼公司合并为爱迪生通用电气公司。1890 年，爱迪生通用电气公司同意坚持 5 年资助爱迪生一半的电气实验。从 1890 年到 1895 年，爱迪生收到了 121000 美元（现在的 330 万美元），用来研究直流输电系统和交流电动机。这份合同于 1892 年 4 月后生效，也正是那个时候，爱迪生电气公司与汤姆森 – 休斯敦电气有限公司合并，成为通用电气公司，后者原是一家电气制造商，是爱迪生公司的竞争对手。通用电气公司对西奥兰治实验室的赞助于 19 世纪 90 年代后期结束，当时西奥兰治实验室在纽约斯克内克塔迪设立了自己的研究实验室。

1906年爱迪生与弗朗西斯·阿瑟·琼斯（Francis Arthur Jones）在化学实验室。琼斯是一名英国记者，在1908年出版了一本爱迪生的传记。

2 号楼是化学实验室，与电流计室之间隔了一个院子。化学实验室是一个长方形房间，内有几排实验桌和装满化学用品、试管、煤气灯以及其他实验设备的储物柜。在化学实验室的后边是一个小天平室，在这里化学家对化学样本进行称重、分析。（为了防止烟尘污染化学物品，样本称重在一个单独的房间进行，这在化学实验室里是很常见的。）稍微倾斜的水泥地面可以易于清理溢出物，8 个砖烟囱可以排出化学烟雾。

3 号楼分两个区，前面区域存储化学物品，后面区域是一个木模车间，木匠在这里制造用于铸造金属零件的木质模型。为车间电锯和其他木工工具提供动力的电动马达和皮带安装在地下，可以帮助工人搬运大块木头。原本爱迪生应该将模型发到当地铸造厂铸造，但由于模型的制造需要实验员、机械师和木匠紧密合作，所以他坚持在实验室完成这一任务。

1908 年 2 月，爱迪生在化学实验室。1917 年，他告诉《纽约太阳报》：“与物理相比，我一直对化学更感兴趣。”下一页：西奥兰治化学实验室，如同现在的面貌。

4 号楼里有 1 个熔炉锻造车间和用于分析、检测金属与矿石的冶金实验室，这标志着爱迪生打算从事矿石加工研究。19 世纪 90 年代，实验员在这栋建筑中设计了加工铁矿石的机器。但到了 20 世纪早期，4 号楼的职能就变成了研究留声机唱片的制造工艺了。

交流电与直流电之争

1888 年夏天，西奥兰治的研究员在动物身上进行了电刑实验。爱迪生做这些可怕的实验是为了努力证实他的直流电电力系统很安全，而乔治·威斯汀豪斯（George Westinghouse）的交流电电力系统很危险。爱迪生的直流电系统仅能服务于2.5平方千米的区域，而交流电是分布式电源系统，电压更高，服务的区域也更广，这对爱迪生的电灯照明系统造成了威胁。

1888 年 6 月，纽约州颁布了一项法律，将死刑的行刑方式从绞刑改为电刑，这给爱迪生提供了一次挑战威斯汀豪斯交流电系统的机会。法律没有具体说明将会用哪种电流种类，并且州政府要求纽约医学法律学会制定出具体（方案）细节。

爱迪生鼓励纽约州用威斯汀豪斯的交流电设备。他个人本来是反对死刑的，但他相信交流电能以最快的方式结束一个人的生命。为了达到电刑法律提出的要求——更快，更有效——专家们需要更多的技术信息，如杀死一个人所需要的电量和时间，以及如何在囚犯身上拉线才能达到最有效。为了帮助纽约州解决这些问题，爱迪生还提供了他在西奥

1888年6月，爱迪生在电气行业的竞争对手乔治·威斯汀豪斯（George Westinghouse）邀请爱迪生去匹兹堡会面讨论他们两家公司合作的事情。爱迪生礼貌地拒绝了。

兰治对动物执行电刑实验的工作人员和设施。

从某种角度来看，这种实验对竞争对手来说是一种嘲弄性的攻击。19世纪80年代，关于电对生物的生理影响，人们还知之甚少。爱迪生十分关心他的电力系统的安全性，但是他相信他的低电压直流电系统比交流电系统更安全。

整个夏天，爱迪生的电气专家阿瑟·肯内利（Arthur Kennelly）总共对50条狗、10头牛和2匹马进行了电刑实验，并将每个实验结果仔细地记录在实验室笔记本中。肯内利的首次实验是在7月12日，当时他对一只5.9千克的猎狐小狗进行了电刑实验，他把包裹着裸铜线的湿绷带缠到了狗腿上，然后试了不同的电压，起初是400伏特的直流电，最终以1000伏特的致命电压结束了这条狗的生命。

没人知道爱迪生从哪里得到的动物。他曾请求美国动物保护协会将他们打算进行安乐死的狗送给他。不过该协会的主席反对这种实验。

电刑实验的结果制成表格并汇总成一份报告给了纽约医学法律学会。果然，报告中得出结论：在执行电刑中应该使用3000伏特的交流电。使用1000伏特到1500伏特之间的电流持续15至30秒足够致死。1888年12月，医学法律学会采纳了报告中的建议，纽约州监狱当局终于决定使用交流电。

既然有了电刑，现在就需要一个新词来描述电刑，爱迪生建议用"安培死刑""强啡肽死刑"和"电力死刑"。而爱迪生的律师尤金·刘易斯（Eugene Lewis）首选"电极"，但他也建议使用威斯汀豪斯的名字。他写道，"威斯汀豪斯的发电机将用于处决罪犯，那为什么不把这件事的好处给了他，让大家都记住他呢？干脆用'威斯汀豪斯式死刑'来命名吧"。

1890年8月6日，威廉·凯姆勒（William Kemmler）被指控用斧头谋杀了他的情人蒂莉·齐格勒（Tillie Ziegler）而被判死刑，成为美国第一位死于纽约奥本监狱电椅上的人。然而，对于新死刑法案的宗旨来说，凯姆勒的行刑不快，也无效。电刑处死凯姆勒的第一次电击失败，后来不得以又实施了第二次，电击70秒。

对凯姆勒这次不成功的行刑违背了美国死刑法律的初衷——施行一个更加人性化的行刑方法——但它对于爱迪生个人来说

也很尴尬。最终，他在电流之争中战败，因为交流电的发电和配电方法更加经济。19世纪90年代早期，科隆（Cologne）和法兰克福（Frankfurt）是欧洲采用交流电力服务的第一批城市。在美国，约翰·皮尔庞特·摩根（J.P. Morgan）资助创立于1889年的大瀑布建筑公司在纽约的尼亚加拉大瀑布利用了水力发电。这个公司采用威斯汀豪斯的交流电系统，于1895年开始为布法罗市（Buffalo）（又称水牛城，是美国纽约州西部伊利湖东岸的港口城市，纽约州第二大城市，仅次于纽约市）发电。

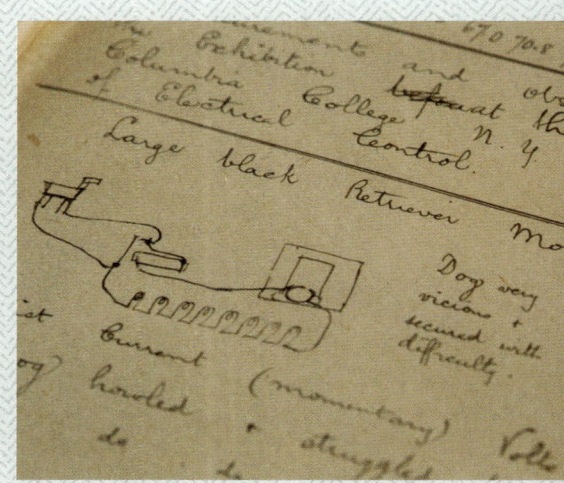

实验员阿瑟·肯内利（Arthur Kennelly）在一个笔记本上仔细记录动物电刑实验的结果。离开西奥兰治实验室后，他在麻省理工学院和哈佛大学教授电气工程学。

1887年建造实验室期间，爱迪生起草了一份想要雇佣的职员列表，上面表明他希望职员可以处理各种技术问题。这份名单中包括1名手表工匠、1名电报设备制造员、1名玻璃吹制工、1名可以处理锡和铜的技工、1名绘图员和1名了解宝石鉴定或宝石工艺的技工。爱迪生还想雇佣一些熟悉光学的人、一个摄影师和"一位熟悉科学问题，且能将法语、德语和意大利语翻译成英语的人"。

1888年1月该实验室第一份周薪单上，共支付66名员工376.05美元（现在的9170美元）。这些工人大部分是劳工、木匠和忙于"装修"实验室的机械师，也有留声机、矿石加工、电灯灯丝、电报和电线绝缘的工作人员的清单。

员工人数根据爱迪生需要的变化而变动。当实验室忙时，他就增加更多的实验员，在淡季他就裁员。例如，1890年6月12日那一周，实验室的工资单中有50名员工，共支付805.22美元（现在的20500美元）。而在1891年3月26日那一周，爱迪生则雇

1893年爱迪生（前排中间）和西奥兰治实验室员工。查尔斯·巴彻勒在爱迪生左侧，约翰·奥特在爱迪生的右侧，电影首席实验员威廉·肯尼迪·迪克森，站在巴彻勒的后方稍微靠左一点。

佣了 69 名工人，共支付 1072.52 美元（现在的 27400 美元），他们从事各种实验，包括矿石加工实验、电镀实验、电线绝缘实验、唱片实验和有轨电车发动机实验。

1893 年 8 月 31 日那一周，实验室工资单上仅有 44 名工作人员，其中有 9 名实验员、7 名机械师、8 名绘图员、2 名劳工、1 名制模师、1 名木匠和 1 位女性兼职打字员曼德维尔（Mandeville）。在这些人中，实验员是工资最高的，按周支付工资。实验室的主管约翰·奥特（John F. Ott），那周赚了 34.60 美元（现在的 893 美元）。下面这些工作人员每人赚 30 美元（现在的 774 美元）：爱迪生的主要实验员之一约翰·奥特的兄弟弗雷德（Fred）；从事矿石加工和电影研究工作的威廉·肯尼迪·迪克森（William K. L. Dickson）；在电流计室工作的阿瑟·肯内利（Arthur Kennelly）。其他岗位按小时支付工资，机械师查尔斯·侯伯佛林格（Charles Hopflinger）每小时 32.5 美分，8 月 31 日那周他工作了 60 个小时，收入 19.50 美元（现在的 503 美元）。绘图员托马斯·班克斯（Thomas Banks）每小时赚取 67.5 美分，曼德维尔小姐那周仅工作了 40 个小时，获得工资 6.67 美元。

到 20 世纪早期，爱迪生已经在西奥兰治创立了一个产业化工厂。实验室位于综合工厂的中心位置，其中有电影设备、留声机、唱片、波特兰水泥和蓄电池。1910 年以前，这些产品由独立的公司生产、销售。例如，爱迪生制造公司生产电影放映机、电影胶片、电风扇和 X 射线机。爱迪生蓄电池公司负责蓄电池的生产销售；爱迪生波特兰水泥公司管理爱迪生的水泥业务；爱迪生留声机工厂制造唱机和唱片，由国家留声机有限公司进行销售。

实验室继续对新科技进行试验，但同时也致力于改良现有的爱迪生产品，并且设计用于大批量生产的工具和机器。反过来，爱迪生的生产与销售公司创造的利润则维持实验室的运营。

门罗帕克与早期的西奥兰治工作氛围一样，十分随意——那时爱迪生最亲近的实验室同事可以很容易地从实验室工人升职到公司的管理人员——但在 20 世纪早期，这样的随性被组织机构所定义的企业官僚主义所取代。尽管与往常一样，爱迪生仍保留公司的控制权并且对所有重大政策持有最终决定权，但是随着 20 世纪早期西奥兰治的经营规模和范围不断扩大，爱迪生把更多的责任权委托给了公司的管理人员。对于有天分的实验室人员来说，在没有任何专业经验背景下，凭借自己的努力也有可能升职到管理层，但是在爱迪生的团队中，大多数的年轻高管都接受过大学教育。例如，1911年，作为一名留声机销售经理加入爱迪生团队的威廉·马克斯维尔（William Maxwell）曾经就读于弗吉尼亚大学。1915 年，他成为爱迪生公司留声机部门的总经理。斯蒂芬·兰伯特（Stephen Mambert），拥有康奈尔大学管理工程师学历，于 1913 年开始为爱迪生工作，职务是会计，到 1916 年，他升为副总裁，主要负责降低融资成本。

1903 年专利律师弗兰克·刘易斯·戴尔（Frank L. Dyer）成了爱迪生的法律总顾问，同时也为爱迪生团队带来了管理和行政技能。在成为国家留声机公司的总裁兼总经理之前，1908 年，戴尔接手处理了爱迪生的一些复杂法律案件和专利事务，包括一些威胁留声机和电影业务的诉讼案件。1910 年，戴尔又说服爱迪生批准一项计划——将爱迪生的多家公司整合成一个实业公司——托马斯·A. 爱迪生股份有限公司。到目前为止，爱迪生把从留声机和电影业方面获得的利润都用来支持蓄电池和波特兰水泥了，这两个投资风险较大而且很难实施。

将资金从正常运作的公司转移到困难企业上，这样虽然挽救了一些不成功的企业，但同时也妨碍了利润较大的公司继续扩展业务。因此戴尔建议通过整合财务、法律、广告和其他管理部门的职能来减少行政开支，从而合并分公司。这样做的另

1917年1月，木匠们在模具间工作。

一个好处是"向公众展示这是爱迪生先生的个人业务，这也是他的个性使然"。戴尔在1910年曾与人合著出版爱迪生的官方传记《爱迪生：他的一生与发明》。

1887年末爱迪生成立西奥兰治实验室时，他已经是世界闻名的发明家了，并且已经在一些行业中做出了重大贡献。即使他余生什么也不做，历史也会记住他，因为他在电报、电话、留声机的发明以及改良白炽灯照明系统方面做出了杰出的贡献。但是爱迪生并不满足他现有的成就，他才40岁，相对来说还很年轻。源源不断的

有传言说，实验室的工作人员了解到爱迪生偏爱使用楼梯，就开玩笑地将这个标志放在5号楼楼梯间。（仅供爱迪生先生使用）

新想法一直激励着爱迪生在西奥兰治度过了余下的44年——改良留声机；发明电影摄影机；开发铁矿加工技术和波特兰水泥生产技术；研制了一种改良蓄电池；构思了建造水泥房子的方法；甚至尝试培育国产天然橡胶。同时，爱迪生也是自己产品的生产商和销售商，并且在第一次世界大战期间花了大量时间为美国海军进行研究，后续章节将会讨论爱迪生作为发明家的"第二种人生"。

6

留声机
走进
千家万户

"让一些人去生产商品……很容易，但成功销售这些商品则需要更大的智慧。"

在门罗帕克，爱迪生并未成功地将锡箔留声机从科学好奇心转变为商业产品；但在西奥兰治他成功了。19世纪末期，美国人开始生产和消费大量畅销商品。从1887年到1929年，爱迪生在西奥兰治对留声机的设计、生产和销售所做出的努力就是这次市场转型的一部分。

通过改变经济生产、销售和消费产品的形式，大众消费市场在19世纪末得以形成。新型生产技术使企业增加了产量，与此同时，铁路与电报使本地企业把营销范围扩展至全国市场。为推广产品，制造商纷纷采用新的销售策略，比如品牌建设、大众推广。高产量和低售价则是最为关键的大众营销策略，这使得产品更易为消费者接受。

与此同时，民众生活水平的日益提高及对支出与休闲态度的改变也促进了消费。以休闲和及时行乐为主流的文化价值观取代了强调努力工作与自我牺牲的旧式观念。在这种背景下，19世纪末期的美国民众开始接受各种新式休闲活动并开始购买先前产自家庭作坊的商品，比如肥皂和服装。美国家庭从生产中心转变成了消费中心。起初，爱迪生将留声机定位为一种办公录音机，他认为录音机的需求量会

第96～97页：西奥兰治实验室音乐间放置的爱迪生钻石唱片机。上图：1912年9月，爱迪生身穿睡衣，正在格兰蒙特倾听圆盘留声机唱片。

很高，对于缺乏专业速记员的企业尤其如此。办公设备的生产价值从 1879 年的 360 万美元稳步增长到 1889 年的 820 万美元（从现在的 8370 万美元到 2.07 亿美元），这一增长趋势证明他是正确的。1878 年 10 月，爱迪生谈到办公人员使用锡箔留声机录音，最高可录 4000 字。1886 年 10 月，他在建造西奥兰治实验室不久前便重启留声机研究，一位实验员提到，爱迪生此次打算设计"一台小巧、便携式机器，旨在便于办公室使用"。

1887 年秋，爱迪生成功设计出"改良版"留声机。与手摇锡箔留声机不同，该模型靠电池驱动，装配有一个可拆卸式蜡筒、一个录音机 / 扬声器组件、一个蜡筒刮削刀具和一个暂停 / 启动操纵装置。改良版留声机好过锡箔留声机百倍，但它却只能作为样品而无法当作商品销售。

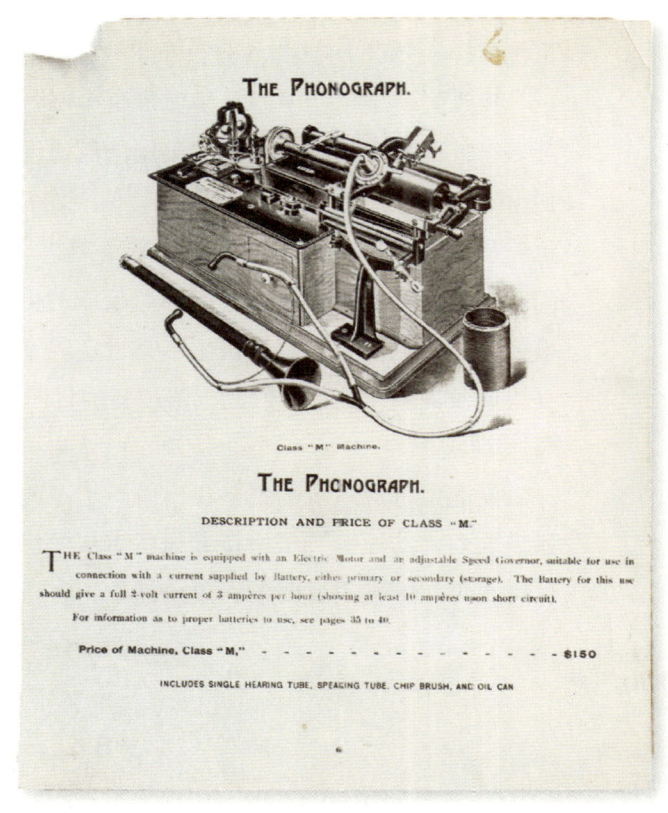

19世纪90年代早期的爱迪生电池驱动留声机，办公人员可以用来录制谈话。

爱迪生及其员工对留声机的研究工作一直持续到 1888 年。那时爱迪生正致力于研究机械特性，而阿瑟·肯内利则专注于研究电动机和电池。1887 年 10 月，爱迪生雇佣了化学家乔纳斯·埃尔斯沃斯，其后来研制出了蜡筒化合物。他对蜡、肥皂和脂肪酸进行了 700 多次实验，从而研制出一种合格的气缸：既要足够柔软来获取录音，又要持久耐用以承受多次复制。阿德尔伯特·西奥多·万革曼对编码技术进行了实验，弗朗茨·舒尔茨－贝格则发明了唱片复制法。1888年4月30日，爱迪生组建了爱迪生留声机工厂，并于1888年6月公布了改良版新机型，该机型被认为是"完美版"留声机。

后来爱迪生把门罗帕克的留声机生产外包出去了，不过仍对西奥兰治的留声机生产保有控制权。他打算利用"美国的制造业体系"来生产留声机，这一生产工序是在19世纪早期为制造枪支而引入的。该工序并未采用熟练工制作单个零件的形式，而是让非技术工利用预制零部件来组装留声机。这不仅降低了生产成本、提高了生产力，同时又能生产出统一标准的产品。较低的生产成本使他能够减少消费者的支出，从而增强自身的竞争力。留声机生产靠近实验室，便于爱迪生和其研究员迅速改变设计并且快速改良生产技术。因此，留声机的日产量从1888年秋天的10台增长到了1889年春天的50台。

爱迪生将留声机的销售权出售给了杰西·利平科特（Jesse Lippincott）。这位匹兹堡玻璃商之前还购买了格拉弗风留声机的销售权，后者是由华盛顿的亚历山大·格雷厄姆·贝尔实验室发明的，是爱迪生留声机的竞争对手。利平科特后来创办了北美留声机公司，并且独家授权子公司开展留声机租赁业务。截至1890年5月，美国共有32家获得地方授权的留声机公司。北美留声机公司以每年20美元（现在的510美元）的价格将留声机租给地方公司。地方公司转而再以每年40美元的价格将留声机租给顾客。

爱迪生蜡筒唱片在橱窗展示。

根据爱迪生的留声机抄录信件的打字员。19世纪80年代到19世纪90年代早期办公人员的激增使爱迪生坚信录音机的市场需求将会很大。

技术和销售问题阻碍了北美留声机公司进一步开发可盈利的留声机业务，而温度和湿度变化使蜡筒变形、破裂，难以从留声机中取出。蜡筒唱片划过之后虽然仍能够重复使用，但划出的蜡屑却会堵塞机器。

而且顾客也发现留声机的构造太过复杂。某地方留声机公司的经理常抱怨办公人员根本不熟悉该机器的操作技巧。还有一位经理告诉爱迪生："如果整个机器可以重新组装，变得更轻巧、更便捷，效果会更好。当前的留声机太过笨重并且常常让人觉得其设计过于复杂。"

不过最严重的技术问题当属留声机的化学电池了。留声机的电动机靠电池驱动，能够使蜡筒持续匀速地旋转，但顾客经常无法让电池正常工作。一位用户曾告诉爱迪生的秘书："我严格遵从了说明书，并在安装了近12小时后使电池保持短路15分钟左右，但电池在工作了5分钟后似乎就'停止运转了'。"

会说话的洋娃娃

19 世纪 80 年代后期，爱迪生在西奥兰治发明了会说话的洋娃娃。这是他在实验室快速设计新产品，进行大规模生产、销售，并将所得利润重新投入实验室以支持新研究的策略之一。1887 年 10 月，爱迪生与波士顿贝尔电话公司的员工威廉·雅克（William Jacques）及其同事洛厄尔·布里格斯（Lowell Briggs）签订了一份合同，用于销售会说话的洋娃娃。雅克和布里格斯共同发明了洋娃娃留声机，之后二人又合作成立了爱迪生留声机玩具制造公司。但爱迪生不满他们的留声机机械设计，让查尔斯·巴彻勒负责改良一下。

1888 年 2 月，实验室设计了一个录音装置，十分小巧，能够安装在洋娃娃中。1888 年 3 月 6 日，巴彻勒在他的笔记中写道："为洋娃娃做了一个小型留声机，带有自动复位功能，这样，你只须一直朝一个方向转，它就会一遍一遍地重复同样的话。"

有一张草图显示，实验员们起初考虑将留声机置于洋娃娃的头部，将扬声器喇叭放在它的嘴巴旁边，并在后脑放一根拉弦，但是在最终的设计

按照爱迪生快速研发新产品的策略，西奥兰治实验室很快便引进了会说话的洋娃娃，但其并未达到消费者的期望。

中，他们将整个装置都安置在了洋娃娃的躯干内。

1888 年的秋天，各大报纸开始刊登关于爱迪生洋娃娃的故事。11 月 22 日《纽约太阳报》的报道称："世界各地的孩子们不久将有理由祝福爱迪生了，因为这个伟大的天才刚刚发明出一个绝妙的玩具，孩子们即使在圣诞夜也从未想过会拥有这样的玩具。"《太阳报》宣布，爱迪生不久将开始大量制造、运输洋娃娃，如此一来，"不仅在美国、欧洲，甚至远在俄国的孩子们都将拥有一个能跟主人说本国语言的洋娃娃。"爱迪生希望为 1888 年的圣诞节贸易准备一些洋娃娃，但他的秘书却告诉《纽约世界》的编辑："该装置的细节尚未安排得尽善尽美。"

由于设计问题和生产延期，爱迪生错失了 1889 年的圣诞节贸易，并且直到 1890 年初才开始生产洋娃娃。截至 1890 年 3 月，爱迪生留声机工厂已开始生产放声装置并将它们置于从德国购进的洋娃娃内部，而且其产量已达到 3000 个。玩具经销商开始对外售卖，但由于放声装置精巧且易损坏，顾客很快便开始退货。有一位经销商称："我们已收到了大量退货……近期又被退回了五六个，一些是由于内部零件松散，另一些是由于不会说话；还有一部分用户在退回洋娃娃时称：用了一个小时后，声音开始变得越来越微弱，最后就什么也听不清了。"基于种种状况，爱迪生不得不于 1890 年 4 月将会说话的洋娃娃撤出市场。

爱迪生国家历史公园仍保留着现存最早的会说话的洋娃娃录音。1888 年生产的唱片中，还录制有一位不知名女人吟诵的童谣"一闪一闪，亮晶晶"。1967 年，博物馆馆长在爱迪生的图书室发现了这个呈环状的金属薄唱片，但已被重度扭曲，因此无法在录音设备中播放。2011 年，科学家们在劳伦斯伯克利国家实验室创建了一个录音数字模型并且用光学扫描技术再现了音频。

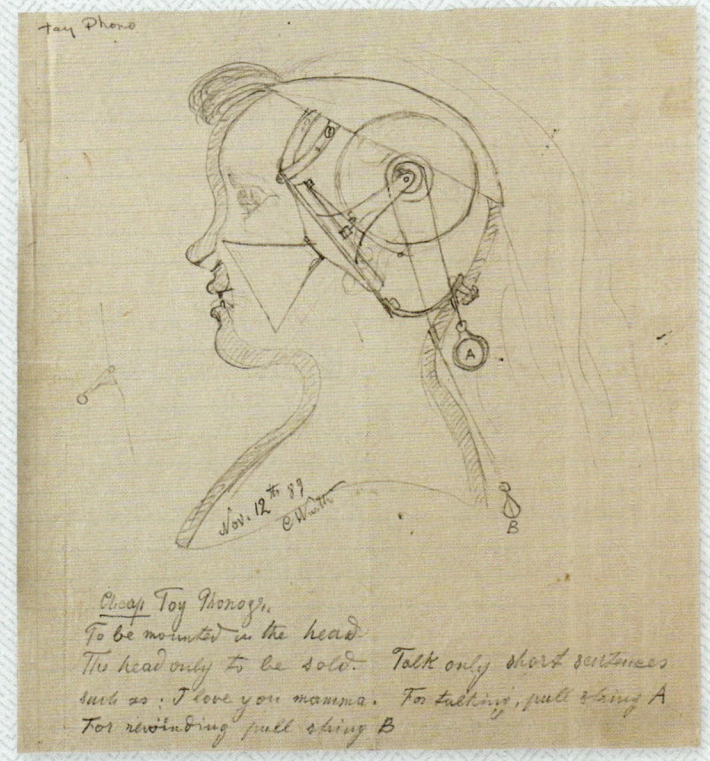

在这份 1889 年 11 月的绘图中，实验员查尔斯·沃思设想将留声机装置置于会说话的洋娃娃头部。不过最终，爱迪生将该装置放在了洋娃娃的身体内部。

"然后如果机器停止，电池在未得到外界帮助的情况下便无法重新启动"。正如太平洋留声机公司的总经理路易斯·格拉斯（Louis Glass）向爱迪生报告时也说道，"收回的机器和电池都不能完全令人满意。单个电池可以在其他电池几乎不运转的情况下带动一些器械运行到 160 转，而我们却达不到 100 转"。此外，顾客还抱怨电池价格太贵，维修方案太过凌乱。留声机电池都是原电池，它们在耗尽时需要改变电极和化学电解质。密歇根留声机公司给爱迪生发简报说："留声机电池毫无价值。"

由于地方留声机公司竭力推销办公室录音机，因此留声机顺利地成为人们娱乐的来源。1889 年秋天，路易斯·格拉斯发明了一个附加装置，可以将留声机转变为投币式机器。1889 年 11 月 23 日，格拉斯的太平洋留声机公司在旧金山皇宫大厅安装了一台投币式留声机。这台留声机配备了一个音乐圆筒唱片和几个橡胶收听管，最多可供 4 位顾客收听。只需投进一个五分镍币，宾客们就可以收听一首录制的歌曲、一段短小的小品或戏剧。12 月 4 日，皇宫大厅又安装了第二台投币式留声机，12 月 10 日又安装了第三台。该公司第四台留声机安装在旧金山渡口的奥克兰等候室。截至 1890 年 5 月，太平洋留声机公司已在整个旧金山市经营了 15 台投币式留声机。

1890 年 11 月至 1891 年 1 月期间，各留声机公司在全国的酒吧、旅馆和火车站共安装了 704 台投币式留声机。这些投币式娱乐留声机都取得了高额收益。旧金山首台投币式留声机从 1889 年 11 月到 1890 年 5 月共赚得 1035.25 美元（现在的 26400 美元）。密苏里留声机公司 48 台留声机的月销售额就达到了 1500 美元（现在的 38300 美元）；东部宾夕法尼亚留声机公司 25 台留声机的月销售额高达 550 美元（现在的 14000 美元）。弗吉尼亚奥多明尼昂留声机有限公司曾报道："在人口达到 300、400、500、600 和 1000 的城镇中，开展该业务都能获利。我们可以将留声机安置在那些小城镇中，把它们当作一个综艺节目，供人们消遣。这些城镇居民通常只有教堂可去——现在他们就可以聚集在留声机周围了。"

尽管该业务开展得很顺利，但一些留声机企业领导人仍不愿意推销娱乐留声机。北美留声机公司总经理托马斯·隆巴德（Thomas Lombard）敦促一些地方公司不要依赖

1896年在爱迪生开始销售弹簧驱动式留声机喇叭之前，听众都是用橡皮管和听筒来收听唱片。

投币式留声机获利。"该'投币'装置预计会对留声机造成损坏……因为从外观上看它只是一个玩具；没有人会认为它对商人有用，或者满足其录音需求。"但留声机工业贸易杂志《留声机》的编辑弗吉尼亚·麦克雷（Virginia McRae）却预言："在不久的将来，留声机将不再是那些频繁出入酒吧和雪茄店的人的玩具了。"

投币式娱乐留声机有利可图，录音机却遭受了商业重创，这二者相结合共同改变了录音业的发展重心。1893年6月爱迪生承认："我们的经验表明不计其数的留声机作为娱乐工具已走进了寻常人家——这些家庭不会尝试用其去录音，也不愿意这么做。"

由于爱迪生是北美公司最大的债权人（该公司未向爱迪生足额支付其购买留声机销售权的欠款以及实验经费），因此他敦促该公司接受破产管理。根据这一程序，法院指定的接收人将负责盘点公司的资产和负债，然后将其拍卖以偿还债权人。1896年初，接收人在出售公司资产时，爱迪生成功竞标并重新获得了其留声机专利的控制权。

1896年1月27日，爱迪生组建了国家留声机公司，用于销售不太昂贵的弹簧驱动式圆筒留声机。1896年12月，他推出了一种被称为"家庭留声机"的轻型弹簧驱动留声机，其最初售价为40美元，1897年降至30美元（现在的1110美元和839美元）。

后来又开发了一种稳固型弹簧驱动装置，使留声机圆筒得以持续运转。19世纪90年代末期，由于该装置的使用，留声机获得了更多消费者的青睐，使用者不需要再用复杂的电池了。

　　家庭留声机是国家留声机公司以娱乐大众为目的销售的第一批较为实惠的留声机。1898年，爱迪生推出了一台较轻、较便宜的圆筒标准留声机（Standard），重7.7千克，售价20美元（现在的560美元）。1899年，他又推出了一款更轻、更廉价的留声机，重3.4千克，零售价7.5美元（现在的210美元）的宝石留声机（Gem）。留声机成本的降低使国家留声机公司的销量大增，其销量从1896年的1200台增长到了1903年的113000余台。唱片销量也从1896年的0张增长到了1904年的750万张。

　　19世纪90年代末，价格较为实惠的娱乐留声机的发展体现了消费者在使用录音技术方式上的重要变化。爱迪生已经消除了早期录音机录音操控复杂的难题，使录音机的生产成本得以降低，操作程序也得以简化。此外，它还将录音制作的责任从消费者一方转移至录音机制造商，消费者还可以购买附属装置制作家庭录音，但爱迪生的娱乐留声机仅能用于回放。

　　截至20世纪早期，爱迪生一直都是娱乐留声机的领军制造商，但他也面临着来自圆盘留声机的竞争，该留声机由维克多留声机公司生产，该公司由新泽西州卡姆登市的机械师埃尔德里奇·R. 约翰逊（Eldridge R. Johnson）创立于1901年。维克多公司生产的留声机机由埃米尔·柏林（Emile Berliner）发明于19世纪80年代末期。约翰逊设计出拾音臂来提升留声机的音

爱迪生家庭留声机于1909年7月推出，用桃木实心盒子包裹，售价39美元（现在的995美元）。

爱迪生娱乐留声机的广告设计图文华美、色彩斑斓，旨在吸引更多消费者。这标志着爱迪生商品广告已发生了重大转变，不再是早期那种单一黑白文本和图片广告了。

质，由此增加了销量。1906 年，他推出了维克多手摇柜式留声机（Victrola），该留声机放在一个精美的木柜里，木柜内部又包裹着一个封闭的扬声器喇叭。

维克多的圆盘唱片比爱迪生的圆筒唱片更易储存且播放时间更长——从原先的 4 分钟延长到了 7 分钟——这使得该公司在录制音乐时，不必安装爱迪生的 2 分钟圆筒唱片。另外，维克多还录制了阿德里娜·帕蒂、内莉·梅尔芭、恩里科·卡鲁索等名人的歌曲，并通过大量广告来推广。这些策略都成功地使维克多的留声机销量从 1901 年的 7600 台增长到了 1907 年的 98000 台。

爱迪生对维克多留声机的第一反应便聚焦在了技术上。为与维克多的圆盘唱片相竞争，爱迪生在 1908 年推出了一款称为琥珀（Amberol）的四分钟圆筒唱片。此外，他还研发了一款新型圆筒留声机——琥珀手摇留声机（Amberola）——该留声机既模仿了维克多的名称，也模仿了其外观。琥珀（Amberol）唱片虽提升了销量但却并未撼动维克多的市场地位。因此，爱迪生的业务经理便劝他研发圆盘留声机和唱片。于是 1912 年，爱迪生推出了钻石圆盘留声机，该留声机带有钻石尖状扬声器和一个由冷凝材料制成的唱片。同年，他开始销售蓝色琥珀（Blue Amberol），这是一种赛璐珞圆筒唱片，音质远高于先前的唱片。

意大利男高音歌唱家恩里科·卡鲁索和他的手摇柜式留声机。拍摄于1910年前后。对卡鲁索等名人唱片的录制使维克多唱机公司在娱乐留声机业务上成为爱迪生的主要竞争对手。

爱迪生电话

1903年，当国家留声机公司开拓娱乐留声机市场时，西奥兰治实验室又重启了办公录音机的研究。爱迪生商务留声机于1905年亮相，能够帮助办公人员将口述信件录制到蜡筒上，之后速记员便可以进行重播，再将其打在信纸上用于邮寄。

1912年，国家留声机公司将商务留声机更名为"爱迪生录音机"。1911年到1914年间，实验室工程部设计了一种综合办公录音系统，该系统包括一个操作装置、一台秘书使用的机器和一台圆筒回收利用刮削机。实验室工程师还设计了电话录音机，能将通话内容录制到留声机的圆筒上。电话录音机于1914年推出，但在嘈杂的办公环境中效果并不好。于是，爱迪生在1918年又对其进行了改良，之后被重新推出。同年，爱迪生广告部将"爱迪生录音机"更名为"爱迪生电话"——这个名字既少了些烦琐，又能让人想起它的发明者，而且还与另一款产品"录音电话"的名字相类似，因而成为办公录音设备的通用名。

20世纪20年代，西奥兰治实验室继续改良"爱迪生电话"的设计，使它更简易、更小巧、更便宜。20世纪20年代末爱迪生曾在一本宣传册中谈道："我不遗余力地研发爱迪生电话是因为志向远大的人会使用到它，而且他们也值得享受最好的服务。"

1931年爱迪生去世后，该公司依然继续生产爱迪生电话。1951年，公司再次重新设计了爱迪生电话并推出了爱迪生语音打字机，次年又生产出了该机器的便携版。直到20世纪60年代中期，托马斯·阿尔瓦·爱迪生有限公司及其继承者麦克劳·爱迪生公司一直都在生产爱迪生语音打字机。

尽管19世纪90年代爱迪生未能成功打开办公录音机的销路，但他在1905年又重新推出了商务留声机。

20 世纪早期，爱迪生、维克多、哥伦比亚等主要留声机公司都销售留声机和唱片，因此他们需要用唱片目录来吸引顾客。然而，哪位艺术家的唱片和歌曲更畅销却很难预测。维克多采用的方法很成功：通过录制艺术名家的唱片来吸引消费者。

但爱迪生却拒绝利用名人效应来推广唱片。他在 1912 年写道："我们不在乎艺术家、歌唱家和乐器演奏家的声誉。我们的终极目标就是使音质尽善尽美。"1911 年 11 月，爱迪生在一封信中阐明了他的唱片策略，他写道："当然，只要歌手的名气大，即使唱片扭曲变形、音质差劲，还是会有很多买家；但更多的人肯定还是更倾向于选择音质一流、组装精美的优质唱片。"

总的来说，爱迪生的销售策略基于这一想法：他的唱片和留声机技术遥遥领先。因此，当消费者听到出色的音质时，肯定会购买他的产品。爱迪生强调说："我们的意图不是以艺术家为旗号或借助艺术家的名气来销售唱片。相反，我们的销售策略是完全依靠一流的音色和音质。"

1911 年，爱迪生开始收听自己公司目录中的唱片，但他并不喜欢。"应当用管弦乐队时我们却用了管乐队。管乐队里的打击乐破坏了整体音质。还有，我们本该用其他乐器为歌手伴奏，却用了吹奏乐器，声音本该轻松柔和，却是高音刺耳，而且我们的乐队总是演奏超时，时间把控也不好。"

为与手摇柜式留声机竞争，1909 年，爱迪生推出了 Amberola，这是一台圆筒留声机，还附有一个扩音器，售价 200 美元（现在的 5100 美元）。

爱迪生还收听了维克多的唱片。总体而言，维克多的唱片也没有打动他，他在 1912 年 5 月提道："维克多的唱片声音整体很弱，离它 0.9 米远就听不清楚了，除了一些强音符，几乎什么也听不到。而且高价位的唱片噪声很大，低价位唱片反而很小。"爱迪生还听了维克多录制的《十字架》，这是由恩里科·卡鲁索（Enrico Caruso）和法国著名歌剧演唱家马塞尔·茹尔纳（Marcel Journet）合作的二重唱，他喜欢这首曲子并且认为卡鲁索的伴唱很优美，但又觉得卡鲁索和茹尔纳不是最佳组合。爱迪生在他们的演唱中还发现了一个颤音，或者说是一个颤抖的效果，这非常令他反感。

爱迪生收听的另外两张维克多公司的唱片都是艾尔·乔逊（Al Jolson）参与录制的，其后来还主演了第一部长篇有声电影《爵士歌手》（1927），并成为 20 世纪 30 年代最吸金的艺人之一。1911 年 12 月 22 日，乔逊录制了歌曲《令人难忘的旋律》（*That Haunting Melody*），谈及此曲，爱迪生称"此曲音色异常尖锐、刺耳——曲调也难听"。不过，他更听不惯乔逊的那首《满不在乎》（*Snap Your Fingers*），并在笔记本中写道："康尼岛酒吧歌手——不适合我们。"

爱迪生一方面对唱片目录不满意，另一方面又对自己喜欢和讨厌的音乐划有明确的界线，因此便顺理成章地成为公司的音乐总监。他经常在音乐实验室花费数小时评估和挑选将要录制的艺术家和歌曲。他那一沓沓的笔记本上都写满了对音乐室员工的要求和意见。

爱迪生喜欢男中音歌手弗朗西斯·罗杰斯（Francis Rogers），他在 1915 年 1 月 14 日演唱了《玫瑰花开》（*When the Roses Bloom*）和《爱尔兰小女孩》（*Little Irish Girl*）这两首歌。"他的演唱非常棒，声音圆润、音色优美。你可以让他参与录制非爱尔兰女孩类型的歌，如《玫瑰花开》类型的。"不过，爱迪生对哈里·威廉姆森（Harry Williamson）没抱多大信心。"这个人颤音太多——不如我们的男高音。不过，

SERGEI RACHMANINOFF
the World's Greatest Composer-Pianist

has recorded for us his wonderful masterpiece

"PRELUDE IN C SHARP MINOR"
(No. 82187)

Though one of the composers earliest works, this "Prelude" is the most famous of modern piano compositions, and has been played throughout the world. But to hear the composer himself play it, as he does in this RE-CREATION, is a musical treat of the rarest kind. It will be a perpetual delight to all music lovers and piano students. Many interpretations have been given to this music. Some find in it an effort to express the soul of Russia struggling toward the light. Others think it typifies the throes of man's eternal battle against sin and death. More prosaic minds find in it the bells of the Kremlin. It is worthy of note that the theme of the first movement, reflecting a passionate despair, in the finale rises to an imposing proclamation of triumph.

Be sure and get this RE-CREATION

The **NEW EDISON**
"The Phonograph with a Soul"

爱迪生公司生产了10张俄罗斯作曲家兼钢琴家谢尔盖·瓦西里耶维奇·拉赫玛尼诺夫的唱片，但爱迪生不喜欢他的风格（他称他为一根"杵"）并且拒绝发行他的更多唱片。因此1920年拉赫玛尼诺夫与维克多签订了唱片合同。

如果公众想听新歌手的话，我们也可以适当录制一些，但价格要合理。"

爱迪生将音乐选择作为一个技术问题，而不是市场营销问题。他把音乐当作机器进行仔细分析，然后敲定出自己喜欢和讨厌的部分。这是他自己做的一个类比，1911年他给欧洲代表托马斯·格拉夫（Thomas Graf）致信时谈到这一点："我们有一支长笛，它的高音异常刺耳，就像机器缺油时发出的声音。"

爱迪生希望消费者能更加关注产品的技术品质，但并非所有人都这么想。内布拉斯加州奥马哈市的一位经销商曾收到投诉："我们更想听到的是歌曲的精神，而不是每一个乐器的独奏……如果公众关心的只是每一个乐器的声音是否被清晰、完美地录制，维克多早就已经破产了。"

20世纪20年代狐步舞和新舞步开始流行时，年轻的留声机用户开始改变机器的速度以加快唱片的拍子。爱迪生对此大为震惊。1925年，这位78岁高龄的发明家要求工程师改装留声机以免消费者改变唱片速度。"改变速度远比伴舞唱片过慢造成的损失更加严重。它们的速度恰到好处，年轻一代觉得它太慢是因为他们想要快节奏……我不想让他们这么做，也绝不允许。这样会对留声机造成巨大的损坏。"

最终，爱迪生工厂移除了留声机调速器，这种做法却招致了零售商的抱怨。肯特钢琴公司写道："爱迪生先生仍然坚持只将他认为好的产品销售给公众，而不关心公众真正想要什么。我们不明白消费者既然花钱买了留声机，为什么不能按照自己喜欢的速度模式播放最流行的伴舞唱片呢？"

爱迪生正在西奥兰治实验室音乐间倾听女中音歌手海伦·戴维斯的演唱，由钢琴家维克多·杨伴奏，拍摄于1926年前后。

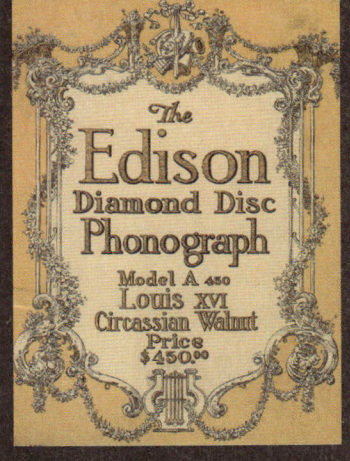

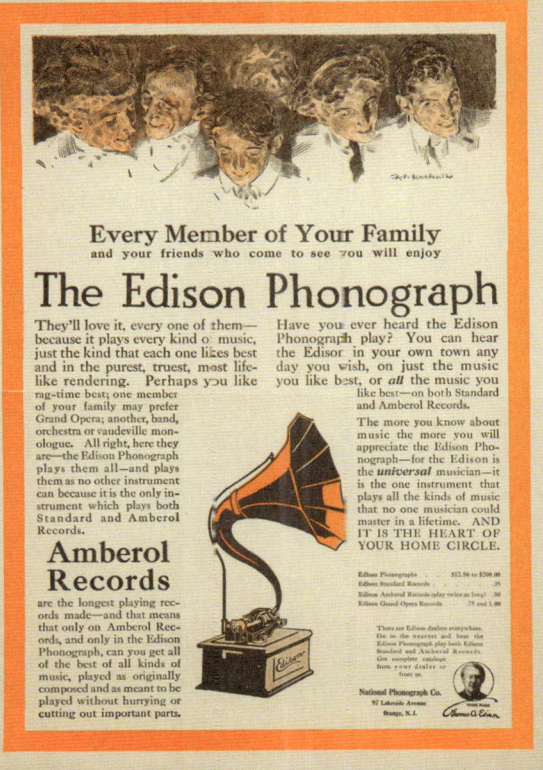

爱迪生留声机和唱片广告。与现在的唱片不同，20世纪早期
爱迪生及其竞争对手都生产唱片和留声机。

其实，爱迪生个人的音乐品位只是其中一个难题；另一个难题是公司无法快速回应不断改变的消费者偏好，尤其是在第一次世界大战期间，因为那时有更多的现代音乐形式（如爵士乐）开始十分流行。除了个别顾客及零售商寄来的信件外，公司并没有综合市场数据可用于判定公众的需求。此外，古典音乐和流行音乐之间也很难达到平衡。如果公司录制的古典音乐过多，那么一些消费者就可能会抱怨缺少流行元素。同理，如果录制了太多的爵士乐，还可能会收到一封类似于 H.E. 麦康奈尔在 1926 年写的抱怨信，他在信中抱怨道："看在上帝的份上，请给我们更多之前录制的那种真正的音乐吧，我们不要那又愚蠢又难听的爵士乐。"

维克多成功的部分原因在于它的宣传策略。对于留声机，爱迪生并不反对大量发行广告，但他并不会像他的对手那样在广告上耗费巨额资金，因为他认为广告并不能传达其产品的技术优势。因此，他的营销策略就是让尽可能多的消费者倾听他的留声机和唱片。公司在一个广告中称："倾听爱迪生的声音会燃起内心的购买欲望，并会使人自然而然地比较该乐器的音质和之前曾听到的其他留声机的音质。"

1910 年，爱迪生分派销售团队乘坐载着留声机和唱片的四轮马车上门招揽顾客，以测试这一营销策略的有效性。销售员会在各家留下一台留声机和一些唱片供其免费试用，几天后进行回访，看这些留声机是否能成功售出。马车运营商之后将详细报告发送给西奥兰治实验室——公司将利用该信息制订下一步营销方案。

圣·路易斯·锡尔弗斯通唱片机公司的旅行推销员罗伊·马东（Roy Matton）的经验是一个典型例子。1910 年 10 月 15 日，马东拜访了 41 户人家。他留下了 4 台留声机以供免费试用，并卖掉了前一次拜访时留下的一台家庭留声机，但在首次回访时却一台也没有卖掉。拜访的第二家是一位女士，她"甚至拒绝了免费试用，因为她担心自己的孩子会劝她购买"。在第二次回访中，马东写道："那位女士就探头看了看，随后就砰地关上了门。"他在拜访第六家时，"一位德国女士便开始发脾气"。后来爱迪生又鼓励经销商们筹划样品展览或举办公共演奏会。顾客们便可以欣赏到各种留声机的声音，可以将钻石留声机与它们做一比较。为了展示爱迪生唱片的质量，公司还赞助了一系列声音测试，尤其是将爱迪生现场录制的艺术家的音质与爱迪生留声机上播放的艺术家唱片做了对比。声音测试的目的是向公众展示爱迪生唱片的声音十分精确、真实，甚至可达到现场录制的效果。1916 年 4 月，爱迪生唱片签约艺术家玛丽·拉波尔得（Marie Rappold）在纽约的卡内基音乐厅举行了该市第一次声音测试；在第一次世界大战期间，该类实验已进行了数百次。

20 世纪 20 年代，爱迪生又测试了新的营销方案来增加唱片销量。1922 年 9 月，他推出了一个方案，号召组建爱迪生家庭服务俱乐部——类似于每月读书俱乐部。俱乐部会员每月都会收到爱迪生唱片目录上的 20 张唱片。他们有两天时间可以倾听唱片并能在唱片寄至下一个会员之前根据目录清单订购自己喜欢的唱片。

第一批俱乐部成立于新泽西州的萨米特和莫里斯敦。爱迪生实行该项计划主要是因为：与大量发行广告相比，家庭展示更能提升唱片的销量。据公司副总裁阿瑟·沃尔什（Arthur Walsh）称："爱迪生认为上门实地演示爱迪生产品是说服人们认可产品音质最好的一个途径。"

二级经销商方案则是指在理发店、冰激凌店和其他商店放置留声机。爱迪生要求这些商店的店主向顾客展示留声机并把有意向的客户名单寄给爱迪生产品的当地零售商。这些营销策略在有限的实验基础上进行时看似有效，但为了战胜维克多和其他竞争对手，爱迪生必须将这些策略推广至全国。不幸的是，爱迪生没有足够的资源来组织和实施大规模的推销计划。

爱迪生的经销商常抱怨宣传力度不够。1923 年 7 月，C.A. 劳埃德（C. A. Lloyd）向

"听力不佳也有好处。因为耳聋，所以我才能全神贯注研究我的想法，如果被噪声和谈话分散了注意力，我也就什么都做不成了。"

第116～117页：西奥兰治实验室音乐间，与现在看到的面貌相同。19世纪90年代，实验员们在这里研发出了唱片技术。20世纪早期，爱迪生就是在这间房里评估音乐和艺术家，以确定唱片目录。

左图：一辆卡车满载着爱迪生圆盘留声机，正运往纽约布鲁克林鲁尼公司。爱迪生依靠全国批发和零售网来销售他的留声机。右图：1910年，爱迪生经销商尝试用四轮马车运载留声机和唱片以供住户免费试用。

公司致信道："自我上次在国家期刊上看到一则爱迪生广告至今已经过去很久了，我都忘了它们长什么样儿了……无论谁忘记了维克多广告、不伦瑞克广告和哥伦比亚广告都没有关系，因为在本公司任何一本最好的杂志上面都刊登了这些公司的广告：其外观华美、色彩斑斓，而且富有艺术气息，会时时映入你的眼帘。"公司的回应即概述了爱迪生对广告的想法："这是他的信仰并且他已证明爱迪生留声机的上门展示营销策略十分成功。爱迪生先生认为爱迪生留声机的优越音质远比其劲敌印刷的广告更奏效。"

20世纪20年代早期，留声机制造商又面临着收音机的竞争。作为第一个商业广播电台，匹兹堡的KDKA于1920年开始运营。截至1922年，美国共设立了30个商业广播电台。1923年，电台数量攀升至556台。收音机爱好者们仅凭一点点广播知识和一些收音机零件就可以简单修补自己的接收器，但制造商则须在获得美国无线电公司（RCA）的专利之后才能开始生产收音机。此后，收音机产量从1922年的100000台增长到了1923年的500000台。截至1923年，400000户美国家庭都配备了收音机。

后来，消费者开始用购得的留声机交换收音机，而且许多留声机经销商也开始销售收音机以重新获得失去的业务。维克多和其他留声机生产商也转而生产收音机 – 留声机组合套装，但爱迪生拒绝开发广播业务。他并不反对生产收音机——他相信收音机迟早会成为一个重要的新闻及信息来源——但由于该媒介破坏了他唱片的音质，因此他认为收音机将不会成为一种流行的娱乐方式。爱迪生还认为收音机业务不会为他的留声机经销商带来丰厚的利润，因为获得收音机制造许可的领域竞争太大，经销商销售收音机的所有利润都将耗费在服务和维修上。

尽管如此，1928 年，公司最终还是成功说服了爱迪生进军收音机行业，并收购了新泽西州纽瓦克市的斯普利特多夫广播公司（Splitdorf），该公司获得了美国无线电公司的专利，可获批生产收音机。后来爱迪生的小儿子西奥多接管了爱迪生收音机 – 留声机组合的设计工作，但为时已晚，留声机业务已无法拯救。正如爱迪生自己预言的那样，20 世纪 20 年代末收音机业务无法持续；太多的收音机制造商开始通过降价来增加销量。爱迪生公司在该市场已毫无竞争力。

爱迪生没有重获他早期在留声机行业的领导地位。1919 年，爱迪生公司的留声机产量占全国产量的 7.2%，唱片产量占比为 11.3%。截至 20 世纪 20 年代中期，他只占领了国内 2% 的唱片市场。爱迪生的一个经销商在 1926 年哀叹道："爱迪生的留声机并不是最受欢迎的，恰恰相反，他的留声机是最没人气的。爱迪生，这位'留声机之父'，不应屈居第二。"连续多年亏损之后，爱迪生最终于 1929 年秋被迫停止生产娱乐留声机和唱片。

1930 年 9 月，无线电世界博览会在纽约麦迪逊广场花园举办，爱迪生公司正在展会上出示展品。

7

电影

"正如用耳朵听留声机一样，我现在正研发的一种设备是要用眼睛看的，它可以记录和重现事物的动态过程。"

19 世纪 90 年代早期，西奥兰治实验室设计出了一款"活动电影摄影机"和被称作"活动电影放映机"的小孔电影视镜。更重要的是，西奥兰治实验室还创立了世界上第一个电影摄影棚，举行了一场历史性的商业电影放映，从此奠定了现代电影产业的基础。

其实早在 19 世纪 80 年代末，其他发明家就开始研究电影摄影机了，包括英国摄影师威廉·弗里斯·格林尼（William Friese-Greene），他研发的摄影机在 1889 年 6 月获得专利；还有 1889 年 8 月获得摄影机专利的英国律师华兹华斯·多尼索普以及开发出多镜头相机的路易斯·艾梅·奥古斯汀·雷·普林斯。但遗憾的是，这些发明家都缺乏科研资金，不能像爱迪生那样使电影技术商业化。

相对于其他主要发明而言，最初，爱迪生对电影行业并没有一个清晰的市场概念。

第120～121页：纽约布朗克斯工作室正在排演一部无名电影。上图：爱迪生家用投影放映机。爱迪生最初对电影市场存在矛盾心理，后来开始关注它的教育价值。"我有一些美好的梦想，就是想知道放映机可以用来做什么以及应该怎样向人们传授他们应该了解的知识。"

后来他之所以能成功，是因为他既能解决技术问题，又能精准地把握市场需求。例如，他曾先后对留声机、蓄电池、波特兰水泥和橡胶的市场动态进行了调研，这些前期工作都有助于技术研究及销售策略的实施。

不过在他最初考虑电影的可能性发展的时候，也没有精确估量到这项科技可能带来的市场价值。最终，实验室引进了商业化的电影摄像机并开始生产摄影机、放映机和电影。这项产业成为他盈利最多的投资，尽管如此，爱迪生对于电影事业的投入仍不像其他事业那么积极。

这其中的原因我们不得而知，不过可能和19世纪80年代末爱迪生在西奥兰治开始发明创造的环境有关。那时爱迪生希望实验室能有各种小型的发明，以便快速投入生产和销售。因此，他起草了一些企划案交给员工，希望他们能在不忙的时候做一些小发明，例如留声机和矿石研磨机。爱迪生偶尔也会就发明给工人提一些建议。当然也有许多建议无疾而终，比如人造丝绸和除雪机。就电影发明来说，爱迪生将这个项目交给了一位更加成功的实验者——威廉·肯尼迪·迪克森。

20世纪早期，人们开始尝试把声音与移动图片结合起来。19世纪70年代末，英国摄影师埃德沃德·迈布里奇为了研究动物的行为曾拍过一系列照片，爱迪生对此很感兴趣。

埃德沃德·迈布里奇还发明了一种装置，称为活动幻灯机，这是一种利用旋

19世纪80年代，摄影师埃德沃德·迈布里奇在宾夕法尼亚大学开展了人类以及动物运动的研究。

转玻璃轮和槽盘放映图片的设备。活
动幻灯机的制作原理是一种"视觉暂
留"的光学现象，在这个机器中，可
以看到一连串图片快速连续地转动，
从而产生活动的错觉。

1888 年 2 月 27 日，迈布里奇在
西奥兰治提出将活动幻灯机与留声机
结合起来。当时爱迪生对这个想法非
常感兴趣，但并没有任何进展。直到
当年 10 月，爱迪生才起草了一份专
利声明，提出要发明一个电影设备：
该设备可以记录图像、观看图像，甚
至可以同时体验图像和声音。

其实迈布里奇早就用多个相机拍
摄过动物的运动，只不过图片数量相
对较少（每一组 12 到 24 张）。但是
爱迪生的想法不同，他设想有一种相
机可以快速且连续地拍出大量小尺寸
图像，至少达到每秒 8 张，如果每秒
能拍 25 张最好（爱迪生随后把帧率
增加到了 45 张 / 秒，但是到 20 世纪
20 年代末，有声电影出现时，电影
行业使用的是 24 帧，也就是今天仍
在使用的标准）。这个摄影机可以拍
出几千张微型图片（最多 42000 张），
这些图片以条状的形式附到一个金属

上图：迈布里奇的活动幻灯机引起了爱迪生对电影
的兴趣。下图：迈布里奇拍摄的运动中的马。1872
年，加利福尼亚实业家利兰·斯坦福雇佣迈布里
奇，来检测马的四条腿是否能同时离地。

圆柱体上。随着圆柱体的旋转，可以通过显微镜看到这些画面。

　　为了实现最初的目标——把动态画面和录音结合起来，爱迪生把一个图像滚筒和一个标准留声机滚筒附到同一根轴上。但由于视觉暂留原理，二者有时不能同时工作，也就是说，每幅画面必须稍作停顿，以便给眼睛几分之一秒的时间来捕捉画面。当图像滚筒间歇旋转时，留声机录音必须以稳定、平稳的速度运转。当初设计股票报价器时，爱迪生可以设计出间歇移动的纸带，但是在同一个设备上实现连续动画的间歇就比较困难了，而且西奥兰治实验室也从未实现在同一设备上同步移动画面与录音。

　　1889年6月爱迪生让威廉·肯尼迪·迪克森负责电影方面的研究。迪克森是一位有志向的发明家，他是一位苏格兰裔美国人，1860年出生于法国。1883年，迪克森开始在爱迪生机械厂的发电机测试部门工作。1887年，迪克森成为西奥兰治实验室的一员，主要负责管理冶金实验室，并正式成为实验室的摄影师。而早在1879年，他就已经随家人来到了美国，来美国前还曾经向门罗帕克实验室递交了一份求职信，不过当时被拒绝了。

　　成为西奥兰治实验室的一员后，迪克森开始着手改良爱迪生的电影放映机。由于小型圆筒照片不方便观看，而且筒的弧线会造成图像的不清晰，所以迪克森把图像的尺寸增加了1/4英寸，还尝试将感光乳剂直接涂抹到圆筒上。后来，迪克森就用这个新方法给一个实验室的雇员拍摄了一系列短片，该雇员以黑色为背景，在片中做一些夸张的动作，这些短片统称为《恶作剧系列片》（Monkeyshines）。

19世纪90年代，威廉·迪克森是爱迪生首席电影实验员。他同时还是西奥兰治实验室的官方摄影师，并参与矿石加工项目研究。

电影的不断发展促使迪克森和其他实验员必须要解决许多技术问题。其中最大的挑战是设计一种摄影机和电影介质记录大量图片。19 世纪 80 年代，摄影师们利用玻璃板底片拍摄照片，但是不打破底片，就很难记录大量的图片。后来赛璐珞和纸质感光胶片的发展才解决了这个问题。

19 世纪 50 年代研发出的第一代赛璐珞是一种塑料化合物，由硝酸纤维素制成，通常用来制造台球类的物品。后来英国摄影师约翰·卡尔巴特生产了一种赛璐珞薄胶片，可以切割成不同大小的条状。

1888 年，发明家乔治·伊士曼引进了他发明的物美价廉的柯达相机，把胶卷搭在卷纸上，但胶卷需要提前在工厂预装。拍完照后，顾客把相机寄到位于纽约罗切斯特市的伊士曼工厂冲洗、印制照片并装帧，工厂再把新胶卷装入相机后连同照片寄给用户。纸质感光胶片的发展是对摄影业的改革，同时也改变了爱迪生电影的研究方向。

1889 年 8 月爱迪生去巴黎参加了世界博览会，在那里他遇到了法国生理学家艾蒂安朱-尔斯·马雷，后者曾设计过可以在感光纸带上实现连续曝光的相机。马雷的相机使爱迪生更加确定了实验室的研究方向，于是，10 月，爱迪生一回到西奥兰治，就起草了一份专利声明，描绘出了我们现在称作电影摄影机的东西。"长带状感光胶卷在一个方形槽前面从卷轴的一端滑向另一端……带状胶卷的两边相对应各有一排孔，这样两边的齿轮可以卡进去，"爱迪生解释说，"这些

在法国科学家艾蒂安朱-尔斯·马雷事业初期，他发明了一种可以研究人类血液循环的机器。19 世纪 80 年代，他又设计出了一款相机，可以拍摄飞行中的鸟。

孔可以使画面以 10 张 / 秒的速度在相机里推动胶卷。"

电影并不是爱迪生的首选发明，因此直到 1890 年 10 月迪克森才重新开始了研究。当时爱迪生还另外指派了具有打字电报机经验的实验员威廉·海斯做他的助手。迪克森主要研究相机和胶卷的光学组件，而海斯则负责研究能使胶卷移动的机械组件。

到 1891 年春天，他们已经设计出了水平传输胶卷的相机，被称作活动电影摄影机，这种摄影机可以将图片曝光于 19毫米宽的打孔胶带上。该摄影机有快门和棘轮装置，后者可以暂停胶卷几分之一秒，给予其曝光的时间，接下来推动胶带准备下一次曝光。棘轮装置常用于手表，是控制间歇运作的齿轮和杠杆装置。爱迪

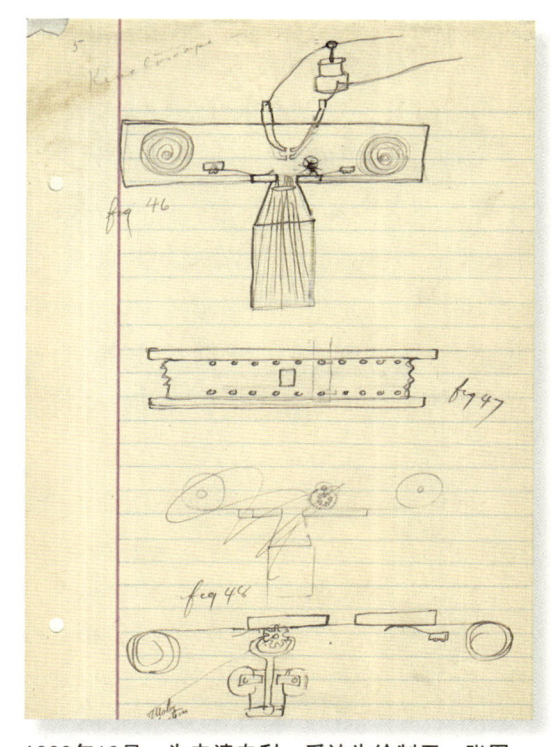

1889 年 12 月，为申请专利，爱迪生绘制了一张图，展示了在电影方面的重大改变——从蜡筒图像到条状胶卷上的照片的转变。

生在股票行情自动收录器以及电报发明中应用了棘轮装置，这也为电影摄影机的设计打下了基础。1894 年《文学摘要》曾报道说："这些摄影机的拍摄速度是惊人的，每秒46 张感光图片，也就是每分钟 2760 张，每小时 165600 张。"迪克森用这个摄像机拍摄了几部短小的实验性影片，比如一个抽烟斗的实验室助手，还有一个练习棍棒操的人。

为了观看影片，实验室设计出了活动电影放映机，这是一个木盒子装置，顶端有目镜。盒子中安装有电灯泡、电池驱动的马达，以及装在滚筒和滑轮上的赛璐珞正像胶卷，长 15 米。马达以 46 帧 / 秒的速度在目镜与电灯泡之间移动胶片。1891 年 5 月21 日，在格兰蒙特的午宴后，迪克森在实验室用一台临时电影放映机为美国联邦妇女俱乐部代表团播放了一部影片，里面是迪克森向大家挥手并脱帽致敬的动作。

1891 年 8 月 24 日，爱迪生为活动电影摄影机和活动电影放映机提交了专利申请。当年秋天，迪克森和海斯继续改进活动电影摄影机，专注于设计垂直传输胶卷的相机。由于这项研究一直在进行中，因此直到 1892 年爱迪生才考虑将电影投入市场。

其实，关于进军电影市场爱迪生一直是矛盾的。1891 年 5 月，他向《芝加哥晚报》透露说："这个发明将不会有任何特殊的商业价值，但具有情感价值。"在同一个访谈中，他还预测到 20 世纪家庭娱乐的主导形式。"如果这个发明可以做到完美，那么人们就可以坐在家里的图书室里，接通电影院的电源，在墙上或一块帆布上观看演员的表演，还能听到他们的台词。"于是，1894 年 2 月，他给迈布里奇的信中说道："我认为电影没有任何商业价值，我还担心可能收不回成本，因为这些设备会让人产生依赖情绪，大家可能不会公开投资。"

电影给人们带来的新奇感逐渐消失，爱迪生也许早就考虑到这一点了，就像是 1878 年的锡箔留声机一样，新鲜劲儿很快就过去了。尽管如此，爱迪生还是安排他

西奥兰治实验室的第一个电影摄像机是带状活动电影摄影机。之后，迪克森回忆起他在1889年初拍摄的第一个电影主题：一群跳舞的熊。

黑囚车实验室被认为是世界上第一个电影工作室，同时也是西奥兰治临时建筑之一。20世纪20年代，在其拆除后的几年，爱迪生回忆说："对于一个足够胆大去探索的陌生人来说，那是一个惊人的提议——特别是当它开始像一艘船一样移动的时候。"

的秘书阿尔弗雷德·塔特参加了 1893 年 5 月在芝加哥召开的哥伦布世界博览会，并在会上展示了活动电影放映机。为了给塔特提供机器，爱迪生跟他的一个机械师詹姆斯·伊根签了一份生产 25 台活动电影放映机的合同。

1892 年 12 月，工人们开始在实验室建造电影工作室。该工作室是一栋 15 米 ×5.4 米的木结构建筑，坐落在 4 号楼旁边，有一个 6.4 米高的斜屋顶，整个工作室建立在一个石墨转轴上，这样工作人员就可以在一个木质轨道上转动工作室。据《纽约太阳报》报道，"工作室一半的屋顶可以像吊桥一样通过绳子、滑轮以及几个铅锤被抬高或降低，这样阳光正好可以照在机器前的空地上"。由于电灯的亮度不足以曝光电影胶片，所以电影制片人就充分利用自然光。爱迪生的员工戏称工作室为"黑囚车摄影棚"，因为它

1895年爱迪生的小孔活动电影放映机。观看者可以用耳朵体验到这台机器装配了留声机，也可以同时听见声音。

很像 19 世纪运送犯人的囚车。迪克森这样描述工作室："有这个可以转动的像帆一样的屋顶，还有这个木头框架，黑囚车看起来有点诡异，又有点航海的感觉。"

工作室里有一个墙壁上糊着黑色焦油纸的大房间，里面摆上摄影机，演员们在镜头前工作。摄影机镜头有固定的焦距且不可以调焦——第一个变焦镜头到 1902 年才出现——所以摄影师为了拍摄特写镜头，只能先把放有摄像机的桌子安装在轨道上，然后前后移动摄像机。在这个建筑的另一端，有一个小房间，房间的窗户是暗红色，这是为了避免胶卷提前曝光。

在黑囚车摄影棚里制作的早期电影里，有一部电影是《锻造》，由爱迪生的员工查尔斯·凯泽和约翰·奥特主演，大约拍摄于 1893 年 4 月或 5 月初；另一部影片是《装马蹄铁》，描绘了迪克森和一个铁匠装马蹄铁的场景。1893 年 5 月 9 日在布鲁克林科学艺术学院的首届公开电影放映机展览中，两部电影都曾公演过。1894 年 1 月，由迪克森执导，爱迪生的实验员弗雷德·奥特主演的另一部电影成为第一部版权电影，名为《弗雷德·奥特的喷嚏》。

直到 1894 年 3 月詹姆斯·伊根才生产完 25 台放映机。塔特虽然错过了在芝加哥世博会上展览电影放映机的机会，但他决定和几个商业伙伴在纽约举办一场放映机的商业展。在百老汇 1155 号的一家老鞋店，塔特安装了 10 台有投币装置的电影放映机，分两排摆放，每排各 5 台。顾客需要付 25 美分（现在的 6.74 美元）就可以看一排 5 部电影。

1894年1月7日，迪克森在黑囚车实验室拍摄了《弗雷德·奥特的喷嚏》。这部短短的45帧电影是第一部具有版权的影片。

"即使电影什么都做不了，至少它也是我们所拥有的最强大的大脑活动加速器。"

放映厅开放那天是 4 月 14 日，正值周六。塔特后来回忆说电影放映厅原本应在下周一开放，但是他决定让公众早些进去，以便为德尔莫尼科（Delmonico）的天价午餐筹备足够的资金。他原本希望电影放映可以在晚上六点结束，但是演出却持续到深夜，人们仍未离去。最后塔特和他的兄弟凌晨一点锁门，他们离开的时候，赚了 120 美元。

另一场电影放映活动 5 月在芝加哥举行，紧接着 6 月初在洛杉矶也安装了 5 台放映机。当年夏末，电影放映活动在全美其他城市也相继展开，包括亚特兰大、波士顿和华盛顿。首个国际电影放映院于 10 月在伦敦向公众开放。

1894 年 8 月，爱迪生授予两位曾经参与留声机业务的企业家——诺曼·拉夫和弗兰克·甘蒙在美国和加拿大销售活动电影放映机的独家权利。他们每周向爱迪生公司购买 10 台电影放映机，每台 200 美元（现在的 5390 美元），然后他们再向展览会收取 250 美元（现在的 6910 美元）。另外，每放映一部电影，拉夫和甘蒙还会付给爱迪生 9 美元（现在的 249 美元）。

1894 年迪克森加大了黑囚车工作室的电影产量，杂技演员、舞蹈队、拳击手、

洛杉矶市场街946号是皮特·贝克加鲁皮活动电影放映机会客厅。贝克加鲁皮之后成为美国西海岸爱迪生留声机最大的批发商之一。

歌舞演员、马戏团以及驯化的动物等都登场成了电影演员，在镜头前进行各种表演。同年7月，亨利·韦尔顿教授为黑囚车工作室带来了他的拳击猫和摔跤狗。8月，安娜贝尔·惠特福德又为其表演了《蝴蝶舞》。

紧接着9月7日，迪克森又录制了一组拳击比赛，比赛双方分别为前世界冠军科比特·詹姆斯·J和来自新泽西州首府特伦顿的皮特·考特尼，他们决战了六回合，最后一回合，科比特打败了考特尼。9月下旬，水牛·比尔把他的蛮荒西部系列表演也带到了工作室，盛装上演了他们的疯狂野牛舞，他的演出团队所有演员都来自美国西部本土，演出剧目包括《水牛舞》《充电的乌鸦》《迟钝的刀》《疯狂的公牛》。10月17日，迪克森还为动物驯养员伊万·萨契夫的狗利奥拍摄了翻筋斗的电影。到了11月，蛮荒西部水牛舞表演的演员安妮·奥克利来到西奥兰治又拍摄了步枪射击的录像。总的来说，1894年一年，迪克森和他的摄影师在黑囚车工作室共拍摄了75部影片。

电影放映机投入市场的第一年就获得了很高的收益。从1894年4月到1895年2月，爱迪生制造有限公司生产了价值177847美元（相当于今天的491万美元）的电影放映机和影片。但正如爱迪生所预测的那样，放映机的新鲜感不久便退去了，收入也开始下降。从1895年5月开始的一年中，电影销售跌至49896美元（相当于今天的138万美元）。

1895年4月，爱迪生针对销售下降采取了补救措施，他首先引进有声活动电影机——一种装有留声机的电影放映机，这样观众就可以既能看见画面又能听见演员的声音了。在有声活动电影机的广告片中，迪克森和另一个实验室雇员跳舞，旁

爱迪生在西奥兰治图书室的电影放映机操作台旁。

1896年4月，爱迪生维太放映机。

边另一个员工则拉着小提琴。由此可见，留声机可以在摄像机记录画面的同时捕捉声音。但尽管如此，有声活动电影机仍未能拯救持续下跌的电影销售量。

拉夫和甘蒙认为活动电影放映机的赞助商们期待更多有趣的电影面世，因此1895年夏天，他们选定了一个员工阿尔弗雷德·克拉克为导演，拍摄了系列历史纪录片。克拉克创作完成了《圣女贞德》和《拯救约翰·史密斯船长》两部电影。另外在《苏格兰女王玛丽之死》这部影片中，他运用了定格摄影法描绘了女王玛丽被砍头的整个过程（由爱迪生的员工罗伯特·托梅扮演女王）。当处决者的砍刀落在托梅脖子的时候，克拉克暂停摄影机，然后用道具替换了演员，最后两个镜头再以连贯的场景出现。

但遗憾的是，这些电影还是没能恢复电影业往日的风采。于是拉夫和甘蒙也打算放弃电影事业，转而研究投影技术了，这项技术是由发明家查尔斯·弗朗西斯·詹金斯（Charles Francis Jenkins）和托马斯·阿尔马特（Thomas Armat）于1895年12月发明的。紧接着第二个月，拉夫和甘蒙就要求爱迪生以他自己的名义也生产投影机。爱迪生同意了，于是早期的电影放映机维太放映机（Vitascope）就在爱迪生制造公司问世了。1896年4月23日在34号大街上的科斯特和比亚尔音乐厅（海诺德广场附近）举办了首届维太放映机的商业展览。

不过遗憾的是，维太放映机并不成功。爱迪生最终也只生产了73台，并于1897年引进了他自己的放映系统——投影机。但不管怎么说，维太放映机也是电影业一个重要的技术进步，它能播放更长的影片，而以前的放映机只能播放 15 米的胶片。

　　1896 年 5 月，爱迪生引进了便携式电影摄像机，这是另一个技术性进步，自此电影生产搬出了黑囚车工作室。当月，摄像机操作者詹姆斯·怀特就开始在纽约拍摄场景。5 月 11 日，他拍摄了中央公园的喷泉和先驱广场的街景。5 月底，他去宾夕法尼亚州的斯克兰顿拍摄了圣殿骑士团游行。6 月初，他去尼亚加拉瀑布和科尼岛有趣的景点拍摄了几个场景。1897 年 3 月 4 日，他又拍摄了威廉·麦金利总统在华盛顿特区的就职典礼，甚至还去科罗拉多州的黄石公园拍摄，1897 年又去了墨西哥，接着 1898年还到中国、日本及夏威夷拍摄。

1896年电影放映机的引进把电影展览从个人体验变成了公共性活动。

1897年实验员查尔斯·凯泽在西奥兰治实验室研究电影放映机。

  1900年秋天，爱迪生制造有限公司开了一个新的工作室，用以提高公司对杂耍表演者和舞台的使用效率。1907年，公司在纽约布朗克斯开了一家更大的工作室，而再无使用价值的囚车工作室于1903年被拆除。1954年依照原黑囚车工作室建造的复制品完工，现今位于爱迪生西奥兰治实验室。

  放映员爱德温·S.鲍特于1896年开始为拉夫和甘蒙工作，1900年，成为爱迪生的首席摄影师。19世纪90年代末，在电影生产方面，鲍特从"现实派"转换到了叙述类和故事性电影。鲍特早期的一部电影《恶搞堪萨斯酒吧》是一群戒酒运动支持派的滑稽表演。1901年拍摄的《可怕的泰迪——灰熊王》甚至开起了西奥多·罗斯福副总统狩猎之行的玩笑。

  1902年11月，鲍特在新泽西州的东奥兰治消防部门协助下拍摄了电影《美国消防员的生活》，主要讲从着火的大楼中营救一个妇女和孩子的故事。表现了消防队员对警

左图：在爱迪生布朗克斯工作室拍摄影片。右图：演员们在布朗克斯工作室排演《希望——红一字印记的故事》中的场景——该剧于1912年11月16日上演。

报的应急反应、滑下消防杆、用力把马匹套在消防车上并冲向火灾现场。

鲍特最成功的一部电影是《火车大劫案》，由斯科特·马布尔（Scott Marble）编写的同名戏剧改编而成。这部影片在爱迪生曼哈顿工作室开拍，在新泽西州拍的外景，于1903年12月成功发布。这部电影描绘了一帮骑在马上的劫匪抢劫火车并最终被击毙的场景。电影评论说，作为首部"西部"美国电影，它体现了一些创新性的电影技巧，包括用切换镜头的方式来实现动作的同步。

美国专利局直到1897年8月才授予爱迪生电影专利，因为申请中有些部分已经被其他发明家预先完成了。这一失误使得多个国内电影制作方也进入了电影行业，包括国际电影商业公司和爱德华·阿梅特公司。爱迪生的另一个竞争对手是美国电影放映公司和其他发明了比沃格拉夫电影放映机的发明家，前者是1895年由威廉·迪克森（1895年4月离开了爱迪生）创建的。

1897 年 12 月，为了让其他竞争者退出，爱迪生采取了一系列的法律行动。有些竞争对手，如国际电影公司在毫无征兆的情况下就退出了；其他对手则同意签署爱迪生的专利声明。然而美国电影放映公司直到 1907 年才被迫答应了爱迪生的诉讼请求。在这 10 年期间，爱迪生的专利多次移交至法庭，然后被宣布无效。爱迪生在 1902 年和 1904 年再次与美国电影放映公司展开了新一轮的法律诉讼。1907 年，爱迪生的专利维权最终取得了胜利。

为了结束昂贵的法律诉讼，1908 年 12 月 18 日，爱迪生和美国电影放映公司达成协议，创办"电影专利公司"，共享他们取得的专利权。爱迪生电影制片公司和其他 8 家公司还制定了"许可证制度"，由他们发放影片制作的许可证和影片发行权。爱迪生的专利律师弗兰克·戴尔在专利共享协商谈判方面扮演了重要的角色。他解释说，爱迪生公司更喜欢这项安排，因为整个国内电影市场的胶片供应不足。这样，影片放映商必须获得许可证并交纳版税才能放映。电影专利公司控制了

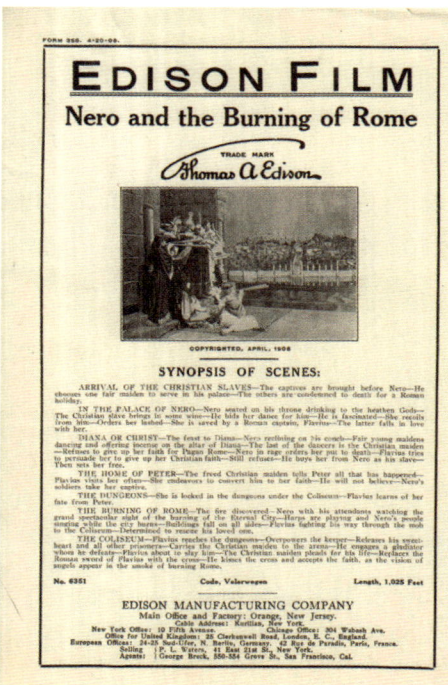

上图：1903 年的《火车大劫案》的海报。下图：爱德温·S.鲍特于 1908 年拍摄的《尼禄和罗马的燃烧》，《电影世界评论》发表意见称，"这个主题很突出，很有人情味，而且也体现了历史荣辱感"。

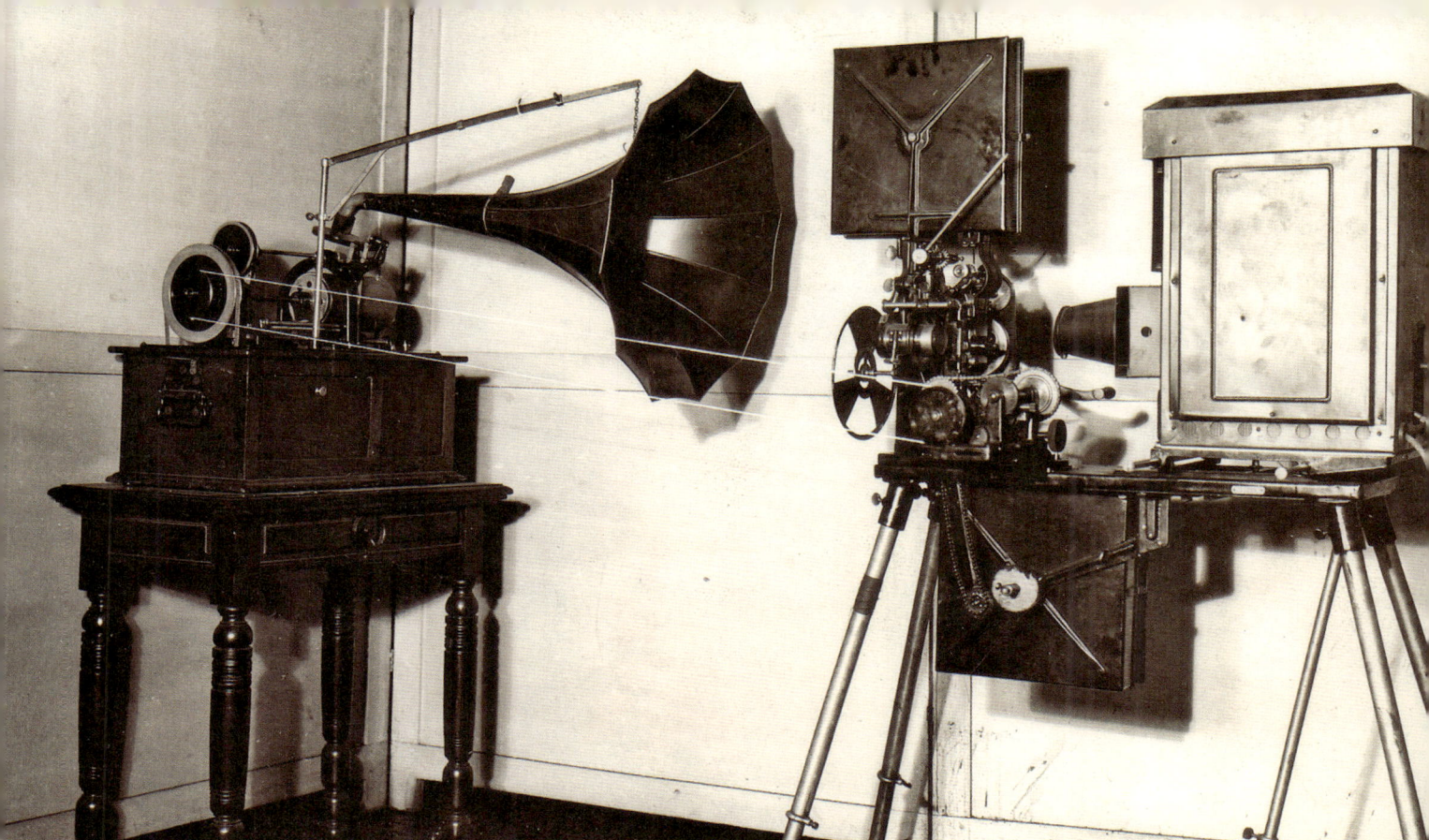

1912年爱迪生活动电影放映机。这个将电影和录音结合起来的尝试并没有取得商业上的成功。

高达90%的美国电影市场，这有助于巩固电影产业。

然而，许多独立制片商拒绝加入专利公司。1912年，美国政府向电影专利公司提出诉讼，声称其行为违反了《谢尔曼反托拉斯法》。1915年10月1日，美国地方法院法官迪克森·B.奥利佛判定专利公司不能利用专利权进行垄断，并要求解散该公司。

1900年后，西奥兰治实验室在电影技术方面不再有重大的改变。爱迪生把目光转向了尚不成功的研究领域——彩色电影胶片，并在1910年获得了减少电影闪烁机器的专利。

爱迪生
家用投影放映机

爱迪生认为电影可以成为一种有效的教育资源。1909 年 7 月，在给澳大利亚昆士兰的公共卫生专员的信中，他这样写道："如果学校配备了活动电影放映机，那么将会迎来一个新的时代——人类文明的每一项技术成果都可以通过实际操作展示出来。因为有了放映机，孩子们赶都赶不走，即使是警察出面。放映机的出现让知识和学校变得更加有吸引力了。"

为了实现这一目标，爱迪生从 1910 年就开始为学校、家庭、教会和一些民间组织开发非商用的电影放映机。1912 年，他推出了爱迪生家用投影放映机，根据放映机型号的不同，价格在 65 美元到 90 美元不等（现在的 1500 美元和 2150 美元）。实验室也对商业电影的架构进行了重组，这样 16 分钟的胶卷（单轴电影的标准）就可以固定在一个小卷轴上了。

爱迪生还编制了一份目录，包括各种有关科学主题的电影。最终，这款家用投影放映机目录精选了 160 个标题——涉及的主题从马萨诸塞州米尔福德的粉红色

爱迪生家用投影放映机影片目录中包括《从墨西哥进口牛肉》《橘子的成长》《埃及开罗离奇之所》。爱迪生也为家用投影放映机售出了一些幻灯片，描绘了包括爱尔兰、挪威、印度和委内瑞拉的场景。

1912年11月引进的爱迪生家用投影放映机，爱迪生原打算借此把影片推销给家庭和学校。

花岗岩产业和南非的捕鲸业到田纳西州查塔努加的美国内战——价格从2.5美元到20美元不等（现在的的59.8美元到479美元）。虽然教育者们一开始就很支持家用投影放映机，但是这些机器和影片对大多数学校来说太贵了。因此，1913年夏天，爱迪生决定不再投资制作新的教育电影。

投影机成本高，电影选择范围窄，

这也打消了家庭用户的购买欲望。1917年，马萨诸塞州冬山的S.E.辛克莱太太就曾向公司抱怨没有新电影可看：

我们一开始几乎都买不起这台机器，但是我们太希望小孩可以在家里看电影了，因为我们不希望让他们到剧院那种鱼龙混杂的地方去。所以我们把它列在了分期付款的购买清单里，而最让人难过的是，在我们最终咬牙

买了一台之后，机器生产公司却答复我们再也找不到更多的影片了。

因此，爱迪生家用投影放映机最终也没有赢得市场。到1915年3月，爱迪生的公司已经向经销商们投放了近2500台机器，但是只卖出了500台。1000多台放映机只能堆在仓库里，而运往国外的1200台（主要销往英国和德国）一台都没有卖出去。

同年，爱迪生演示了他的有声活动电影机，这是对有声电影的一次新尝试。从本质上来说，其原理就是把一台电影放映机通过滑轮组连接到一个留声机上。有声活动电影机于1913年2月在纽约城市剧院进行了首映，然后在接下来的几个月去欧洲、亚洲和南美洲的城市展出，但差劲的音质最终导致其无法取得商业上的成功。

　　一直到1915年，爱迪生公司还继续制作电影。爱迪生电影公司出品包括单轴和双轴剧、喜剧、历史剧和工业纪录片。该公司的喜剧片有：1914年7月8日发行的《安迪的牙疼》，这是系列剧中的第8集，剧情大概是安迪早上起来突然牙疼，当母亲和牙医试图解决问题时就发生了随之而来的混乱局面。另一部《基督教和荒野》（1911年8月1日发行）是爱迪生公司在古巴哈瓦那拍摄的一部戏剧，它描绘了中世纪西班牙一个摩尔（Moorish）人的公主和基督教骑士之间的爱情。而《亚伯拉罕·林肯的一生》是1915年2月26日推出的一部戏剧，分上、下两部，根据爱迪生电影公司目录所载，剧情大概是："从木屋前的场景到华盛顿福特剧院的刺杀，人们感到心惊肉跳，电影完

1911年赛尔·道利在古巴哈瓦那的莫罗城堡导演了一出剧——《一个清教徒和沼泽》

Title *Christian and Moor*

Photographed by *Henry Cronjager*

On _____ 1911 at *Havana Cuba*

Three Bromide prints printed by *B. Hawley*

On *July 5ᵈ* 191_ *New York N.Y.* at West Orange, N. J.

One printed copy of title de- posited in Post Office at Orange,

N. J., on *Aug. 4* 190_ by *J. Bredamus* at *6.00 P.* M

Addressed *Librarian of Congress*
Washington, D. C.

Receipt *9.1565*

Two Bromide copies of film deposited in Post Office at Orange, N. J.,

on *Aug 4* 191_ by *J. Bredamus* at *6:00 P.* M

Addressed *Librarian of Congress*
Washington, D. C.

Registered package No. *1058*

Receipt *9.1565*

Length of film *Nine hundred ninety five* feet

Sample enclosed compared by *W. E. Green*

First film shipped on _____ 190_

By _____

To *Release Date August 1st 1911*

#774

Form 509

这个信封上写有《一个清教徒和沼泽》的版权登记情况。为了获得其版权，爱迪生有限公司向国会图书馆递交了每个场景的正片复印件。

美回顾了林肯的一生，无一遗漏。"

布朗克斯工作室也制作奇幻片，比如《火星之行》（1910 年 2 年 18 日发行），这部影片讲述了一名化学教授发现了克服重力的方法，然后去火星旅行，在那里遇到了一些半树半人的怪物。该工作室还拍摄改编的文学作品，包括马克·吐温的《王子与贫儿》（1909 年 8 月 13 日发行）、玛丽·雪莱的《弗兰肯斯坦》（1910 年 3 月 18 日发行）、以及查尔斯·狄更斯的《马丁·朱泽尔维特》（1912 年 6 月 10 日发行）。扮演了弗兰肯斯坦博士所创怪物的演员查尔斯·奥格尔也在《邦克山战役》（1911 年 8 月 8 日发行）中扮演了乔治·华盛顿。

爱迪生公司制作的电影都坚持正确的道德观和价值观。因此，工作室也避免制作有暴力、淫秽或犯罪行为的电影。后来，爱迪生公司的经理弗朗克·戴尔在 1910 年 4 月这样写道："当狄更斯和维克多·雨果的作品、布朗宁的诗、莎士比亚的戏剧和《圣经》故事作为电影的素材时，没有哪个正直的人会否认艺术正在沿着正确的路线发展。"

不得不说，1911 年之前，爱迪生的电影公司确实是他最赚钱的企业之一。从 1908 年到 1911 年，销售影片和电影设备的年利润在 20 万到 23 万美元之间（现在的 510 万美元到 580 万美元）。然而，电影销售业绩开始在 1911 年下滑，到了 1914 年，爱迪生公司的市场份额已经跌到了 8%。截止到 1916 年 3 月 1 日，爱迪生公司的电影销售额为 6 万美元（现在的 120 万美元）。到了 1917 年 3 月 1 日，销售额跌落到了 4.5 万美

爱迪生的一部无名电影的场景。

元（相当于今天的 79 万美元），而在 1917 年 3 月到 12 月的 9 个月中，该公司只销售了价值 1.5 万美元（相当于今天的 26.3 万美元）的电影设备和影片。于是 1918 年，爱迪生不得已把他的工作室和影片目录以 15 万美元现金和 20 万美元股票（分别相当于今天的 220 万美元和 290 万美元）卖给了林肯 – 帕克电影公司。

出现销售额下滑的一个主要原因是爱迪生没有及时关注顾客对电影的要求。电影赞助商想要长一点的故事片，而新的独立制片商开始迎合这种需求，像阿多夫·佐科尔（Adolph Zukor）创办的名演员电影公司（Famous Player Film Co.）（派拉蒙电影公司前身）就开始制作更长的影片（四轴

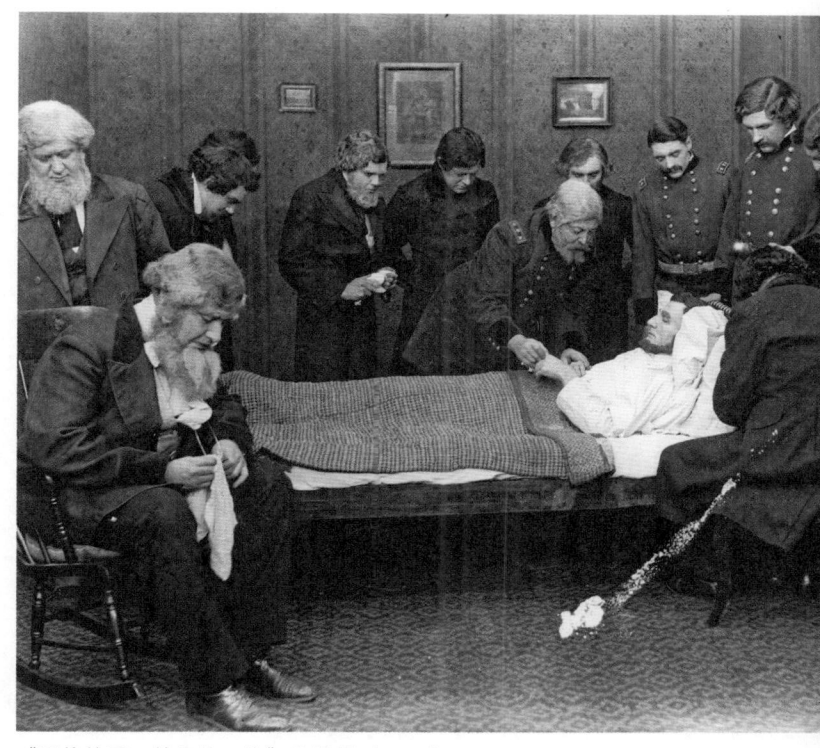

《亚伯拉罕·林肯的一生》的场景（1915）。

和六轴），但是爱迪生公司仍是单轴和双轴的，在这种情况下，电影放映商那边还要考虑片子之间的空白时间。另外独立电影制片公司也开始邀请一些著名的明星来拍摄，比如玛丽·皮克福德，1911 年她和独立电影公司（Independent Moving Picture Co. ）签了一份价值可观的合同，又于 1912 年加入阿多夫·佐科尔的名演员电影公司，成为旗下签约艺人。

1917 年 12 月，爱迪生公司影片发行人乔治·克莱恩简单描述了公司的问题："两年来我们一直出售一些商业利润较小的影片……电影放映商告诉我们，我们的影片画面很好，方法也值得推荐，而且包括爱迪生公司在内的所有公司都很招人喜欢，值得赞扬，但是我们的影片在售票处没有吸引力。你知道吗？是对观众没有吸引力。"

8

矿石
加工

❖

"铁矿蕴藏的财富要
多于金矿。"

1 9世纪90年代的大部分时间，爱迪生都用来研发开采低品位铁矿石。他设在新泽西州奥格登斯堡市的矿石加工厂是其职业生涯中最昂贵、最复杂的工程项目。该加工厂奉行一个简单的理念：使用强有力的电磁铁将铁矿石从岩石中分离出来。

爱迪生早在1875年5月就对矿石加工产生了兴趣，那时他在拟定的实验表上就列出了一项"使用廉价工序提取低品位铁矿"的实验。1879年，他进行了一项通过磁力分离铂的工序实验，打算从金矿的下脚料、矿石废料中提炼出铂作为电灯灯丝。当然他也考虑过分离金矿，但很快还是定位在铁矿上了。

在爱迪生电灯公司两位投资者詹姆斯·班克和罗伯特·卡廷的资助下，爱迪生于

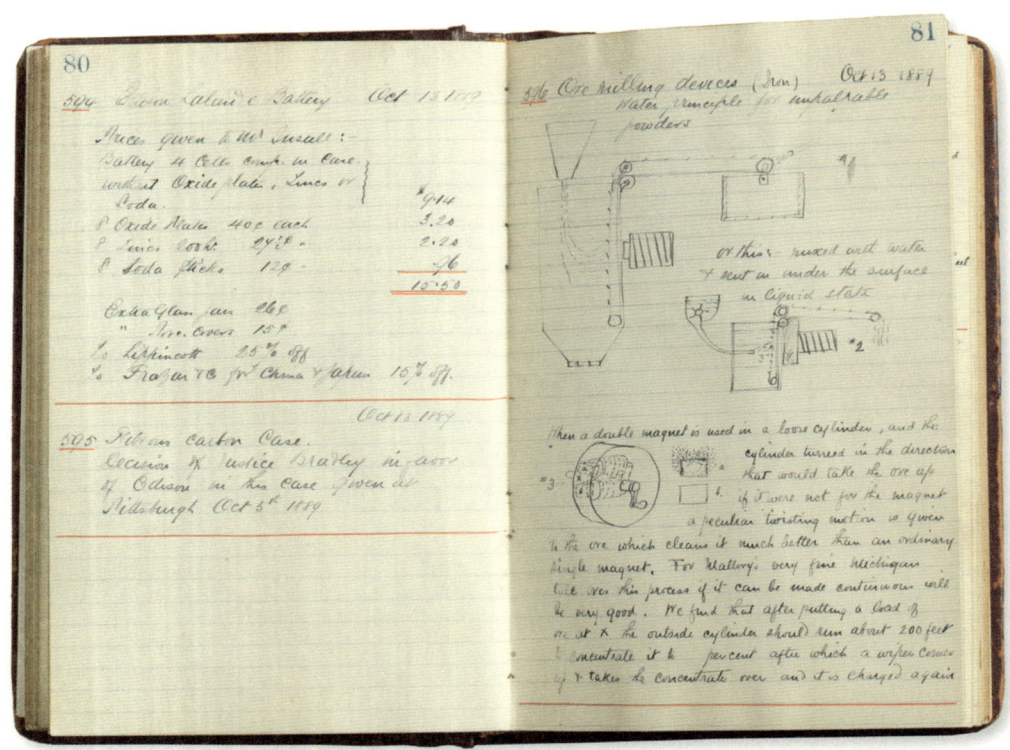

第146～147页：爱迪生在奥格登斯堡市精心设计的矿石处理系统的局部图，466号直线传送机将已碾碎并分离的铁矿从2号仓库输送至混合塔，之后在混合塔中与松香和石油混合，形成砖块状。
上图：查尔斯·巴彻勒于1889年10月13日进行矿石加工磁铁实验时做的笔记。

1879 年 12 月组建了爱迪生矿石加工公司，以便为矿石加工研究提供经费。1880 年 4 月 3 日，他签署了一份磁力铁矿分选机专利申请书。该铁矿分选机包括一个漏斗，可以通过一个电磁铁筛选出碾碎的铁矿石。该磁铁将这些铁矿石从不含铁的岩石中吸出，并使其落入一个独立的箱子中。

爱迪生计划在长岛的一个沙滩上分离一处黑砂矿床，但就在他测试分选机之前，一场暴风雨却将矿床冲走了。爱迪生又在罗得岛阔诺孔托格（Quoncchontaug）的一个沙滩上发现了另一处黑砂矿床，但 1881 年 9 月的一场火灾却在分选机开始运转之前将其烧毁。不久，爱迪生又重建了一台分选机，每天能处理 7 吨黑砂。波基普西钢铁公司（Poughkeepsie Iron and Steel Co.）是一家铁器制造商，当时只有该公司配备有能够熔化细小矿石颗粒的熔炉，其每月订单达 200 吨。然而，由于出现财务问题，该公司在第一批货物驶离罗得岛之前就取消了订单。于是 1882 年 12 月，爱迪生关停了罗得岛的分选机。

1887 年春天，爱迪生又重启分选机实验，并于该年 10 月，加大了公司的资本投入，从 350000 美元增加到了 2000000 美元。1888 年 12 月 27 日，他在新泽西州和宾夕法尼亚州分别组建了两个选矿厂，用于"开采、分离、熔化或加热、汰选、加工铁矿及其他金属矿石"。

尽管爱迪生起初有志于利用其矿石加工工序分离金矿，但美国东部的铁器制造商却鼓励他将这项技术应用于铁矿分离。但是到了 19 世纪 80 年代，钢铁生产出现了转移，最初东部的冶炼高炉逐渐关停，而在伊利诺伊州、俄亥俄州及宾夕法尼亚州西部出现了许多制造厂，这些制造厂离中西部新发现的高品位铁矿矿床较近。那里的铁矿接近地表，所以开采难度更小、成本更低。此外，该地区铁矿的含磷量也低，铁更易于粉碎。这给其他地方的矿石开采业造成了很大的影响，比如宾夕法尼亚州东部山谷的许多冶炼高炉就被迫关停了，因为负担不起中西部铁矿的运输成本。

东部地区虽有大量的低品位铁矿，但非铁岩石的含量却很高，这些石块在被熔化之前必须去除。采矿业传统观念认为在该矿区进行铁矿加工成本高、效率低。而爱迪生的观点则恰恰相反，他打赌自己能够通过发明一种低成本开采、汰选低品位铁矿的

奥格登工厂分选机大楼。图中的三座塔安装有矿石烘干机。1894年，爱迪生写道："矗立在此处的工厂是当今世界上最大的粉碎厂。"

机器来振兴东部的铁矿工业。

其他投资商也于19世纪80年代致力于矿石分选机的研发。截止到1890年，东部地区共建造了20多座试验性矿石分选机，但大多数运行规模都很小。爱迪生计划从事大规模的铁矿石加工，组建矿石日加工量达到5000吨的工厂。而且他估算与中西部每吨3美元的矿石运输价格相比，自己能够以每吨68美分的价格将矿石运送至东部。如此一来，较低的运输成本便会为他带来竞争优势。

1889年1月，爱迪生创建了爱迪生铁精矿公司，该公司在密歇根州的洪堡建造了一座试验性矿石分选机工厂。后来到了19世纪90年代，由瓦尔特·马洛里负责管理洪堡工厂，他原是芝加哥的一名铁制品生产商，在该厂的管理过程中也遇到过许多技术难题，比如灰尘堵塞机器，铁屑黏附在磁铁上，等等，所以他只好暂时关停了工厂，那时爱迪生正在西奥兰治处理其他事情。马洛里于1889年春重新启用了分选机，但爱迪生铁精矿公司却资金周转困难。加上1890年12月的一场火灾烧毁了分选机之后，爱迪生就彻底放弃了洪堡项目。

1889年春，爱迪生在宾夕法尼亚州贝奇特尔斯维尔的吉尔伯特矿区建造了他在东部地区的第一座分选机工厂。但该厂并没有持续多久；尽管他对其运行情况很满意，但该矿的铁矿石质量低下，在市场上没有竞争力，于是他不得不在1890年4月将其关停。

洪堡和贝奇特尔斯维尔都是小型的试验工厂，它们为爱迪生及其员工提供了宝贵的技术经验。但若想让自己的加工工序以低成本获得成功，他就需要对其进行大规模的测试。为了给这座规模更大的分选工厂寻找一处厂址，爱迪生首先要确定铁矿区的地理位置，之后派勘察组进行矿床勘测。到1893年，爱迪生已勘测出了从康涅狄格到弗吉尼亚州的主要铁矿床。他夸口道："很显然，东部地区所有大型磁铁矿床都被我们找到了。"

爱迪生在新泽西西北部高地为其矿石加工厂找到了一处理想之所，该地距奥格登斯堡村南部3千米。奥格登矿自1772年起开始投产，包含一处4.8千米长、183米深、均宽122米的铁矿矿床。该矿还靠近纽约市、萨斯奎汉纳河与西部铁路，这样方便爱迪生为工厂运送物资和设备，同时也为东部的铁铸造厂提供便利的铁路通道。1889年

一名工程师站在机房内的一台柯利斯蒸汽机旁。这台蒸汽机散出的蒸汽驱动轧碎滚筒并为分选机磁铁供电。

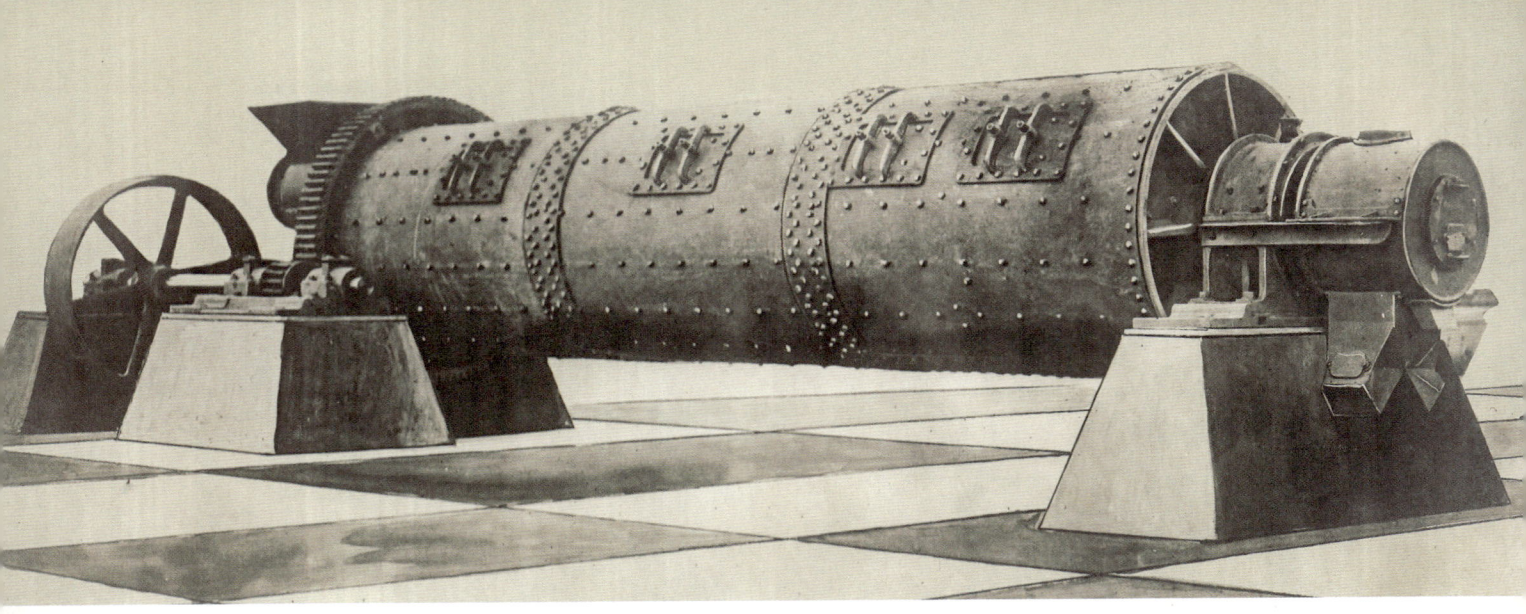

"巨大的滚筒也许堪称整座工厂蔚为壮观的一景……看着它们拎起一块5吨重的石块，然后不费吹灰之力将其粉碎，这一幕着实能让人生动地领会到动力的含义。"《科学美国人》，1898年1月22日。

7月，新泽西和宾夕法尼亚选矿厂同意在此处建造一座矿石加工厂；为资助该加工厂，选矿厂还将其股份从30000美元增加到了150000美元（现在的757000美元增加到380万美元）。同年10月，爱迪生在奥格登购买或者说租赁了115330亩矿区的开采权。

奥格登矿石加工厂建成于1890年，该加工厂使用颚式碎石机加工铁矿石，并于1891年4月将100吨矿石运送到了伯利恒炼铁厂和宾夕法尼亚钢铁公司。伯利恒炼铁厂5月份订购了100000吨矿石，但炼铁公司却抱怨矿石的含磷量过高。另外，工厂还面临一些技术难题阻碍其全力运行，比如分选机会将太多矿石遗漏在矿渣中，分选机的筛网会被潮湿的矿石堵塞等。更重要的是，工厂无法以低于中西部高品位铁矿的优势价格汰选铁矿，因为运营成本高，尤其是矿工和分装工人的劳动力成本也不低。爱迪生觉得颚式碎石机不尽如人意，便决定开始对辊式破碎机展开实验。查尔斯·巴彻勒是西奥兰治的一名返聘员工，但偶尔也充当爱迪生的助手；他针对铁矿中含磷量高的问题进行了研究，发现这是由于尘土黏附于潮湿的碎矿石上引起的。为解决此问题，他在矿石加工过程中添加了烘干和洗涤工序。

爱迪生将奥格登工厂交付给了哈利·里佛和P.F.吉尔迪亚管理；前者是新泽西和宾夕法尼亚选矿厂的总经理，后者是奥格登工厂的主管。不过，1891年春，里佛辞职了，因为被指控公司管理不善；而吉尔迪亚也被解雇了，原因是他曾建议爱迪生放弃分选机而采用传统方式提炼矿石。

1891年6月，爱迪生自己接管了矿石加工厂，并前往奥格登"解决一切问题"。1892年初，瓦尔特·马洛里就职于奥格登，经他后来证实，当时爱迪生已在矿石加工项目上斥资了140万美元（现在的3570万美元），主要用于购买采矿权、建造工厂及投资实验。1900年，爱迪生最终决定结束矿石加工项目，而在这之前，他仍有更多支出。

1892年4月，爱迪生在矿石加工过程中增添了制砖工艺。奥格登工厂将矿石微粒运送至铸铁厂，铸铁商再将其投入火炉中，矿石微粒会发生爆裂。鉴于此，爱迪生研发了一种松香，从而解决了这个问题，这种松香与碾碎的矿石混合在一起时，能使碎矿石浇铸成与冰球一般大小的砖块状。

1892年底，爱迪生决定拆除这座工厂重建一座。为给这座新工厂提供建设资金，新泽西和宾夕法尼亚选矿厂将股份增加至100万美元。然而，1893年的经济大萧条耗尽了其资本来源，仅次于爱迪生的两名大股东也拒绝对该工程加大投资。但爱迪

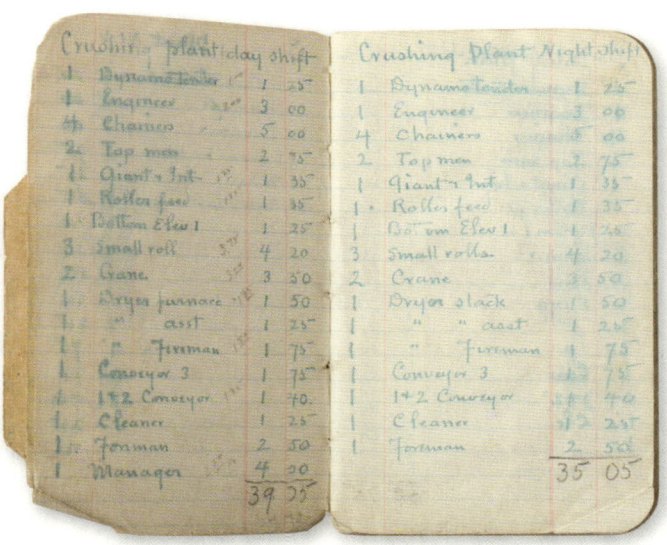

上图：1895年，在奥格登矿石加工厂，一名工人正站在巨大的轧碎滚筒的筒顶之上。下图：在这本1897年的袖珍记事本上，爱迪生罗列了粉碎厂员工的日薪。经理日薪为4美元（现在的112美元），清洁工日薪为1.25美元（现在的35美元）。

生并没有退缩，他决定自己出资建造这座矿石加工厂。

为提高新矿石加工厂的产能，爱迪生用一组 35 吨重的轧碎滚筒取代了低效的颚式碎石机。每组滚筒长 1.5 米，直径 1.8 米，能够粉碎重达 6 吨的矿石。爱迪生估算用炸药炸碎矿石每吨需要 250 美元，通过机器粉碎矿石每吨只需 3 美元；相比之下，后者成本更低。

爱迪生的工厂尽可能地实现了自动化。厂里不再雇佣工人去搬运铁矿石，而是使用蒸汽铲铲起矿石，由移动式起重机将其装入轨道车，再由轨道车送入轧碎滚筒。之后，起重机会将矿石下放至粉碎室里两个相向滚动的巨大滚筒之间，然后传送带和升降机运送着矿石进入一连串紧密相连的小型粉碎机并将其化为颗粒，再进行烘干，最后被传送带运至仓库。

传送带将矿石从仓库输送至分离机；进入分离机之后，这些矿石便会通过一连串

1893年，爱迪生在奥格登工厂安装了一架6吨重的起重机来搬运巨石。起重机后方是石电室、粉碎厂及斗式输送机棚的一角。

网筛和磁铁，从而使铁从沙土中得以分离。爱迪生不浪费任何材料，他还回收利用沙土并将其作为建筑材料出售。在除尘室里矿石会进行脱磷处理（尘土也会进行回收并制作涂料添加剂）。脱磷之后，矿石又会被浇铸成砖块状，最后装入轨道车。

巨大的轧碎滚筒是该矿石加工厂的主要组成部分，于1894年早期建成。爱迪生在4月进行了他的第一项滚筒试验，不过他发现滚筒存在严重问题。支撑滚筒的木基坚固度不足，可能会引起滚筒偏移，卡住轴承，从而导致驱动滚筒的滑轮和履带断裂。如果一块大矿石投放角度不当，那么它就落不到滚筒里，而只会在粉碎机顶部上下跳动。因此，从1894年4月至1895年6月，爱迪生一直在重新设计滚筒。

然而，问题还不止这些。1895年末，爱迪生的工人发现控制工厂升降机的连杆已经出现了磨损，需要对工厂所有的升降系统进行重新设计和重建。更糟糕的是，由于资金短缺，1896年前半年爱迪生无法对矿石加工厂进行整改，而后半年在奥格登的重

爱迪生获得了斗式输送机系统的专利，该系统能将碾碎的矿石输送到工厂各处。阻止尘土堵塞滚筒和轴承也是一项艰巨的技术挑战。

建工作也仅限于基础设施。

通常爱迪生每周工作六天，每天工作 16~18 小时，周日才能回到西奥兰治。尽管困难重重、历时长久，他却很享受在奥格登的时光。以前在矿厂工作过的职员丹·史密斯回忆道："爱迪生先生在这些日子里是很快乐的——呼吸着清新的空气、忙忙碌碌地工作、享受着营养美餐。"没有投资者的干涉和其他干扰，全心解决复杂的技术难题，这种才是最具吸引力的挑战。爱迪生和工人们（曾一度多达 2000 人）组成了一个团队，他们在奥格登一起工作、生活、娱乐，史密斯则将这块地方称为"一片生长着繁茂的栗树和其他树种的温馨树林"。

爱迪生的工人以及他们的家人都住在配备有电灯的舒适平房里。工人们几乎没有时间料理花园，不过也有一些人养了猪和牛。他们通常会自娱自乐，比如举办拳击比赛、展示响尾蛇表演、斗鸡。史密斯回忆说，工人们"都喜欢这个舒适的家，喜欢这种惬意的团体生活。在局外人看来，这种生活也许很孤独，但事实并非如此。在这项伟大的实验结束时，就连妇女们都不舍得离开"。

据史密斯称，爱迪生的胆量激发了员工的忠诚。史密斯还回忆道："他从不把工人派往他本人都不会去的地方。通常工人们都会规劝他不要去危险的地方。"毕竟矿石加工厂具有危险性。1892 年 8 月，一处在建的库房发生坍塌，导致 5 名工人遇难，12 名工人受伤。爱迪生随后便指导人们对掩埋在沉重横梁下的受伤职工展开营救工作。

本杰明·奥德尔是一名就职于奥格登的电气工程师，他谈到工人们喜欢爱迪生是因为"爱迪生就是他们中的一员。他与他们同食同宿，还喜欢与他们交换午餐。相比鸡肉，他倒更喜欢工人伙食中煮硬了的鸡蛋和咸牛肉"。

爱迪生喜欢恶作剧，这也使他备受工人的喜爱。有一次，爱迪生招待一位有头衔的英国访客，这位访客如史密斯所言，"生怕矿区的尘土落在自己的衣服上。"爱迪生则对其产生了厌倦，之后便对史密斯说："咱们戏弄他一下吧。我让他走到那处平台下面之后，你就把白垩粉倒在他身上。"史密斯照做了。"当这位英国人走到了这处倒霉的平台下面后，我就把白垩粉倒了下去。他的眼睛、鼻子和嘴里满是白灰，呼吸不畅，不得不被抬出去。"爱迪生假装"勃然大怒，并像海盗似的破口大骂"，而工人们也假装当时不知道平台下面有人。

只要爱迪生同意，有时候工人们也会拿他的名声开玩笑。如果有太多的访客来参观工厂，员工们就会把爱迪生叫出办公室，"让他踱来踱去，向访客们展示天才的真容"。爱迪生也会热情地"来回踱步，之后转身背向那些慕名者们，慕名者们见过真容后也会心满意足地离开"。

漫长的一天结束时，爱迪生会在饭后组织工人们开会，一起交流工作问题，他将这种做法称为"上课"。史密斯回忆道，爱迪生"爱开工人们的玩笑，喜欢提问题捉弄他们——其实他只是想知道他们是否真正了解自己的工作而已"。晚间开会期间，爱迪生常坐在角落里，抽着雪茄，静静地看着工人们对技术难题展开探讨和辩论。这位发明家看似心不在焉，但当有人提出一个有趣的论点时，他会立刻加入其中。据史密斯称，爱迪生"总能听到他想要听到的东西，以及你不想让他听到的东西"。他希望工人们能够互相辩论、与他

爱迪生坐在奥格登工厂办公室门外，1895年。

争论。如果他赢了，他就会拿出一双大大的驴耳朵，在房间里欢蹦乱跳，让输者戴上。如果某位员工赢了，驴耳朵就换作他自己戴，愿赌服输。记者采访史密斯时曾问起，如果你们不去上课会有什么后果，史密斯断然答道："当然会被炒鱿鱼。"

X射线

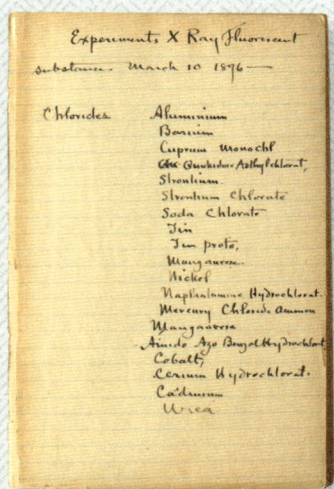

爱迪生实验室并不从事科学研究。1888 年他曾对布鲁克林的一家报纸这样说道："我不是一名科学家，而是一名发明家……科学家忙于理论研究，绝非实际应用。发明家则主要开展务实工作。"不过，爱迪生也随时跟进科学进展。1896 年 1 月当德国科学家威廉·伦琴发现 X 射线的消息传到美国时，爱迪生便迅速开展实验研究这种现象。他信心满满地告诉记者自己能够在"两到三天之内"发明出一种实用的 X 射线装置。

在研究一种真空管放射出的电子时，伦琴注意到这些电子会使邻近的荧光屏发光。最终，伦琴呈现出了妻子手骨的图像，但产生 X 射线需要稳定的真空状态和精确的电压——而现有的真空管很难达到这种相容性。

于是，爱迪生的实验就把重点放在了设计一种更为可靠的真空管上。依靠其实验室的化学师和玻璃吹制工的专业知识以及他自身在电灯发明过程中积累的真空管实验经验，爱迪生设计出了商业化的 X 射线管。实验室员工也测试了 X 射线对不同物质的效用并在照相底片上留下了 X 射线图像。后来应报纸出版商威廉·伦道夫·赫斯特的要求，实验室尝试用 X 射线检查人脑，但并未成功。

为缩短 X 射线曝光在感光胶片上的时间，爱迪生的实验人员开始研究"实时"X 射线图像查看器。这就需要确定一种能够产生最佳荧光度的物质。功夫不负有心人，在对 1300 余种化学物质进行测试后，发现钨酸钙是最佳材料。

爱迪生高度夸赞了其 X 射线透视检查仪的医疗效益，他后来将其命名为"荧光镜"。1896 年 3 月 26 日，在此项发明的新闻发布会上他提道："它对外科医生来说将会是无价之宝，能够帮助他们进行损伤定位。"后来连续几年，爱迪生制造公司一直向医生和医院出售 X 射线的"全套设备"，包括真空管、荧光镜和相关配件。

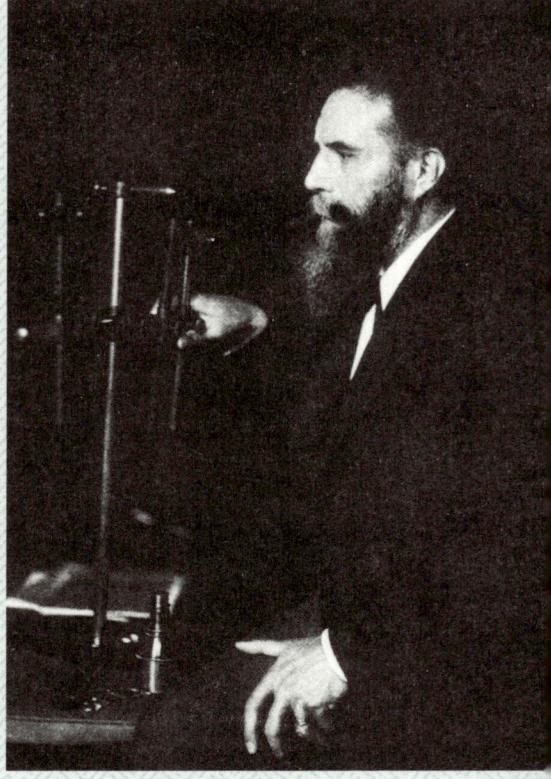

上图：爱迪生笔记本上的一页内容，罗列了 X 射线实验过程中所测试的化学物质。下图：德国物理学家威廉·伦琴的真空管实验推动了 X 射线的发现。

1896 年秋，有新闻报道称 X 射线可能有助于治疗失明，但有人却认为持续曝光在 X 射线下会产生健康风险，这两个观点完全相左。爱迪生由于连续几周进行 X 射线实验导致胃和眼睛出现了不适，另外，X 射线项目的主要研究者克拉伦斯·麦迪逊·达利最终也于 1904 年 10 月因癌症去世。至此，人们更加相信 X 射线的危险性了。

　　实际上，X 射线的益处与风险之争真正缘于对威廉·麦金利总统的治疗，威廉·麦金利于 1901 年 9 月 7 日出席纽约州布法罗泛美博览会时遭到枪杀。总统秘书拨通了西奥兰治的电话，并让爱迪生派送最好的 X 射线机和技术员以便医生可以定位射进麦金利总统腹中的子弹。

　　X 射线机和爱迪生的两名员工于 9 月 8 日到达布法罗。医生对总统治疗之前想要在另一个人身上测试 X 射线机的效果，不过测试者的体格需要与麦金利总统相当。于是一名腰围 142 厘米的当地医生不情愿地接受了测试。测试取得了成功，但麦金利总统的医生由于担心其副作用，便决定放弃 X 射线治疗。此后，医生再没有对子弹进行过定位，麦金利总统最终于 9 月 14 日死于坏疽感染。

1896年，爱迪生正在使用荧光镜进行探测。

丹·史密斯和本杰明·奥德尔在口述这段往事时，将奥格登描述成了田园般的工作环境，尽管如此，19世纪晚期和20世纪早期仍然存在潜在的几场破坏劳资关系的争斗。1896年8月，车间工人要求如果工作时间超过10小时，工资要涨五成；如果周末加班，则要求双倍工资，并威胁要举行罢工。不过还没等机械工人组织罢工投票，爱迪生就果断地解雇了大部分员工，只留下了几名工人。

1897年初，爱迪生面临的最大挑战就是巨大的轧碎滚筒无法高效地粉碎大块矿石。于是他想办法改进滚筒，在钢板上增加了约10厘米高的旋钮，通过测试也很成功，但一些较大的矿石仍把螺栓震脱了。1897年夏，爱迪生终于找到了固定螺栓的方法，于是他立马告诉马洛里，"那该死的大滚筒难题终于解决了。现在不管往漏斗里放什么，

1894年，新泽西和宾夕法尼亚精选矿厂的员工合影。爱迪生希望引入自动化可以减少奥格登工厂工人的数量，但在19世纪90年代中期，员工人数仍在400名左右。

滚筒都能把它粉碎"。

不过问题还没有结束，19世纪90年代晚期，爱迪生和员工们又遇到了其他工程难题和设备故障，这些问题曾一度阻碍工厂全力运行。但爱迪生没有被问题吓倒，他一直持续关注、研究，并因此设计出了粉碎机、传送机、筛选机、分离机和矿石烘干机。

当然这些改进措施耗资还是巨大的。矿石加工实验总投入250万美元（现在的6910万美元），光爱迪生本人就出资2174000美元。1898年至1899年间，由于爱迪生和马洛里四处筹资以支付工厂开支，奥格登工厂时开时停。不得已的情况下，爱迪生只好分别从其两家盈利公司——爱迪生制造公司和国家留声机公司——提取资金。据马洛里称，"爱迪生先生和我精打细算未来几个月可能的盈利，然后继续将其投入工厂；后来我们回去求助身兼留声机公司及另外一家公司经理职务的威廉·吉尔摩，告诉他我们已经负债，需要偿清"，他听后很生气，因为他也要用公司的利润来拓展留声机业务。这种情况一直持续到1900年，此时爱迪生手头所有的资金都已耗尽。无奈之下，他于1900年9月关停了奥格登工厂。

不过，矿石加工的历史却没有止于奥格登。受爱迪生矿石加工厂国际利益的影响，一些投资商于1898年6月组建了爱迪生矿石加工集团有限公司。该集团的创立旨在控制爱迪生的国外矿石加工专利，起初计划在缴纳专利使用费的基础上，获得美国和加拿大境外矿石加工技术使用权。但不久又决定在挪威西海岸，特隆赫姆北321千米处独自开办矿石加工厂。爱迪生认为在著名的邓德兰地带开办一家矿石加工厂需要"支付5000万美元的利息，如果开办规模比较大的话"。

标准建设集团有限公司成立于1902年2月，该公司在偏远处建造了制造厂、修了铁道、码头和其他工厂设施。邓德兰铁矿有限公司成立于1902年春，负责该工厂的经营。

邓德兰的经营者也经历了爱迪生在奥格登所碰到的相同问题，包括尘土堵塞机器。即便如此，到1908年，该厂的日矿石产量已达到800吨，而且砖块状矿石的装运量也已达到30000吨。但是，铁矿石价格的下跌使工厂仍无法盈利，最终于1909年破产。

IPSBURG · DEVELOPMENT · COR

PHILLIPSBURG

N · J

ERSOLL · MONOLITHIC · HOUSE

9

波特兰
水泥

❧

"水泥与钢铁将是未
来的建筑材料。"

作为一名创新者，爱迪生的一大优势便是他应用技术的能力，善于用此行业的知识来解决彼行业的问题。1898 年底，爱迪生决定采用矿石处理技术和粉碎机生产波特兰水泥，试图挽回之前矿石加工项目中所投资的 200 多万美元。

水泥是将石灰石与特定比例的二氧化硅、氧化铝和氧化铁混合，在窑内高温煅烧而成。利用窑内高温将材料熔化，形成"熟料"，再经研磨形成水泥粉。把水注入水泥和集料（通常是沙子或碎石）的混合物中混合形成混凝土。

水泥有两类：天然水泥与波特兰水泥。天然水泥是用泥灰岩直接烧制而成，泥灰岩中的石灰、二氧化硅、氧化铝和氧化物是以恰当比例天然形成的，无需水泥生产商调配。19 世纪，天然水泥是常见的建筑材料，曾用于建造布鲁克林大桥、美国国会大厦、伊利运河以及自由女神像基座。

为了生产波特兰水泥，制造厂按正确比例将矿物混合。波特兰水泥是由英国泥瓦匠阿斯普丁于 1824 年发明的，这种水泥更坚固，固化（或成型）更快。由于波特兰水泥的矿物结合比例不是自然形成，而是由制造厂控制，所以其质量更稳定。此外，由于建筑工人们可以用沙子和较低比例的水泥混合形成砂浆，所以波特兰水泥还更便宜一些。阿斯普丁之所以命名其为"波特兰"，是因为这种水泥硬化后的颜色让他联想到了英国波特兰岛的石头。

第162～163页：1935年，新泽西州菲利普斯堡，一大片水泥住宅。右图：柯普雷水泥有限公司总裁大卫·塞勒（David O. Saylor）迈出了在美国生产波特兰水泥的第一步。

19 世纪 30 年代，欧洲制造商开始生产波特兰水泥。

在美国，宾夕法尼亚州柯普雷市的大卫·塞勒工厂于 1871 年开始生产波特兰水泥。19 世纪末，国内波特兰水泥的生产量急剧增加，1880 年年产量为 42000 桶，1896 年年产量已增长到 100 多万桶。2 年后，24 家制造厂已产出 350 万桶波特兰水泥。但在 19 世纪 90 年代末，水泥行业出现供不应求的现象，导致水泥价格上涨，进而促使现有水泥公司扩大产量，新水泥公司不断出现。

柯普雷水泥有限公司的波特兰水泥立窑，现今保存于宾夕法尼亚州柯普雷的塞勒园区&水泥工业博物馆。

爱迪生对粉碎大量岩石的技术十分了解，而且他的实验室也具有分析矿物化学成分的专业技术——这是生产波特兰水泥的一项重要技术——但他还需要了解大众胶凝材料的市场供需现状。1898 年 12 月，爱迪生涉足水泥行业，派弗朗西斯·厄普顿（前门罗帕克实验室助理）去收集天然水泥以及波特兰水泥的物理性质、价格、市场等相关信息。1899 年春的一天，厄普顿交给了爱迪生一本水泥领先制造商相关信息手册。

爱迪生计划将水泥厂最大限度地自动化，然后大规模、低成本地生产波特兰水泥。1899 年 6 月 6 日，他创办了爱迪生波特兰水泥有限公司，总资产 1100 万美元，接着开始为水泥工厂选址，主要集中在新泽西州斯图尔茨维尔和菲利普斯堡附近。这片地区石灰岩蕴藏量丰富，已有两个水泥公司在此建厂，分别是瓦克耐特波特兰水泥有限公司和阿尔法波特兰水泥有限公司。1899 年 12 月，爱迪生在斯图尔茨维尔以东 4.8 千米处的一个名为新村的小镇上买了一个农场。

其实爱迪生对烧窑并不了解，于是他研究了水泥制造商使用过的 18 米长的回转窑，发现这种回转窑一天最多煅烧 200 桶水泥而且燃料使用率低。于是，他满怀信心，决心要发明一种窑，一天能煅烧出 1000 桶水泥。

1899 年春，为了了解窑炉是如何运作的，发明家爱迪生建造了一个小型窑生产模型。他从利哈伊波特兰水泥有限公司买来 150 桶熟料，用来测试窑的回转速度、不同内衬材料隔热性能以及窑内材料流动情况。到 1900 年春，爱迪生设计了一种新窑，长 45.7 米，可增加熟料产量，且独有的压缩空气系统可以更高效、精准地控制窑内燃料（煤粉）和氧气的供应。

采用模型生产可降低创新成本，因为在机械师建造大规模窑炉品图纸出来之前，实验者们可以借此测试他们的想法并解决设计问题。1900 年 7 月，爱迪生再次利用这种方法，让他的实验室人员创建了整个水泥工厂的模型来决定如何安置机器。

1900 年冬至 1901 年初，水泥工厂开始修建，占地 110 万平方米，经 2.4 千米长的铁轨与一个 1467 万平方米大的采石场相接。1901 年 1 月 9 日，爱迪生参观场地时告诉记者，这个工厂"将是这座城市中最大的工厂之一，且配备了最先进的电器和现代机械"。

1901 年，爱迪生对水泥厂的运作模式作了说明。采石场内，两辆 97 吨重的蒸汽挖土机将石灰石和水泥石灰岩运装到轨道车上，每节车厢装载 7 吨，沿铁路运送到碎石厂房，在那里，电动起重机将岩石倒入大型辊碎机内，接着第一台碾压机会

爱迪生的波特兰水泥工厂采用了 45.7 米长的窑炉，从而增加了产量。

把直径 1.4 米的大块岩石碾压成直径不到 1 厘米的小碎块。按照设计，辊碎机每小时可以处理 300 吨矿石。

从碾压机出来后，传送带把碎石块运送到 15 米高的烘干机里，这种烘干机每小时可加热 300 吨材料。然后再从烘干机输送到一个长方形的仓库里，在这个过程中，每隔 30 秒会自动移出岩石样本送到化验部，由检验员分析材料的化学成分。

碎石烘干之后就输送到仓库，（分别）储存于 7 个锥形桶中，每个桶可容纳 1500 吨。仓库一端装有一个大型排气扇，另一端装有一个加热器，用于完成烘干过程。接着，石灰石和水泥石被输送到称量房，然后装入分类储藏箱。按化验部提供的信息，工人们将石灰石和水泥石以正确比例混合，生产出波特兰水泥，并将材料转移到小仓库等待送入研磨坊。

在研磨坊内，几台粉碎机将水泥石和石灰石混合磨成细粉，之后很快送到回转窑，

有了草图，工人们把设计变成生产模型之前就对工厂运作心中有数了，就像下图的水泥工厂粉碎房、研磨房和筛分车间一样，一目了然。

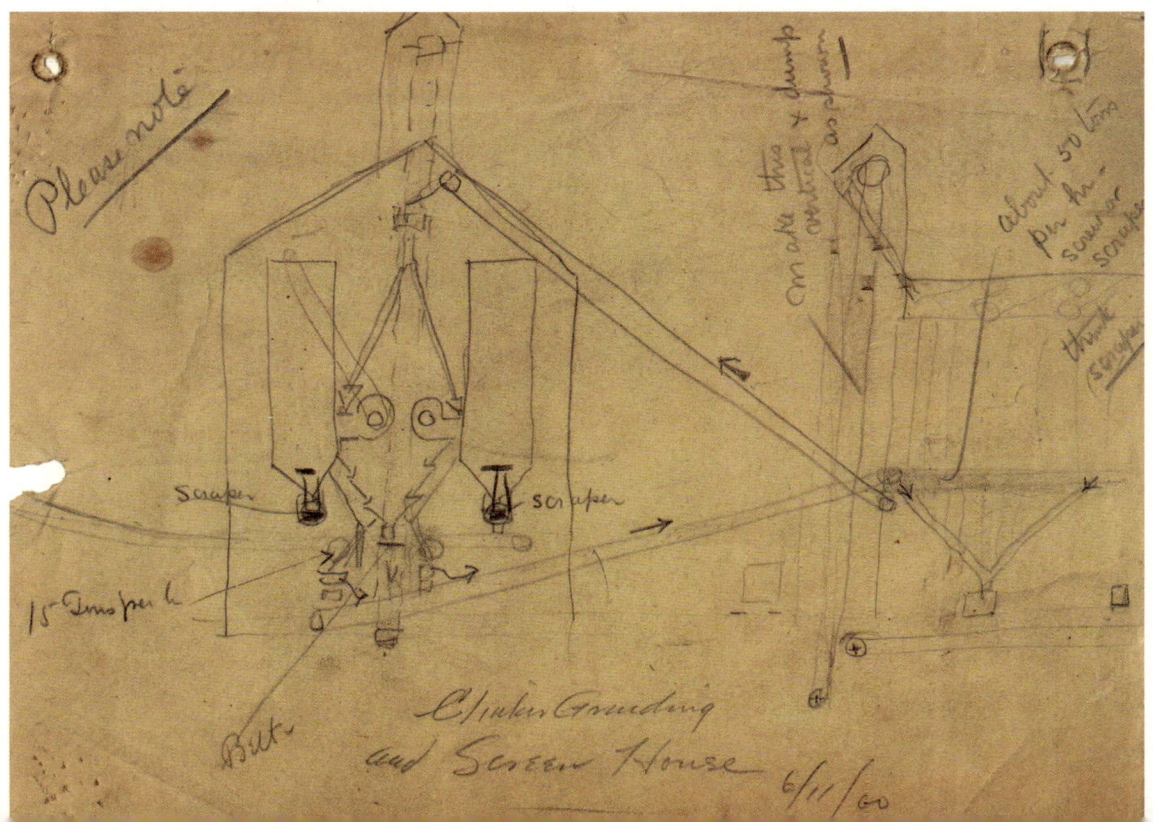

煅烧成熟料。熟料再由输送机送到另一排辊碎机进一步研磨。熟料通过辊碎机时，筛分器将大碎片挑出来进行再研磨。成品水泥则储藏于另一仓库，经两名成年男子和一个男孩用机器打包并装到货车上，每小时可完成 400 袋。

爱迪生新工厂建成于 1902 年夏，是当时世界上最大的水泥厂，耗资 150 万美元，有 27 栋建筑，占地 805 米长、402 米宽。

但直到 1903 年初，工厂才开始运输水泥。爱迪生工厂的工程师回忆说，生产延迟是因为"在商业化生产水泥之前，必须对窑炉和一些其他机器进行大量的尝试和实验"。爱迪生和他的团队解决了多数工厂技术问题，却在全面运作窑炉这里犯了难。

爱迪生期望窑炉可以每天煅烧 1000 桶水泥，但截至 1902 年底，窑炉的日产量仅为 500 桶。爱迪生对此结果不满意，于是他说服工厂工程师们一起来提升窑的产能，并一直测试和改良设备来降低运作成本。

1903 年 3 月，一次磨煤厂爆炸致多位工人死亡，其中包括工厂首席工程师爱德华·达林。为了重新设计磨煤机器，爱迪生关闭了工厂，并借此机会改善其余的工厂运作。工厂关闭的代价昂贵，公司一些股东为此感到担忧并希望爱迪生能继续使用现有磨煤机，但爱迪生坚信改良生产过程的实验是值得的。就如他对新工程师威廉姆·梅森所说的，"保

爱迪生的波特兰水泥曾用于修建洋基球场和新泽西州大西洋城 Traymore 酒店，还用于纽约地铁的建设。

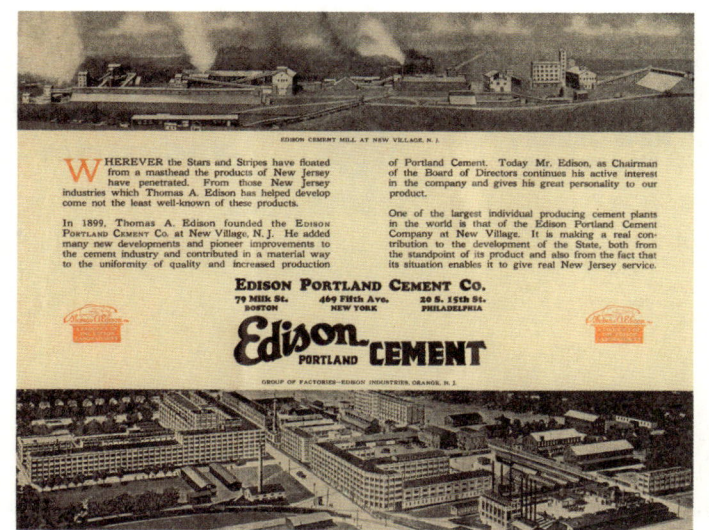
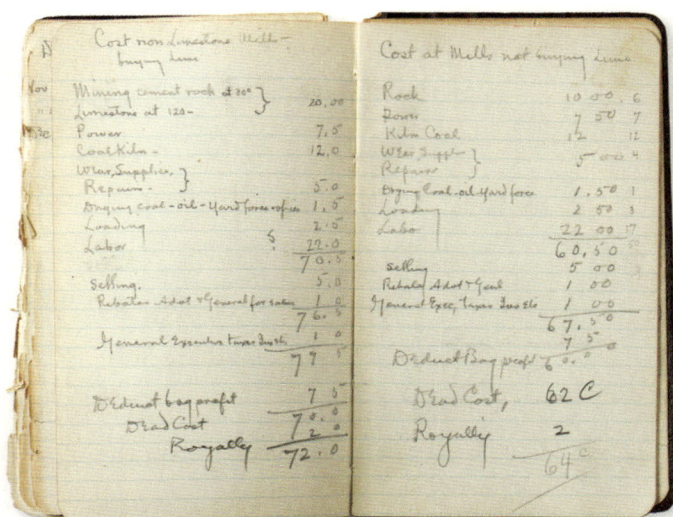

左图：这则广告旨在宣传爱迪生对波特兰水泥行业以及对新泽西州经济的贡献。
右图：在研制发明时，爱迪生密切关注投入的成本。在这个袖珍笔记本上，他估算了水泥工厂的石灰石成本。

持在最前沿的唯一方法就是做实验。你不做，其他人也会做。没有实验就没有进步"。

一直到20世纪20年代，爱迪生波特兰水泥有限公司才开始盈利。20世纪初期，水泥需求量的增加促使多个新制造商进入该行业，比如爱迪生；但很快该行业就出现了产能过剩问题。1907年大恐慌的经济衰退导致水泥销售也随之下降，于是，1908年爱迪生又被迫关闭工厂。1913年，爱迪生声称："5年来，水泥产业败局已定。"持续下降的水泥价格使爱迪生在1914年12月到1916年4月期间再次关闭了工厂。

面对水泥低价销售的现状，爱迪生除了不断地关闭工厂外，也在寻求方法来刺激消费。比如爱迪生波特兰水泥有限公司发行了一些彩色小册子，教农场主们如何制作混凝土水槽、筒仓、栅栏柱和牛奶厂地板。其他的册子则推广用爱迪生波特兰水泥修建人行道、街道路缘、化粪池和花盆。爱迪生用波特兰水泥铸造装饰艺术品以此证明它的多功能性。在1908年全国水泥用户协会（NACU）会议上，爱迪生向公众展示了一个46厘米×36厘米×10厘米大的浅浮雕式水泥印第安头像奖章，现陈列于西奥兰治实验室的图书室里。1911 年，爱迪生开始尝试用水泥制造家具，甚至制造水泥留声机柜。更常见的一个用法是用波特兰水泥修了一条从斯图尔茨维尔通往新村的公路。

1901 年 6 月，《保险工程》杂志采访爱迪生时，他提出了用水泥建造房屋的想法。他说："水泥和钢铁将是未来的建筑材料。"并预测高楼将会用钢铁构件和水泥墙建成，工人们的住房将由"浇筑"水泥制成。建筑承包商将水泥浇筑到木制模具中制成地板和墙，这道工序能快速完成。爱迪生相信，水泥建筑与传统木材建筑相比，不仅成本低而且只需几名工人和一位主管，不再需要木匠或其他匠人，房子完全由水泥建造，包括地板和楼梯。

爱迪生还说，随着价格降低，水泥将是建筑材料的首选。"价格达到 1 美元 / 桶或 5 美元 / 吨的话，人们就能负担得起，就会大批量使用水泥了。"而且水泥住房几天内就能建成，并以工人们可负担的价位租出去——最多每月 7 ~ 8 美元（现在的 191 ~ 218 美元）。当问及水泥住房的火灾隐患时，爱迪生回答说，水泥住房很安全，并预测火灾保险公司就要倒闭了。

爱迪生试着用波特兰水泥制造留声机柜和装饰品。

但爱迪生不是第一个提出水泥住房想法的。1879 年，在纽约切斯特港，埃文斯·沃德·威廉姆曾用钢筋混凝土建造了一座大厦。另一位波特兰水泥制造商大卫·塞勒曾用水泥在宾夕法尼亚州阿伦敦建造了一排二层楼房。1902 年，来自密歇根州杰克逊镇的石匠亚历山大·泰勒·哈里，也为建水泥住房发明了一套模制系统。1903 年，一位来自密歇根州大急流城的建筑师采用可重复使用模具建造了几套独立住宅楼。

使用新型、实惠的建筑材料为劳动群众建造经济实用住房的想法吸引了 20 世纪初关注"住房问题"的一些社会改革者们。19 世纪末，来自欧洲东部和南部的移民与日俱增，导致这个国家大城市的住房条件出现过度拥挤以及卫生不过关的问题。许多移民都在寻找价格实惠的住房，找到之前只好住在不合格的廉租房里。据 1901 年纽约州相关住房报告称，有 1864486000 人居住在 15511 所出租屋里。1900 年时，则有 1585000 人居住在 42700 所出租屋里。报告写道："在现代社会，影响城市发展的所有重大社会问题中，没有哪个比劳动群众住房问题更引起公众关注了。"

解决住房问题的一个方法是在城郊建造适合工薪家庭的经济适用房，但这对大多数租户来说，还是不可行。纽约州住房报告上提道，"对于一个家庭来说，住在出租公寓里每月须支付 12～18 美元，而住在城郊独立住宅楼的话，每月必须支付至少 20 美元"。

为增加销量，爱迪生推出了波特兰水泥的新用途。这些广告鼓励农场主和自己动手的房主将波特兰水泥作为参考建筑材料。

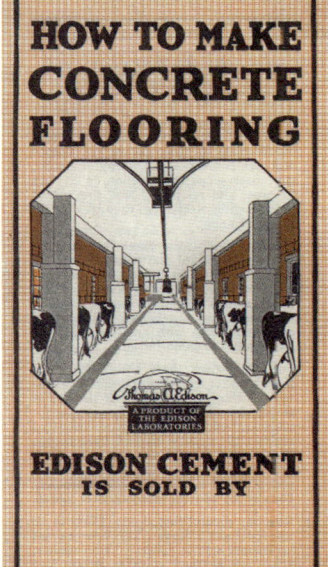

直到 1906 年，爱迪生还一直坚持建造水泥住宅，即建房的时候，使用可重复使用铁模具，然后往里面连续浇筑水泥。爱迪生第一次采用这个方法在格兰蒙特建了一间鸡舍。这座房子目前已不复存在，不过爱迪生曾在一篇新闻报道上说过："我曾告诉我的家人，我要用混凝土建造一间鸡舍，当时他们都笑话我，不过现在不会了。"

1907 年冬，爱迪生聘请纽约建筑师贺拉斯·曼和佩里·麦克尼尔来设计水泥房，他们提出了双层双户住宅的想法，而且房屋外部使用了拱形门洞、壁柱、飞檐以及其他精巧的、安妮女王风格的建筑元素。

1907 年夏，在西奥兰治实验室三层，爱迪生的员工们按 1∶4 的比例建造了一个设计模型。同年 10 月 18 日，爱迪生向美国电化学协会展示了该模型，并说明了打算大规模建造水泥房的计划。次日，报纸刊登了爱迪生对 "12 小时内完成建造房屋体系" 的描述。爱迪生还对《纽约时报》说："我要使用铸铁模具来建造整栋房子。依此设计，整套房子大概需要 3 万美元。建筑工人要做的就是把模具立起来，浇入混凝土，然后只需六天来定型和干燥，接着就可以搬进来住了。" 为宣传水泥房的耐用性能，爱迪生还告诉《纽约时报》："住进这种房子，孩子们即使用斧子在墙上乱砍也没问题。"

1907 年 11 月，富有的慈善家小亨利·菲普斯带了一队建筑师和建筑工人来

约1910年，爱迪生和经过重新设计的水泥房模型。

到西奥兰治实验室。他对房屋问题很感兴趣，曾在 1905 年捐款 100 万美元发展纽约市经济适用房。但他并没有给爱迪生的水泥房投资，只是提出了一些建议并对经济适用房的设计提出了一些有趣的问题。他认为过多的装饰品会增加水泥房成本，所以提倡较简单、少华丽的设计。但爱迪生有不同看法：

"如果我成功了，水泥房子将是我最大的发明。所有的贫民都将会脱离贫民窟。"

我认为，既然能建造最漂亮的房子而不去做，那是不对的……如果建造一排排普通的像集装箱似的房子就可以减少城市贫民窟数量，那就该这么做；但如果建造一些极具艺术性的漂亮房子也能达到同样效果的话，为什么不这么做呢？

爱迪生相信水泥房一定会是经济实惠、极受欢迎的。

但许多建筑师对爱迪生此举提出质疑。1908 年 3 月，土木工程师爱德华·拉尼德和美国波特兰水泥制造商协会秘书珀西 H. 威尔逊在《水泥时代》上联合发表文章，批评爱迪生的水泥房体系。和菲普斯一样，他们断言这种设计对经济高效的建造工程来说太过复杂，而且对爱迪生将水泥流入并沉淀到铁模具中的做法持怀疑态度，认为爱迪生根本没有考虑模具的成本。

对此爱迪生不太愿意接受，而他的员工则对曼和麦克尼尔的模具设计不满意，他们指出阁楼没有窗户，房子没有后门，前面窗户也不够等诸多问题。最后，爱迪生撤销了曼和麦克尼尔的方案，又另外聘请了两个工程师乔治·斯莫尔和亨利·哈姆斯来设计一个新型的、更简约的铸铁模具体系。

1908 年夏天和秋天，斯莫尔和哈姆斯将爱迪生水泥房重新设计为双层单户型住宅，替代原来的双户住宅。新楼房包含有 6 个房间、1 间浴室、2 个房间的阁楼、前廊、后廊以及 1 个地下室。而对于之前人们批评的往铸铁模具中浇注水泥的做法，他们也进行了实验。浇筑时，必须让水泥均匀地流入整个模具中，并在定型和干燥之前保持悬浮。为了解决这个问题，

上图：海报的空白处用来写当地水泥经销商的名字与地址。右下图：1920 年，爱迪生波特兰水泥的宣传日历。

他们在把水、水泥和沙子混合前，先把水混入黏土以及其他添加剂中，这样，在干燥过程中就形成了一种胶态悬浮体，可以保持水泥集料分散。

不过爱迪生并不打算自己建造水泥房，而是让承包商免费使用他的模具体系。在答复公众疑问时，爱迪生写道：

> 我投入这项研究，并不是要从中赚钱。我将很高兴地批准有关方面制造模具，建造房屋，不向他们索取任何专利费，唯一的条件就是房屋的设计必须使我满意，使用的材料必须是上好的。

一套模具的成本为 25000 美元，如果只用来建一套水泥房就太不实用了。因此爱迪生建议建筑师使用六套模具才能让建筑工人们忙碌起来。此外，六套模具一个月内可建造 10 到 12 所房

屋。但对于那些能负担得起高建筑成本的承包商来说，这无疑降低了爱迪生体系的使用率。

不过也有几个开发商认同爱迪生的观念，同意建造水泥房。比如1908年，美国混凝土有限公司就在新泽西州朗布兰奇建造了一栋水泥住宅，退了休的制鞋商弗兰克·兰比试着在新泽西州蒙特克莱尔也建造了一栋。按照爱迪生的思路，兰比开发了他自己的模具，并于第一次世界大战期间使用这套模具为美国钢铁公司在宾夕法尼亚州多诺拉建造了100所房子。1918年，英格索尔"美元表"（一种廉价的、大批量生产的怀表）制造商查尔斯·H. 英格索尔在新泽西州尤宁也建了13所水泥房，同年年底又开始为新泽西州菲利普斯堡的一个开发项目建水泥房。然而讽刺的是，爱迪生的水泥工厂距工地只有十几千米远，却不供应水泥。弗兰克·库根是当时阿尔法波特兰水泥有限公司的官员，也是负责菲利普斯堡项目的总经理，他吩咐建筑工人必须使用阿尔法水泥。

上图：1911年，西奥兰治实验室，爱迪生水泥房模具和机器在测试中。下图：1919年，新泽西州尤宁，正在施工的水泥房。

10

蓄电池

❦

"倘若真诚地去探寻，我相信大自然不会如此无情地隐瞒优质蓄电池的秘密。"

2 0 世纪之交，汽车的动力来自汽油还是电力或蒸汽尚无定论。1900 年，美国生产的近 30% 的汽车都由电力驱动，尽管爱迪生曾在 1895 年就预测汽车将会取代马车，但他也不确定汽车能否由电力驱动。4 年后，他改变了主意，并于 1899 年夏开始进行蓄电池实验。历时 10 年，耗资近 250 万美元，爱迪生为电动汽车开发了一款商业化蓄电池。

电池分为两种：蓄电池和原电池。二者都有浸泡在电解液或酸碱盐溶液中的正负电极，而且都能通过电解液与正极发生化学反应而产生电。原电池的化学反应会耗尽电极和电解液，因此必须更换。而蓄电池的化学反应则是可逆的，因此电池可以重复充电。

19 世纪，原电池除了用于发电报和打电话，还为实验室的电力实验供电。法国物理学家噶斯顿·普朗特于 1859 年发明了第一台铅酸蓄电池。19 世纪 80 年代早期，爱迪生原打算在电灯中心站非高峰时间段内使用蓄电池储存电力，但最终又认为不太实际。1883 年，《波士顿先驱报》记者采访爱迪生时曾问他是否对蓄电池的合理用途抱有希望，他的回答是，"完全没有。"

19 世纪 90 年代，蓄电池的设计已经取得了长足的进展，能够满足电力企业储存电力的需求。此时，爱迪生相信开发实用的蓄电池是可行的。第一辆由蓄电池驱动的汽车诞生于 1894 年。不过，由于该电池外形笨重、难以维修、易受腐蚀、劣化，所以无法作为汽车理想的动力源。爱迪生在大致确定了技术要求之后，便开始进行蓄电池研究。为与铅酸蓄电池竞争，他将发明一种更易于维修、价格低廉、抗腐蚀、蓄电持久的轻便型电池。

最初的研究重点在于确定一种材料能够代替铅酸蓄电池中电解液和电极的材料。爱迪生一开始考虑用氢氧化钠作电解液，锌作正极，氧化铜作负极。不久又决定用氢氧化钾作电解液，电极材料仍在筛选中。对于负极材料，实验室测试了氧化银、各种铜化合物以及氧化钴，最后才选定氧化镍。对于正极材料，爱迪生最初选用镉，后来发现镉太过昂贵，于是就采用铁来代替。为增加电极之间的表面积，爱迪生将氧化镍和铁碾磨成了细粉。这就需要设计出又薄又扁的镀镍钢槽，以便将铁和镍贮存在电解槽中。爱迪生又往氧化镍和铁中添加了石墨薄片以提高导电性。

在对各种金属和化学物质的不同混合物进行了数千次实验之后，终于在 1901 年，实验室确定了爱迪生蓄电池的基本组成成分：铁、氧化镍和氢氧化钾。每个蓄电池都标注为 E 型，并装入 30 厘米高、15 厘米长、10 厘米宽的一个蓄电池钢槽中。

1900 年 10 月 15 日，爱迪生申请了第一项蓄电池专利。尽管最初的蓄电池研究活动结束于 1909 年，但西奥兰治实验室仍在继续改良技术；而且就蓄电池改良及其生产技艺而言，爱迪生也提交了额外的专利申请。直到 1927 年 10 月 11 日他签署最后一份蓄电池专利申请书之时，爱迪生已获得了 140 项蓄电池专利。

1901 年 5 月，爱迪生组建了爱迪生蓄电池公司，并在新泽西州的格伦里奇成立了一家蓄电池工厂。6 月，他以 100 万美元（包括 1000 美元现金和 999000 美元股票）的价格将其美国专利出售给该公司，并用这笔资金资助实验研究、给工厂配备器材。他的营销计划很简单：以折扣价直接将蓄电池出售给汽车制造商，希望制造商以此来设计汽车。消费者可以从工厂购买爱迪生的蓄电池，不过依所购电池的大小，价格分别如下：10 美元、15 美元和 25 美元（现在的 264 美元、396 美元和 659 美元）不等。

为了控制原材料的成本并确保有可靠的供应，爱

第176～177页：1920年前后，路易斯安那州新奥尔良市，配备有爱迪生蓄电池的查米特洗衣公司的运送卡车。
右图：爱迪生碱性镍铁蓄电池。"造的时候像块表，但却如战舰一般坚固。"

西奥兰治图书室内，爱迪生和他的蓄电池。蓄电池的设计初衷是用于驱动电动汽车，不过最后他的蓄电池还能广泛应用于铁路信号发送、采矿、海上运输及轻工业。

迪生自己寻找镍资源。1901 年 9 月，爱迪生派他的姐夫约翰·V. 米勒和一个勘探队去安大略省的萨德伯里矿区探查镍矿。1902 年 7 月，在美国钢铁公司高管们的资助下，爱迪生组建了新泽西矿石勘探公司，从而将镍矿的勘察点拓展到了康涅狄格及其他地区。

1903 年春，爱迪生开始测试 E 型蓄电池。4 月，他致信亚当斯快递公司的总裁里维·C. 威尔："我要在工厂和莫里斯敦（新泽西州）之间测试 5 辆汽车，如果使用蓄电池，汽车可以高速运行 8000 千米，如果仍未出现任何劣化，我就完全确信它们毫无问题，之后我就会开办工厂。"在其中一项测试中，一辆轻便电动小汽车配备了 21 台蓄电池，总重 151 千克，在西奥兰治和新泽西州的帕特森之间行驶了 100 千米，翻越了坡度高达 12% 的陡坡。而在另一项测试中，汽车则要经过新泽西州一段长达 137 千米，浸泡在雨水中的泥泞道路。

爱迪生给蓄电池做这么苛刻的道路测试是有原因的，他曾在 1903 年 8 月向纽约银行家威廉·D. 斯隆这样解释："只要大型汽车制造商确信了蓄电池毫无问题，他们就会大规模地进军电动汽车行业。"道路测试不仅为爱迪生改良蓄电池设计提供了帮助，而且向汽车制造商们展示了蓄电池的性能。

爱迪生乐观地认为他的蓄电池将会一如《芝加哥先驱记录报》的报道所称："给汽车行业掀起一场革命……爱迪生先生本人也期待能够看到他的蓄电池取代城市中各种

送货马车，而且他相信蓄电池迟早也会用于有轨电车、火车及蒸汽船。"爱迪生致信里维·威尔时写道："依我之见，这种新型电池将能解决汽车牵引的问题。它的重量仅相当于现今电池的一半，无需检修、十分安全，而且不会折旧或者折旧率极低。"

到1904年，一些汽车生产商都已设计出适用于爱迪生蓄电池的汽车了，包括蒲伯汽车公司、斯图贝克兄弟制造公司、贝克汽车公司和电动汽车公司。不过爱迪生向威廉·斯隆推荐斯图贝克，而向女士推荐贝克电动汽车。"贝克是一种十分轻便的汽车，重386到408千克，行驶距离与斯图贝克相当，但一般较适合女士和年轻女孩，而且价格也比斯图贝克便宜许多。我女儿已经连续驾驶贝克车两年半了。"

1903年1月，格伦里奇工厂开始生产蓄电池。不久其周产量就达到了200台，蓄

1910年一辆贝利电动汽车，行驶了约1600千米后，停在了西奥兰治实验室庭院内。为测试蓄电池的耐用性，爱迪生进行了苛刻的道路测试。

电池初期的销售形势一片光明。1904 年 1 月，爱迪生公司的一位行政人员评论道："蓄电池去年 7 月刚上市，而我们的订单已是应接不暇，根本不需要进行宣传。"1904 年 7 月，爱迪生还写道，"我们现在一切进展顺利，能够生产并售完所有产品，我们的年营业额现已达到 300000 美元"。

但是，1904 年 11 月，爱迪生陆续收到了一些问题报告：几次充放电后，蓄电池出现了电池泄漏和电能损失。因此，他立即下令工厂停产。他告诉里维·威尔："目前，相比我被迫停产，我其实更不愿意再多销售任何一台蓄电池，直到我解决电池泄漏的问题。"

泄露是由于化学物质侵蚀了用来密封电池壳的焊料。爱迪生用一种新型的密封焊接工艺替换了焊料，解决了泄漏问题。电能损失则是一个更为艰巨的挑战。1904 年 10 月，爱迪生提道："尽管所有电池的生产条件相同，但在长期使用过后，一些电池仍能保存最初的电能，而另外一些却会损失 30%。"

爱迪生及其实验员们花费了数年时间才鉴定并解决了该问题。最终，他们发现氧化镍电极在充电过程中会膨胀，放电时会收缩，这就会增加电池内部的电阻并降低电能。于是爱迪生设计了一种圆形电极槽用以取代 E 型扁平槽，纠正了该问题。为提高电极槽的导电性，他还在氧化镍之间添加了数层镍片，并设计出可以在高压下压缩镍片层的装置。

1909 年 7 月，爱迪生开始生产改良后的蓄电池，并将其命名为 A 型。在改良 E 型蓄

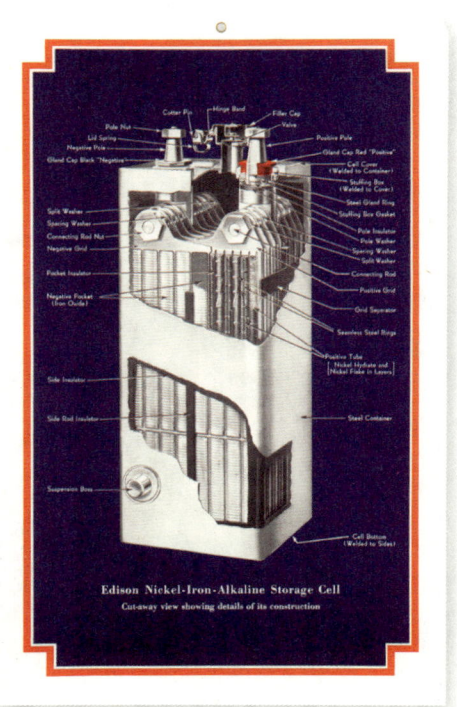

爱迪生蓄电池的剖面图。每台电池都包含两组正负极板。极板用于支撑电子管网栅，极槽则用于盛装活性材料氢氧化镍（正极）和氧化铁（负极）。

电池的过程中，他还提升了电池的电能并延长了电池的蓄电时间。

爱迪生预计新电池的需求量会很大，于是就在西奥兰治实验室对面建造了一个更大的蓄电池厂替代原来的格伦里奇工厂。

然而到 1910 年，电动游乐车的市场发生了变化。1908 年，亨利·福特引进了低价 T 型车，使得汽油车价格更低。不过在电发动机发明之前，汽油发动机只能是手摇曲柄，这在寒冷的清晨可是个尤为艰难的事情。相比较而言，电动车启动很便捷，深受消费者喜爱，但汽油车行驶更快、价格更便宜，而且行驶范围更广。

爱迪生在核查特伦顿汽车的登记记录时了解到，1899 年到 1906 年间在新泽西州注册的电动车，有 98% 因为铅酸蓄电池的费用和不安全性被遗弃。电动车持有者抱怨说汽车充电时间长，而且单次充电行驶里程短。1910 年 6 月，北奥兰治浸礼会教堂的牧师威廉 M. 劳伦斯向爱迪生解释说，"如果问我，总的来说最大的问题是什么，我觉得是电动汽车单次充电后行

上图：1915年1月，西奥兰治，爱迪生蓄电池组装车间。下图：在西奥兰治蓄电池生产工厂，工人们操作电子管装载机。西奥兰治实验室设计能大批量生产新品的机器。

驶的距离不确定。像今年有时候行驶都超不过 18 千米"。新泽西州奥兰治的一位医生汤姆斯·W.哈维也抱怨说：

> 每行驶约 4000 千米我就要换新电池。那么我一年驾车行驶约 3200 千米，就要花费 500 美元。不过我有一种满足感，因为我知道，只有富人才能真正享受生活。而且当我以 6.4 千米／时的速度辛苦行进的时候，即使一辆价值 5000 美元的豪华轿车以 64 千米／时的速度从我身边疾驰而过，我也对他不屑一顾，毕竟我花费的比他多，对此我也感到有些安慰了。

对此，爱迪生认为新型 A 型蓄电池可以克服这些缺点：

> 使用新型电池，单次充电可供一家三口整天出游使用，在平坦道路上可行驶约 241 千米。电动车可能会取代廉价汽车，因为人们慢慢会发现汽油车的后期维修和保养费很贵，几乎用不了 4 年。另外，任何一位女士都可以驾驶电动车，而且电动车的保养费与汽车相比简直是九牛一毛。

然而，喜欢电动车的车主们常常会购买埃克塞德电池，也就是电力蓄电池有限公司（爱迪生的主要竞争者）生产的铅酸蓄电池。因为爱迪生电池虽然从长远来看更耐用，更实惠，但是单价还是比埃克塞德电池高。詹姆斯·K.琼斯是华盛顿哥伦比亚特区的律师，他也表示会买一辆配有埃克塞德电池的 1911 年产的哥伦比亚电动车，"单次充电可行驶 121 千米，只需 1750 美元，而同样的车配有爱迪生电池的话，则要花费 2400 美元。尽管爱迪生电池可能更耐用、行驶里程更长，但很明显购买时价格比埃克塞德电池贵 650 美元。"不过爱迪生坚称他的电池安装便宜，后期服务也更优惠，但由于制造过程中添加了较复杂的元件，所以成本更高。最终，爱迪生电池在价格上无法与铅酸电池相竞争，而在质量上，埃克塞德电池制造商也做出了保证。这样爱迪生公司没能抢占私人电动车市场，只好转向商用车。

爱迪生一直在积极寻求备用蓄电池市场。相比商用车持有者而言，娱乐用车持有者对电池的购买价格更为敏感，而商用车持有者可以选择分期付款。1910年8月，爱迪生问第四任邮政局副局长P.V.德格劳，美国邮政局是否对电动货车感兴趣。局长说："如果有这样一辆轻型高速运货车，时速达24千米、承载范围在250~450千克、价位低于850美元、外形简单、电动机和蓄电池经久耐用，那邮政部门当然会考虑在城市中选用它。"

1910年，电动货车已然不是一个新想法。从爱迪生蓄电池有限公司行业刊物《电网》得知，早在1900年春，爱迪生去曼哈顿出差返回准备渡轮时，就预见了电动货车的发展前景。当时由于交通拥挤，爱迪生亲身体会到了抵达科特兰街渡口的艰难。《电网》还描绘当时的情景："长达两个小时，他就站在那儿观察这个地方，这里拥堵着装载卡车、愤怒的卡车司机以及躁动的马。"当时爱迪生就在他的笔记本上记下了一些想法："问题——狭窄的

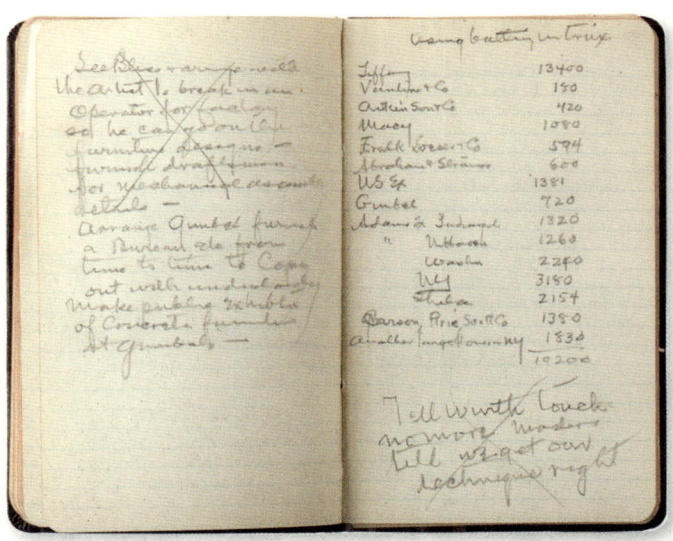

上图：在印第安纳波利斯，亚当斯快递公司在22辆货车上测试了爱迪生蓄电池，时长5年。每年货车平均行驶6400千米，平均每千米耗费1.6美分。下图：爱迪生列出以下公司的运货车使用了蓄电池，包括蒂芙尼、梅西百货、亚伯拉罕与施特劳斯以及金贝尔。在该页背面，他还记录着在纽约市金贝尔百货商店陈列的水泥家具。

街道。相对宽敞的街区满是马车，速度缓慢，装载量有限，交通拥挤，由此导致延时以及高成本。"在这些笔记下面，他又写道："解决方法——电动货车，只占街区一半面积，双倍速度，两到三倍的承载能力。"

截止到 1905 年 3 月，共有 250 辆商用货车使用了爱迪生蓄电池。1906 年秋，纽约蒂芙尼有限公司有 21 辆运货车使用爱迪生蓄电池。在拥挤的城市中，电动货车略占优势。电动货车白天工作，晚上充电。由于启动便捷，电动货车更适宜送货地点较密集的地方。但 1912 年汽车公司引进了第一台电起动器后，电动货车便失去了优势，但爱迪生蓄电池有限公司一直到 20 世纪 20 年代仍在向运输车推销电池。

此外，爱迪生还与通用电气公司以前的工程师拉尔夫·比奇一起开发了蓄电池有轨电车，而且在 1910 年比奇还创立了联邦电瓶车有限公司。同年 3 月，装有爱迪生蓄电池的比奇有轨电车开始在曼哈顿的轨道上运行。1912 年 9 月 25 日，3 辆比奇有轨电动车承载了 140 名乘客，从纽约宾夕法尼亚站开到长岛长滩，于 56 分钟完成 41.2 千米的旅程。

比奇与科尼利厄斯·J. 菲尔德（设计了容纳 28 名乘客的电动公共汽车）达成合作。菲尔德对爱迪生说："它不是花瓶，而是非常结实、实用的车，从纽约到大西洋城，来回 459 千米毫无问题，而且时速为 16 千米。"但由于菲尔德的不良信用报告，爱迪生最终没有与他合作。

爱迪生曾考虑用海浪波动产生电能来给导航浮标灯电池充电。他很喜欢一个挪

装有爱迪生蓄电池的美国印第安"侦察兵"系列摩托车。1920 年到 1946 年，由亨迪制造有限公司（1928 年改名为印第安摩托车有限公司）生产的"侦察兵"系列摩托车。

威瀑布拥有者所提出的建议：利用水力发电给船上蓄电池供电，然后到英国售卖。在底特律，米勒·里斯·哈奇森（爱迪生的总工程师）曾问伊莱克特拉自行车有限公司是否有兴趣在他们的电动摩托上装配爱迪生的电池。伊莱克特拉公司搪塞说，公司正在整顿，但位于马萨诸塞州斯普林菲尔德的印第安摩托车制造商亨迪制造有限公司对爱迪生蓄电池很感兴趣。于是1911年11月17日，公司总裁乔治·M.亨迪要求与爱迪生会面，商讨"爱迪生电池以及为摩托车提供动力的电动发动机的问题"。爱迪生同意了，尽管当时没有留下实际的会议记录。

1915年6月10日，在西奥兰治实验室院内，爱迪生检查由蓄电池供电的探照灯。

后来爱迪生把蓄电池作为乡村住宅照明系统的组成部分来推销获得了较大的成功。按照设计，该系统可以为那些地处遥远地带而无法买电的住户和农场提供电力，它包括一个汽油发动机、发电机、配电盘和蓄电池。乔治·华盛顿的故居弗农山庄曾经在1920年购买过爱迪生的照明系统。山庄董事会称："一直用到现在的煤油灯有一定的危险性，为了保护这套完美的老宅，董事会决定安装电灯照明系统。"安装过程中，当地承包商专门把电线隐藏了起来。但有的地方无法连接电线，爱迪生就提供了几个6伏的便携式电池来给台灯供电。

爱迪生还尝试向潜艇推销蓄电池。对英国、法国、德国和沙俄的军火库来说，潜艇是一种强有力的武器。但1903年到1915年间，有200名战士死于船只爆炸、意外事故以及撞船。爱迪生认为，这些事故成因大多在于铅酸蓄电池泄漏硫酸，海水与硫

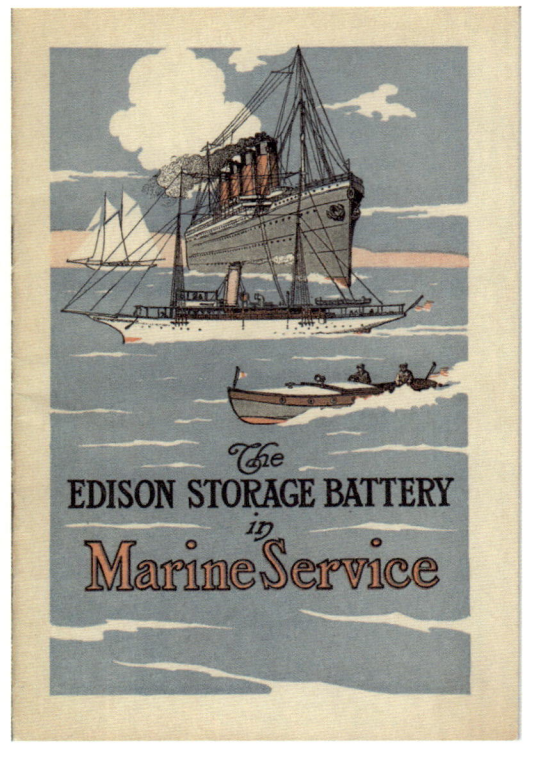

爱迪生以安全、可靠电源之名向矿井、轮船和船舰推广他的蓄电池。据1915年爱迪生蓄电池有限公司的公告称，总统游艇"五月花"号为紧急广播和照明安装了100台爱迪生电池。

酸混合会形成致命的氯气。而蓄电池不含酸，是更安全的选择。哈奇森后来对爱迪生说，"那些驾驶潜艇的小伙子们疯了似的给船安装爱迪生蓄电池……这不能怪他们，氯气造成的持续性威胁使他们在驾驶过程中时刻命悬一线"。

1915 年 11 月，美国海军部同意在布鲁克林海军船厂的 E-2 型潜艇上测试并安装爱迪生电池。然而，测试显示充电过程中爱迪生电池会释放易燃易爆的氢气。1916 年 1 月 15 日，E-2 型潜艇在干船坞安装通风系统时发生爆炸，造成 5 死 10 伤。

爱迪生曾声称他的蓄电池很安全，但这次爆炸事件却让他下不了台。海军部最终的事故报告于 1916 年 12 月送至国会，其中并没有明确责怪爱迪生，但文件指出在未证明安全性之前，潜艇不再使用爱迪生蓄电池。与此同时，海军部为 E-2 型潜艇重新安装了铅酸电池。

尽管发生了潜艇爆炸，爱迪生也无法将蓄电池推销给电动车用户（他最初的目标），但爱迪生蓄电池有限公司成功地将电池推广应用于其他各行各业，比如货车、汽车照明系统、汽车点火系统、电话配电盘以及工厂、商店、剧院的紧急照明。除此之外，爱迪生电池也为轮船、船舰、电台、火车照明以及铁路信号和交换设备供电。

"一项促进商业发展的伟大发明和发现一个金矿一样，都能给国家带来无比的财富。"

安全、耐用、可靠是爱迪生小型电池用于矿工安全灯的实力卖点。这些灯不仅照亮了黑暗的矿井，还减少了由蜡烛、煤油灯或其他明火灯引起的气体爆炸危险。爱迪生还为采矿作业中的骡子发明了一种安全灯。运输碳和其他矿物的机车也使用爱迪生电池。

此外，对于工厂、木材场、火车站和其他工业站点发动叉车和拖拉机来说，爱迪生蓄电池无疑也是轻便、经济的选择。1920 年 1 月，爱迪生蓄电池有限公司自夸说："在大工厂、货运车站、轮船码头以及仓库，人们会发现安装了蓄电池的货车和拖拉机节省了高达一半的管理费用，除此之外，还加快了组织速度，省去了很多不必要的人工劳动。"

后来爱迪生公司继续在西奥兰治生产蓄电池，直到 1960 年把该业务转卖给之前的竞争对手——电力蓄电池有限公司。

11

第一次世界
大战中的
爱迪生

❧

"现代战争更关乎
机器而非人类。"

第一次世界大战期间，爱迪生公开支持军备扩充，他认识到一些新科技如潜艇、机关枪和飞机，正在迅速地改变作战形式，于是1915年10月，他在《纽约时报》上称："未来的士兵将不再是扛刀武士、嗜血狂魔，而会成为一名机械师。"他认为未来的军事冲突将会是"机械的战斗，而非士兵的厮杀"。几周后，他又在接受《时代周刊》的采访时评论道："科学会使战争变得更恐怖——恐怖到无法想象。再过不久，只需按动按钮，我们就能摧毁数千甚至数百万人的生命。"

最新发明的潜艇和飞机给美国安全带来了挑战，爱迪生认为科学技术结合工业方能解决安全问题。

1915年5月，爱迪生概述了自己的军备计划，基本内容是军队训练和设备采购应

第190～191页：1917年，爱迪生和美国"首领"号舰艇上的官兵合影。这艘舰艇是1917年8月美国海军为爱迪生研究所用，重达217吨。下图：1914年10月12日，爱迪生（乘客座）、海军部长约瑟夫·丹尼尔（后座，左）、米勒·瑞斯·哈钦森（后座，右）和查尔斯·爱迪生（看不到脸的）抵达驻布鲁克林海军官邸。西奥多·爱迪生是司机。

该按照工业流水线来进行。他还呼吁储备飞机、战舰和弹药；大量征募预备兵，由私人公司指导训练。为了加快研发速度，他还提议建立海军研究实验室。

作为战时海军顾问委员会主席和美国海军研究员，爱迪生有机会解决这些问题，但1914年8月第一次世界大战，打响时，他却面临着一个更紧急的挑战：产自德国和英国的酚出现了短缺，即石碳酸短缺。爱迪生用石碳酸制造唱片，但该化学物质还可用于制造炸药，因而英国和德国政府禁止本国酚出口。

爱迪生的留声机厂日耗1.5吨石碳酸，石碳酸是煤炭焦油的副产品。1914年9月，他告诉《钢铁时代》的编辑："美国几乎不产焦油，也没有石碳酸，我们一直从英国和德国购买。我是国内最大的石碳酸用户，而英国对该货物下达禁运令，德国也禁止其出口，这令我目前的处境十分窘迫。"

起初，爱迪生尝试通过政治和外交渠道恢复石碳酸供应线。应他的要求，新泽西参议员威廉·休斯和国会议员爱德华·W.汤森共同请求内政部介入调解。国务卿威廉·詹尼·布莱恩也出面请求英国解除禁运令，并允许爱迪生每月装运50吨石碳酸。英国外交部批准了该请求，但监管商船运输的英国商会却以缺少船只为由驳回了请求。

国会议员汤森问爱迪生，既然石碳酸如此重要，为什么美国人不自己生产呢？爱迪生解释说："美国有

这些广告使爱迪生的工人们意识到他们在战争中所做的贡献，以此鼓励其增加产量。

丰富的原料、杰出的化学家，但是美国公司却缺乏经济诱因来生产这类化学品。原因是美国关税政策允许德国生产商低价在美国倾销石碳酸。"爱迪生后来写信给汤森："若是你和你的议员朋友们齐心协力，提议国会通过和加拿大一样的反倾销法案，那么美国人在石碳酸贸易中就会占据优势了。"

汤森领会到了这则信息但又似乎看不透问题的本质，他回信给爱迪生说："你说的事，我不太明白，下次我去你家时，咱们好好谈谈。"就这一点，爱迪生在给汤森的回信上潦草地写下"无望"两个字，他可能已意识到政府领导人是不会解决他的化学问题的。

游说无用，爱迪生就自己生产。据他所知，大部分美国生产商需要 6～9 个月才能研究出如何生产石碳酸。设在新泽西州拉威市的默克公司指派了一位化学家负责完成这一任务，并向爱迪生保证 3 个月内装运，但爱迪生等不了那么久。

爱迪生相信自己能在三周之内研究出生产工序，于是 1914 年 9 月他和受雇的化学团队开始研究石碳酸的生产技术，几天后，他们果然如期开发出不同于其他化学制品的合成酚的生产技术。爱迪生雷厉风行，立即指派工人三班倒，开始建造化学厂，厂址设在新泽西银湖（现在的布卢姆菲尔德）区，自家工厂原址上。19 天后，石碳酸厂开始运营，产量足以供应留声机厂正常运转。

截至 1915 年 1 月上旬，爱迪生的工厂日产石碳酸 1.5 吨。不过制造石碳酸需要粗苯，粗苯是一种液态烃（即现在的苯）。虽说英国粗苯资源丰富，但运费太高。爱迪生曾给一位加拿大钢铁生产商去信，信中写道："英国的粗苯资源丰富并且未对美国实施禁运，但其价格太高、运输设施太过简陋，而且原料盛装桶的成本太大，我支付不起。"

1914年火灾

1914年12月9日夜间，爱迪生正忙于攻克化学难题之际，西奥兰治工厂发生严重火灾。下午5点17分，电影胶片审查部开始起火，这是一栋单层木结构房屋，放置着易燃电影胶片。由于实验室和公司消防部的72名员工无法控制火势，西奥兰治消防部、附近的蒙特克莱尔社区、南奥兰治以及纽瓦克社区立即派去消防车支援。由于缺乏水压，火情起初控制不了，后来西奥兰治的总水管连上南奥兰治之后，火情才开始缓解。为了保护综合实验室，消防员们无暇顾及其他已经燃烧的建筑，重点抢救靠近实验室的建筑群。

火灾造成一起死亡事故：一名员工返回着火建筑内取私人物品，不幸遇难。22幢大楼烧毁了15幢，分别是生产留声机、唱片、录音机以及电影设备的厂房。这场火灾损失总价值达150万美元（现在的3480万美元）。

不过重建工作立即展开。灾后第二天，爱迪生和实验室员工就开始计划重建综合厂房，工人们则开始清理废墟残骸。他的秘书威廉·梅多克罗夫特说："爱迪生先生又精力充沛地重新开始工作了，不用说，你们也看到了，我们又开始忙碌了"。

截至1915年1月第一周，爱迪生已经恢复生产圆筒留声机唱片了。1月21日开始生产圆盘唱片，4月份留声机工厂的重建工作也已圆满完成。

1914年12月9日，一场大火使爱迪生的西奥兰治综合制造厂化为废墟。不过爱迪生数月后便完成了工厂的重建工作。

和酚一样，粗苯也是煤焦油或煤气的副产品，是钢铁生产商把煤制成焦炭过程中附带产生的化学物质。焦炭是一种钢炉燃料，煤在封闭熔炉中经加热产生焦炭。在这一过程中，多种化学物质可从煤焦油和释放的煤气中提取出来。爱迪生解决粗苯的方案是：在钢铁公司焦炭熔炉附近设立粗苯吸收厂，从煤气中提取粗苯。

1914年12月18日，爱迪生致函设立于新斯科舍省悉尼市的道明尼钢铁公司（Dominion Iron & Steel Co.），询问是否可以允许他在公司的炼焦炉附近设一家粗苯吸收厂。12月23日，他还向位于宾夕法尼亚州约翰斯敦的坎布里亚钢铁公司发出了同样的请求。

1914年4月，设立在加拿大新斯科舍省悉尼市道明尼钢铁公司附近的爱迪生粗苯工厂。

爱迪生提出一份为期三年的合约，谨遵合同，爱迪生可以自费设计、建造并运营苯吸收厂。钢铁公司则允许爱迪生的工厂吸收炼焦炉里产生的所有液态烃（每天多达6800升），并同意向爱迪生出售苯厂所需的蒸汽动力。作为交换，爱迪生同意每提取4升液态烃将支付18美分，而且还要购买其他炼焦炉副产品：包括 tuloul（现称为甲苯）、混合二甲苯（现称为二甲苯）和溶剂油。之后，爱迪生将向其他制造商出售这些化学物质，用作工业溶剂。

1915年1月12日，坎布里亚钢铁公司接受了爱迪生的提议，一个月后，道明尼钢铁公司也与爱迪生签订了合同。2月22日，设立于约翰斯敦的苯吸收厂竣工，4月12日，位于新斯科舍的粗苯吸收厂开始运营。3月上旬，爱迪生和日本工业联合企业三井公司建立合作关系，计划在阿拉巴马州伍德瓦德设立第三个苯厂。5月31日建在伍德瓦德钢铁公司附近的阿拉巴马苯吸收厂也开始运营。

爱迪生关于军事准备的观点引起了美国海军部长约瑟夫·丹尼尔的注意。1915年7月，丹尼尔邀请爱迪生担任海军顾问委员会主席，带领大家评估公众提出的科技创意。爱迪生同意任职，条件是他不担任行政职务，能自由进行自己感兴趣的与战争相关的研究。爱迪生的首席工程师米勒·里斯·哈奇森也加入了该委员会。

其他委员会成员由美国化学协会、美国矿冶工程师协会、美国航空协会、美国电气工程师协会等11个科学技术协会提名选定。被提名的几位著名工程师和发明家如下：通用电气研究总监威利斯·R.惠特尼；第一代酚醛塑料发明人也是化学家的利奥·贝克兰；陀螺仪的发明者埃尔默·斯佩里以及电气铁路的发明者弗兰克·斯普雷格，19世纪80年代他曾为爱迪生工作过。

1915年10月7日，美国海军顾问委员会召开第一次全体会议，会上正式通过例行条例，产生了15个小组委员会，分别是潜艇委员会、军械委员会、炸药委员会、矿井鱼雷委员会、造船委员会。这些小组委员会负责评估公众提交的发明提案。

委员会共收到约11000份提案，大部分是关于潜艇的。在这些提案中，只有110份上交给小组委员会评估，而只有一份提案——拉格尔斯飞行感觉模拟器——在第一次世界大战中生产出来。这是一种安装在平衡环上的模拟飞行员座椅，可供教官向实习飞行员展示模拟飞机飞行，也使得军队

1915年10月7日，爱迪生和海军顾问委员会戎员们在国务院、战争部和海军部大楼东阶梯上（正对着白宫）。海军部长约瑟夫·丹尼尔站在爱迪生左侧，海军副部长富兰克林·D.罗斯福站在第一排最左边。

左图：1918年1月19日，海军顾问委员会拨款建造威廉·盖伊·拉格尔斯提出的飞行感觉模拟器模型。拉格尔斯为美国陆军航空服务部建造了好几个飞行感觉模拟器。
右图：美国发明家兼海军顾问委员会成员皮特·库伯·休伊特，这张照片拍摄于20世纪初。他与埃尔默·斯佩里合作研发出了休伊特-斯佩里无人驾驶自动飞机。

能够研究飞行员在不同飞行条件下的生理反应。

1917年2月，董事会成立了一个特别问题委员会，以解决船只受潜艇攻击的问题。该委员会也收到了公众数以千计的建议，比如用盾牌和渔网来保护水面舰艇免遭潜艇的攻击。此外，还测试过伪装术和烟雾干扰（增强船舶的隐蔽性）。然而，没有一种方案可行。

相比之下，委员会成员亲自开展的技术研究更为重要。埃尔默·斯佩里对飞机和潜艇做出了众多改进，其中包括潜艇内氢气探测装置、钢铁飞机升级版螺旋桨以及空投炸弹遥控装置。哈德逊·马克西姆发明了升级版触发水雷和鱼雷燃料。彼得·库珀·休伊特对直升机展开了实验研究，弗兰克·斯普雷格则开发了深水炸弹，水下起爆装置和穿甲炮弹。

1917年1月，爱迪生开始研究与战争有关的技术问题。西奥兰治实验室附近有一座鹰岩山，他在山上的闲置娱乐场里配备了一个实验室，用于检测通过声音定位机枪的设备。同年春天，他在新泽西州桑迪岬的海军基地进行了实验。8 月到 10 月之间，他耗时六周在长岛海峡对"首领"号舰艇④进行实验，该舰艇长达 57 米，原是美国海军购买的一艘私人豪华游艇，现在专门为爱迪生研究所用。

1917 年，爱迪生开展的海军研究主要侧重于保护水面舰艇免受潜艇的攻击。他研究如何伪装船只，建议货船烧无烟煤，减少烟雾排放；还研究船只遭受鱼雷攻击时如何快速转向。他还给"首领"号配备了电子仪器，通过视线、声音和磁场来探测潜艇。

爱迪生发现以前的潜艇探测研究只在关闭引擎、停止前进的船上进行。他认为这不实用。他说："要避免潜艇撞上货船，我无法停止潜艇，只能在货船全速前进时搜寻潜艇的声音。所以当实验进行时，海浪很高，风速达 17 千米 / 时。"爱迪生在船首斜桅处安装了监听设备，用来探测正常运行中的潜艇。爱迪生后来回忆说："我发现周围有海浪或其他船只干扰时，听到水下的声音与风平浪静时截然不同……最后我们终于听到了潜艇的声音，所以我们确信货船能够在任何海面畅行无阻。"

1917 年秋，爱迪生把战争研究处搬到了华盛顿。1917 年 10 月至 1918 年 1 月，爱迪生在白宫附近的国务院、战争部和海军部大楼（现在叫艾森豪威尔行政办公楼）内的一间办公室里工作，他在那里收集盟军航运损失数据，结果发现美国及其盟国仍在使用

④ 译者注："首领"号舰艇最初是一艘豪华游艇，叫"凯尔特"号，为一位富有的铁路公司的总经理罗杰斯·麦克斯韦所有，该名称一直用到第一次世界大战，1917 年至 1919 年，游艇"凯尔特"号更名为美国舰艇"首领"号（USS Sachem）。

右图：查尔斯·爱迪生和美军士兵以及海陆军留声机。为供战士们娱乐，爱迪生向美国政府和红十字会等服务机构出售了一台便携式圆盘留声机。

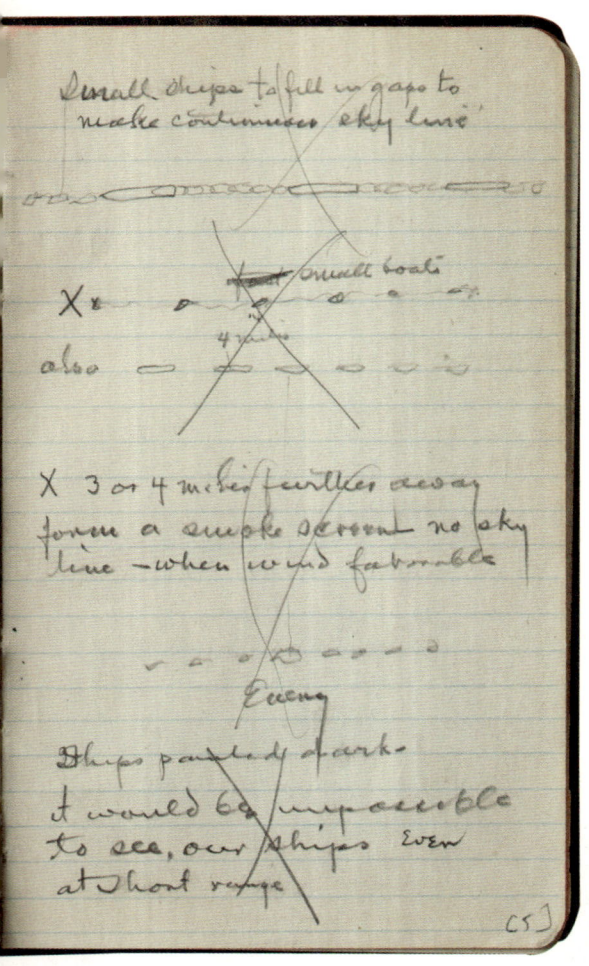

爱迪生的笔记本上关于烟幕技术的笔记，此技术旨在保护水面舰艇免受潜艇的攻击。

战前航线，这使得敌军潜艇更易瞄准盟军船只，更糟糕的是许多船只还在白天穿行危险区域。因此，爱迪生建议盟军改变原定航线和航行时间表以避开德国潜艇的攻击。

1915 年 10 月 7 日，海军顾问委员会召开了第一次会议，大会采纳了爱迪生的提议，同意建造一个永久性海军研究实验室。该提案要求实验室建在低洼水域，水域深度须足够停靠一艘战舰，并且还要紧靠大城市但又不能位于城市内部。靠近大城市是因为便于给实验室提供物资和劳动力。正如《纽约时报》的报道，"实验室应具备成套设备，能够制作和测试工作模型……应该设立一个模型车间、铸铜车间、铸铁和铸钢车间以及大、小型机械车间"。实验室应由平民而非海军军官负责管理，内部还要设立一个化学实验室、光学研磨部门、电影部门和几间绘图室。

爱迪生想要打造一个装备精良的实验室以迅速研发出新发明。他向来自美国南卡罗来纳州的参议员本杰明·蒂尔曼致信道："为了加快研发速度，每种物资必须供货充足，以防备海军当局希望很快拿到结果时，我们能够及时提供。"爱迪生认为该实验室对国防至关重要。"如果美国希望其武器装备不断更新，不被其他国家追赶甚至超越，那么实验室便是达到此目标的唯一选择。"委员会还建议拨款 500 万美元（现在的 1.15 亿美元）用于建造和配备实验室，而且年度运营预算须达到 250 万至 300 万美元（现在的 5770 万美元到 6930 万美元）。

1916 年，国会拨款 100 万美元（现在的 2110 万美元）用于新实验室的建设——该数额远低于所提议的 500 万美元。海军顾问委员会随后修订了第一个提议，不再按原计划设计和建造了，而是缩小实验室规模，只专注于基础科学研究和试验，并由海军军官负责监管；委员会还建议将实验室建在美国海军学院附近的马里兰州首府安纳波利斯市。

　　但爱迪生不同意委员会的这份报告。他认为新泽西州的桑迪岬应为实验室首选地。更重要的是，他反对实验室专攻纯科学研究，坚持主张建造设备齐全、能够制造实用发明的实验室。由于受到战争的影响，海军研究实验室直到 1920 年才开始在华盛顿动工，1923 年正式启用，最初实验室专攻无线电和声测研究。

1915年12月，爱迪生登上美国军舰"E-Z"号检查蓄电池。1911年6月15日，"E-Z"号首次下水，战争期间在美国东海岸巡航，负责驱逐德国潜艇。

劳埃德·N.斯科特是一名海军军官，于1920年为海军顾问委员会撰写正史。在他的笔下，爱迪生反对新实验室的计划其实是一场以爱迪生为代表的19世纪旧式工业研究方法与受过高等教育的年轻工程师和科学家们之间的分歧，后者更看重科学研究。其实爱迪生并不是反对纯粹的科学研究，他只是认为政府和工厂在科学研究上耗资甚巨，却没什么实际收益，而且只专注于科学调查研究的实验室很难切实解决海军的技术问题。

　　其实深层原因是爱迪生认为海军不是创新机构。1918年他在袖珍笔记本（当时他或许正在海上进行研究）上写道："海军中没有一人愿意冒险去创新……安纳波利斯缺

1914年10月12日，爱迪生与海军部长约瑟夫·丹尼尔登上停靠在布鲁克林海军船坞中的美国"纽约"号战舰。这是第四艘以纽约州命名的美国海军舰艇，在第一次世界大战期间驻扎在北海执行封锁任务。

乏培养海军军官想象力的训练。"对爱迪生来说，海军实验室应追求科学研究还是实用研究并不重要，重要的是实验室能够调配所有资源去解决海军技术难题。同样重要的是，爱迪生认为美国海军需要营造一个鼓励创新，敢于冒险的氛围。

海军研究实验室的建立非常重要，因为它是联邦政府第一个致力于技术创新的固定机构。在有限的基础上，美国政府自19世纪初就发起了轻型武器研究，研究场所选在马萨诸塞州的斯普林菲尔德兵工厂和西弗吉尼亚的哈泊斯费兵工厂。早在美国内战期间，亚伯拉罕·林肯就创建了美国国家科学院，负责就科学和技术问题向联邦机构提出建议。19世纪晚期，联邦政府又创建了几个小型实验室，专门用于评估私营部门的研究。

"欧洲战争使我们开始关注这一事实：美国人的许多思想和发明已在悄然发生……"

1923年，海军研究实验室正式运转，美国政府在技术研究融资方面开始发挥更大的作用。20世纪取得了许多重大的技术进步，比如雷达、喷射发动机、原子能、数字电脑、真空管的改进、全球定位系统（GPS）以及互联网的诞生，这些成果都得益于联邦政府的支持。为提高国防能力，美国政府还承担了众多新技术的研发风险。

这就是第一次世界大战期间爱迪生留下的宝贵遗产。通过倡导工业防备、推动海军研究实验室的建设，他宣扬了这样一种观点：技术研究和创新对国家安全至关重要。爱迪生意识到了创新与国家安全之间的关系，正是凭借这种意识，他在20世纪20年代又发起了他一生中最后一项重大研究：寻找国内的天然橡胶资源。

12

橡胶

"我正努力保证橡胶在国内的供需量——以备不时之需。"

1927 年，汽车制造商亨利·福特和轮胎制造商哈维·费尔斯通资助爱迪生成立了爱迪生植物研究公司，为在西奥兰治和迈尔斯堡进行的橡胶实验提供资金。从 1927 年到 1929 年，爱迪生收集了成千上万种国内植物并测试其中的橡胶含量。1930 年和 1931 年，即橡胶项目的最后两年，爱迪生专门选择最有可能出橡胶的植物新品种进行杂交。

天然橡胶是一种在植物乳胶中发现的碳氢化合物。在自然状态下，易变形，无法使用。19 世纪 30 年代有人发明了硫化工艺，即用高温和化学物质处理天然橡胶，这才使得橡胶成为稳定的工业原料。

19 世纪，最好的橡胶原料是原产于亚马孙河流域的一种巴西橡胶树。1876 年以前，巴西控制着世界橡胶供应，后来一位英国种植园主偷偷把橡胶树种带出巴西，种到了马来西亚。到 1900 年，英国人已经控制了马来西亚和东南亚其他殖民地的大片橡

第204～205页：位于佛罗里达州迈尔斯堡的爱迪生植物研究实验室内景图，一如现在的模样。
下图：1920年11月15日，爱迪生与他的野营同伴亨利·福特、博物学家约翰·巴勒斯，以及哈维·费尔斯通在纽约纳帕诺克阎摩农场旅馆。

胶种植园。与此同时，荷兰人也在印度尼西亚建有橡胶种植园。

20世纪初，随着汽车轮胎、自行车轮胎、电线绝缘材料、鞋、工业管道以及其他橡胶产品需求量的增加，美国橡胶消费量猛涨。到20世纪20年代，美国人就消耗了全球70%多的橡胶——却从未涉足橡胶生产。

在那个时期，美国政府和企业领导人一直担心战争、政治危机，或自然灾害会破坏国内的橡胶进口。美国的橡胶货源地是英国和荷兰控制下的亚洲橡胶种植园。1922年英国政府颁布史蒂文森计划，试图通过控制产量来稳定橡胶价格，这一计划反而增加了美国人对橡胶短缺的恐惧。

1925年3月，迈尔斯堡，爱迪生和哈维·费尔斯通在观看奇克采橡胶。奇克是费尔斯通聘请的橡胶专家。

爱迪生也意识到了保障橡胶供应的重要性。橡胶同时也是蓄电池的一个重要组件。第一次世界大战期间，他告诉记者，美国的一些乳草属植物可能会含有橡胶。他甚至在格兰蒙特用大棚种植橡胶植物。1921年他考虑用橡胶代替昂贵的赛璐珞胶片制作圆筒唱片。1925年，他开了一家工厂生产蓄电池用的硬质橡胶。

1919年爱迪生曾与橡胶消费大户福特、费尔斯通一起露营旅行。在那期间，爱迪生很有可能跟他们讨论过橡胶问题。露营结束后，费尔斯通注意到爱迪生已经非常了解橡胶这一高弹性材料了。

20世纪20年代初，橡胶价格上涨，费尔斯通和福特更加热衷于寻找国内橡胶资源。费尔斯通还提出了"美国人应自己种植橡胶植物"的口号，他还游说联邦政府调查世界橡胶供应情况并支持国内橡胶研究。福特和费尔斯通也开始给爱迪生提供植物样本、种子和橡胶方面的科学文献。爱迪生第一次做橡胶实验是在 1923 年，那时他开始尝试能否从乳草植物中提取橡胶。与此同时，他实验室的化学团队也开始研究人工合成橡胶工艺。1924 年，爱迪生收到了一些巴西橡胶树种子，并将它们种在了迈尔斯堡。

1927 年爱迪生正式开始研究橡胶，那时他就已经清楚地知道自己需要什么类型的产胶植物了：一种生长迅速，能用机械收割的多年生阔叶杂草。他还希望在佛罗里达以北种植，所以这种植物还需耐霜。在 1927 年 12 月《大众科学月刊》的一篇访谈上，爱迪生说明了自己要寻找的理想产胶植物：

> 我们在寻找一种一年生植物，8 个月或 9 个月成熟，几乎可以全程机械化种植收割，人工劳动量最小化。能耐霜，因为美国全境有霜。

除了研究含胶植物的特性，爱迪生还认真估算了 45 万吨橡胶（美国年均橡胶消费量）的种植、收割和加工成本。经计算，他发现在国内生产橡胶的成本并不低于从东南亚进口的价格。所以，爱迪生就把橡胶项目当作了一项应急措施，只有当战争或国际危机爆发时，在国内种植橡胶产生的额外费用才是合理的。

1927 年，尽管爱迪生已经非常熟悉橡胶文献，但他仍旧广泛阅读相关书籍，其中包括助手巴鲁赫·乔纳斯整理的外国文献摘要。他想知道植物内部的奥妙，所以又去研究植物生物学。1927 年 7 月，为了学习热带橡胶植物的知识，他还去了纽约植物图书馆。

1927 年春天，爱迪生和他的化学团队合作研发出一种提取和测试植物橡胶含量的工艺。先将植物叶子脱水，然后用碎肉机碾碎，再煮 2 小时。煮过之后，再次脱水并碾碎，最后用滤网过滤。爱迪生将丙酮倒入索氏提取器——一种分离液体和可溶化合物的实验装置——溶解碾碎植物中的非乳胶物质。过滤掉丙酮和溶解物质后，再次将叶子风干。然后在叶子里加入苯来溶解乳胶，待苯蒸发后剩余的就是乳胶。整个过程耗时 8 小时。

1927 年夏天，爱迪生开始收集产胶植物或产乳植物样本。他把 15 名采集者分别送往古巴、波多黎各、墨西哥湾和大西洋沿岸各国。爱迪生告诉他们："看到植物就采。"采集者们每见到一种植物都会先详细记录下植物的生长位置，形状大小和土壤条件，然后采集、包装、作上标记，最后将它们运到西奥兰治和迈尔斯堡进行检测。爱迪生还收到了一些私人收藏家和联合太平洋火车站代理商赠送的植物样品。为了确定收集到的植物橡胶含量，1927 年爱迪生实验室的化学家们在电子天平上——称量样品，总共测试了 1000 多种植物样本。1928 年春，爱迪生又扩大了样本收集范围，亲自前往佛罗里达州南部，包括沼泽地和奥基乔比湖地区在内，收集了 2000 种样本。

上图：爱迪生用西奥兰治化学实验室里的蒸馏器回收橡胶提取之后的丙酮和苯。
下图：爱迪生做橡胶实验时研究了许多不同植物样本的物理特性。这是爱迪生 1929 年做的笔记，笔记上记着一些含胶植物的科属。

爱迪生牌电器

1912年爱迪生接受《好管家》杂志的采访时预测说："未来的厨房全是电气化的，这样的厨房和其他房间一样舒适。"20世纪初，爱迪生的预测变成了现实，越来越多的美国家庭开始使用电器，厂家也开始销售真空吸尘器、烤面包机、冰箱和其他电器。

20世纪20年代后期，留声机销量持续下降，托马斯·阿尔瓦·爱迪生公司不得不想办法在西奥兰治制造其他产品，以维持工厂正常运作。1928年，公司推出了一系列电器——咖啡机、华夫饼干烘烤机、三明治烤箱、电熨斗、吸尘器、鱼缸加热器——它们统称为爱迪生牌电器。

斯夫内特咖啡机（"Siphonator"）有3种型号，售价最便宜的17.50美元，门罗型87.50美元，曼哈顿型125美元（现在的230美元、1150美元和1640美元）。门罗型和曼哈顿型咖啡机附带托盘、糖碗和咖啡伴侣。华夫饼干烘烤机零售价为18美元，面包机零售价为15美元。

这些商品反映出20世纪20年代，西奥兰治实验室从以前关注产品创新到现在的注重产品设计的转变。实验室的研究人员不再发明新技术，而是整合现有的技术来满足公司的制造和销售需求。爱迪生有限公司还购买了发明于欧洲的比尔卡恒温调节器的专利权，这款持久恒温器是最具爱迪生品牌技术特点的。

虽然爱迪生没有亲自参与品牌商品的生产，但他对高品质和高技术性能的强调也影响着产品的设计。产品要拥有"良好的电气性能、良好的机械性能以及精美的外观。这样才能吸引买家，并显示出产品的工程设计"。换言之，爱迪生牌产品的真正卖点是产品的性能和对公众的吸引力，而不是价格。

公司为了促销，还使用了爱迪生的名字、形象和声誉为产品打广告。其广告特色就是爱迪生的签名和个人留言："所有电器均由我实验室独家研发，由我工厂独家制造，由我独家授权签名。"公司采用的这种策略就是现在的营销专

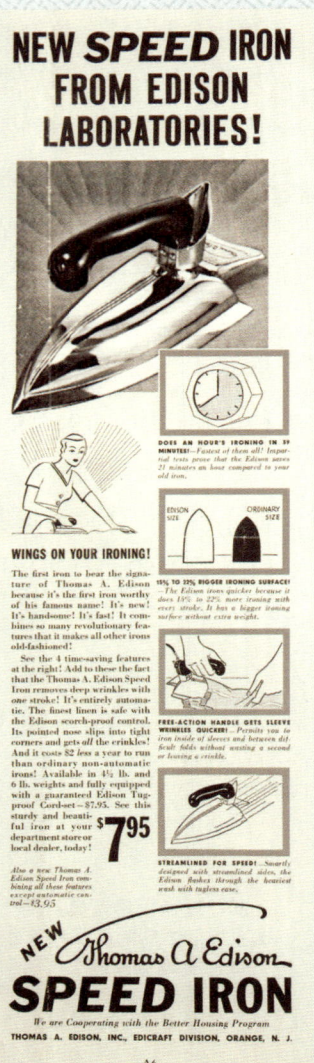

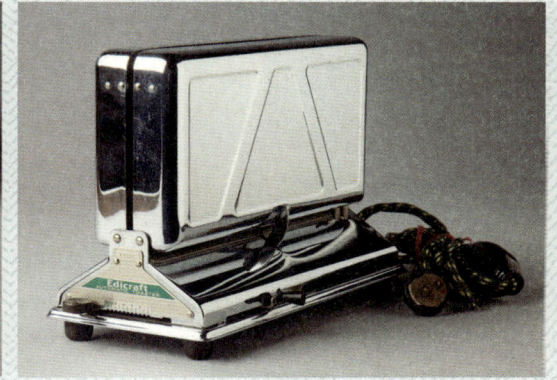

家所谓的"品牌效应"，即利用爱迪生的发明家名气向消费者传达爱迪生牌产品的可靠品质。正如一则广告中承诺的一样，"托马斯·阿尔瓦·爱迪生的签名就是品质保障"。

该公司将爱迪生系列产品的营销对象定位在了中上层阶级家庭，这类家庭能买得起昂贵的产品，却雇不起佣人。咖啡机、三明治烤箱、华夫饼干烘烤机

是公司主打的"台式厨具"："以前进出厨房做饭是一件很麻烦的事，现在这些台式厨具可是帮了主妇们的大忙了。"有了它们，烹饪变得既轻松又优雅。另外，为了帮助消费者，爱迪生公司还特意印发了食谱小册子，用来指导消费者制作通心粉华夫饼干、花生黄油煎蛋卷、烤香蕉和培根。

但是爱迪生公司推出以上这些家电

产品时正值20世纪30年代大萧条初期，大多数消费者对高价位产品避而远之。那时普通上班族每周挣32.50美元（现在的438美元），大部分人买不起18美元的华夫饼干烘烤机，而其他品牌的同类产品只售2.50美元（现在的33美元）。于是1932年，该公司停止推销爱迪生系列家电并于1935年停产。

上图从左到右依次为：爱迪生牌电熨斗、面包机、咖啡机。左图：爱迪生家电广告凭借爱迪生的声誉来宣传产品的可靠性和耐用性，不过产品价格超出了20世纪30年代初大多数消费者的消费能力。

同年夏末，爱迪生向福特和费尔斯通递交了一份满意的答卷。他告诉费尔斯通"所有化学实验都进展得相当顺利"，他还在另一封信中提道："看来我们的事业很有前途，只要保持合作，我们就一定会在佛罗里达州获得一块橡胶树宝地。"实验室的一位研究人员还在他检验的植物中发现，其中26%含有橡胶。据爱迪生本人估计，含有橡胶的植物已经超过了38000种。

1927年秋天，爱迪生派助手威廉·本尼前往迈尔斯堡以监督修复1886年建造的旧实验室，该实验室一直用来存放多余的家具，已多年未修。爱迪生计划1月份前往佛罗里达州度年假时，在这个实验室进行橡胶研究。他会在那里一直待到6月份，之后工人们就把实验室一块一块地拆掉并把它们装上火车运往密歇根州迪尔伯恩市，亨利·福特打算用这些旧板材在迪尔伯恩市的格林菲尔德庄园重建一所实验室。

旧实验室搬到密歇根了，新的植物研究实验室也顺利竣工。新实验室包括一个苗圃、一间仓库、一个气动力植物干燥

1931年爱迪生在迈尔斯堡检查秋麒麟草样本。

炉以及用来储存文件和物资的波特兰水泥地下储藏室。除此之外，还有一个加工车间，内部设有车床、磨床、钻床和其他工具，用于金属的切割和成型；另外还有一间摄影师暗室、一间植物粉碎室以及一间专业玻璃器皿吹制室。

爱迪生的橡胶研究团队包括8名由弗朗西斯带头的化学家、数名植物采集者和2名机械师（弗莱德·奥特和乔·津巴）。杰罗姆·奥斯本负责管理公司的档案、标本和资料室；威廉·本尼主管迈尔斯堡实验室；沃尔特·阿切尔是佛罗里达州的一名园艺工人；巴鲁赫·乔纳斯担任研究员；此外，爱迪生还聘请了多名植物学家和一名玻璃吹制工。

1929年5月，研究团队研究了17000种植物并鉴定出个别植物可能含有橡胶，其中包括夹竹桃、火焰藤、海榄雌，最后，爱迪生得出有一种遍布佛罗里达州南部的野花——秋麒麟草——正是他想要的。虽然秋麒麟草的橡胶产量低于其他植物，但它有

佛罗里达州迈尔斯堡的爱迪生植物研究实验室。

以下几个优势：生长迅速且乳胶容易提取。此外，爱迪生还认为可以对其进行机械收割，这将有助于降低劳动成本，同时可以通过选择育种来提高该植物的橡胶产量。为了这项研究，他在迈尔斯堡实验室专门拨出 3.6 万平方米土地用以种植不同种类的秋麒麟草。

然而结果证明，秋麒麟草花粉难以受精，且在佛罗里达北部长势欠佳，加上爱迪生也未能设计出一款高效的机械收割机，因此，把它作为国内橡胶来源是不太可能了。

1931 年的经济大萧条引起大批人员失业，工业减产，进而导致橡胶需求减少，价格下跌。因此，橡胶产量出现了过剩，橡胶实验的形势也发生了变化。不过，1931 年 10 月爱迪生去世后，他的妻子米娜·爱迪生决定继续支持橡胶研究项目，她委托自己的兄弟约翰·米勒负责监管，让他和研究团队一起研究如何提高秋麒麟草的橡胶含量。由于经济萧条，加之研究经费不断上涨，1934 年爱迪生植物研究公司考虑是该停止橡胶项目还是说服联邦政府接管该项实验。

1934 年 4 月初，查尔斯·爱迪生和约翰·米勒拜会了农业部长亨利·阿加德·华莱士，后者对该研究很感兴趣但却解释说政府已经削减了对橡胶实验的预算。4 月末，美国农业部同意将部分秋麒麟草项目转移到佐治亚州的萨凡纳实验站进行。

然而资金缺乏还是阻碍了联邦政府的研究。1935 年 1 月，华莱士部长请求罗斯福总统增加拨款，但罗斯福却认为橡胶项目不如其他项目重要，因而拒绝向国会索要额外款项。而米娜·爱迪生认为橡胶项目是已故丈夫

1931年3月15日，迈尔斯堡植物研究实验室内，哈维·费尔斯通和儿子罗杰，以及爱迪生在一起探讨问题。

的一项重要遗留项目，所以一直全力支持迈尔斯堡实验室的研究，直到 1936 年 5 月她才同意解散爱迪生植物研究公司。

爱迪生曾认为实现橡胶国产化具有战略意义，他的战略眼光直到第二次世界大战初期日本控制了东南亚橡胶产地才得以证实。后来，罗斯福总统组建了一个橡胶研究委员会，其成员包括物理学家兼麻省理工大学校长卡尔·康普顿、化学家兼哈佛大学校长詹姆斯·科南特以及著名金融家伯纳德·巴鲁克。委员会成员们研究了爱迪生早期的成果以及后期研发合成橡胶的尝试，最终认定解决国家橡胶需求的最好方案是合成橡胶，而不是国内生长的含乳胶植物。

福特、爱迪生和费尔斯通坐在迈尔斯堡植物研究实验室外一起聊天、说笑。

13

追忆奇才

❧

"如果我曾激励人们更加努力，如果我们的工作稍微扩大了人们的知识视野，并且给人们带来了幸福，我就满足了。"

1931 年 1 月 20 日，托马斯和米娜离开新泽西，前往迈尔斯堡，这可能是他最后一次造访迈尔斯堡了。爱迪生在 84 岁生日那天为一座双车道吊桥举行落成典礼，该桥以他的名字命名，建在克卢萨哈奇河上。同年 2 月 24 日，爱迪生夫妇举行结婚 45 周年纪念庆典。3 月，亨利·福特夫妇和爱迪生夫妇一起前往迈阿密海滩探望哈维·费尔斯通。4 月，当地恰有一群五年级学生去参观植物研究实验室。爱迪生与萨拉索塔露天航空学校的女学生们在克卢萨哈奇河岸共进午餐，吃的是牛奶和饼干。

与此同时，爱迪生继续做橡胶实验。他告诉蒙大拿州比优特市发行的《标准》日报⑤记者，橡胶研究"进展顺利，但进程缓慢"。爱迪生希望自己能活到 100 岁，那时就能看到美国的橡胶种植园了。爱迪生与亨利·福特商量在 1933 年芝加哥世纪发展博览会上搞一个橡胶展览。5 月下旬，他做橡胶实验时不小心把酸泼在了手上。

6 月 16 日，爱迪生回到西奥兰治实验室。但天气极度炎热，加上连日来舟车劳顿，他没有马上回到实验室，而是回到了格兰蒙特休息。7 月 24 日，米娜的兄弟约翰·米勒公开否认爱迪生已经退休的新闻报道，但他承认自老发明家从佛罗里达州回来后，仅来过实验室一次。

8 月 1 日，爱迪生瘫倒在格兰蒙特。报纸报道他危在旦夕，家人也请来了当时还在长岛北部海滨度假的私人医生休伯特·S.豪。爱迪生的家人开始向媒体定期发布他的健康情况，同时警方也指派警员保护格兰蒙特，以免好奇的公众打扰。伊利诺伊州的皮奥里亚《星报》发社论称："大自然要从有史以来最伟大的发明家身上索债……[爱迪生]将永远不能再工作了，如果没有奇迹出现，那事实就是老人的时日不多了。"

但是爱迪生出乎意料地康复了，8 月 4 日，豪医生说："爱迪生先生每天睡 8 小时，目前睡眠状况良好。他早餐胃口很好，每天读晨报，照此下去，他有可能恢复健康。"于是爱迪生的家人不再向媒体汇报了，护卫警员也从 5 人减到了 2 人。

爱迪生的身体确实恢复得不错，居然能开车穿越奥兰治山脉，享受一顿有西红柿、豌豆、水果和牛奶的晚餐。医生禁止他抽雪茄，他却告诉医生说："如果我活过 84 岁，

---

⑤ 译者注：《标准》是美国第四大报业集团李氏企业发行的日报，出版地在蒙大拿州的比优特。

第216～217页：1940年5月，一大群人聚集在新泽西西奥兰治实验室前的市政厅，为纪念爱迪生举办庆典活动。

我可能会再多活 10 年。"豪医生违心地表示了赞同，但他知道爱迪生的健康状况其实并不乐观。爱迪生的心脏和脉搏虽然很强健，但他患有糖尿病、布赖特病（肾炎）和胃溃疡（肾衰竭和尿毒症中毒症状），豪医生告诉记者："我认为他再也不能工作了，随时面临着生命危险。"

9 月底，爱迪生的家人、朋友们、医生和记者们清楚地知道，他的日子不多了。爱迪生安详地睡着，但身体一直不见好转。10 月 13 日，他拒绝输液，吃得很少，除了米娜谁也不认识。在格兰蒙特的两层车库的一楼，爱迪生的家人又恢复了每天向媒体公布病况。爱迪生的最后一个来访者是"鲍勃叔叔"舍伍德，他是一个退了休的马戏团小丑，也是他们家的老朋友了，后来他出版了一本回忆录《勒紧你的马，大象来了！》。10 月 15 日，爱迪生陷入昏迷状态。10 月 18 日凌晨 3:24，他在格兰蒙特的卧室里与世长辞。

1931年10月19日，成群的人等在西奥兰治实验室外的湖滨大道旁，等着和图书室里爱迪生的遗体告别。

杰姆斯·厄尔·弗瑞斯特是一个雕塑家，他曾与奥古斯塔斯·圣·高登斯共事，1913 年设计了印有印第安人头像的 5 美分硬币。在爱迪生的遗体移到实验室的图书室之前，他准备了一个逝者遗容面模和手铸件。10 月 19 日和 20 日这两天，50000 名哀悼者走上街头目送爱迪生的灵枢缓缓经过。首先向遗体致哀的是爱迪生公司的员工，随后是公众。平民、小学生、穿制服的司机、豪华轿车上的乘客，大家都排着长队，熙熙攘攘的队伍蜿蜒着从图书室排到了实验室外的庭院，一直排到湖滨大道。

爱迪生的
长寿秘诀

930年10月，爱迪生回答了一份长达五页的健康问卷调查，该问卷是由耶鲁大学经济学家欧文·费雪提供的，他是大力提倡运动健身的一个素食主义者，曾与人合著《如何生活：基于现代科学的健康生活准则》（1915）。该问卷详细询问了答卷者的用药史、饮食以及睡眠习惯，这张问卷反映了爱迪生最后几年的健康状况。

爱迪生的牙齿已掉光，从不锻炼，每周洗澡不到一次，不断嚼着烟草，一天抽两三支雪茄，而且消化不良，吸过瓦斯气，这对于一个83岁高龄的老人来说，算是很健康的了。爱迪生身高180厘米，重77千克，心率"约74"，血压正常。

他的长寿得益于遗传。他母亲去世时70岁，爱迪生所谓的"令人担心的年纪"；而他的父亲活到了94岁。爱迪生不知道他祖父母活了多久，但他的外祖父活到了103岁，而他的外祖母活到了90岁。

爱迪生声称，由于他没有牙齿，所以他每天只喝橙汁和6杯牛奶。这是路易吉·科尔纳罗的生活模式，他是15世纪的威尼斯人，活到了98岁，他的饮食有严格的热量限制。爱迪生按照他的模式，饮食也很适度。很多人来信询

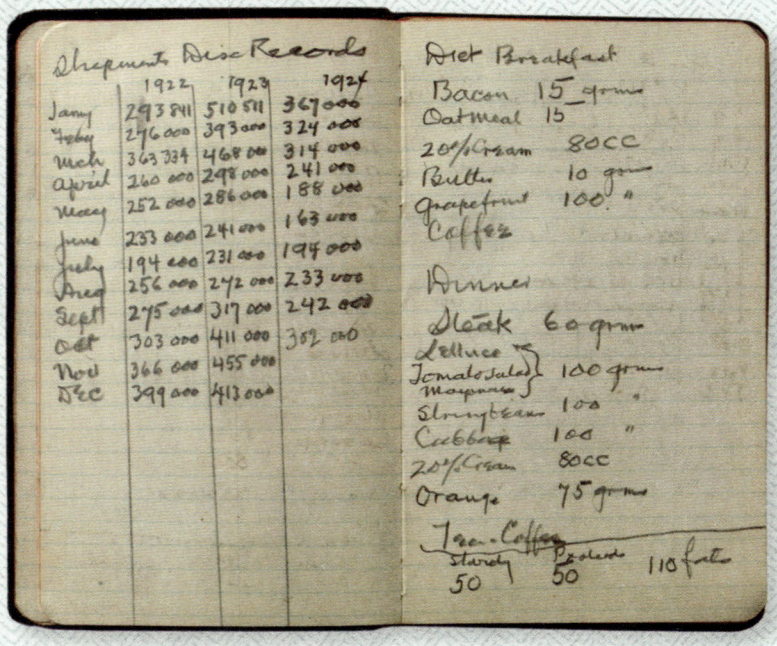

这是爱迪生1924年随身携带的袖珍笔记本，里面记载了大小公私事务、留声机的出货情况，还有他本人的日常摄食量。

问他的饮食习惯，他在一封回信中说："没有什么特别，我每样食物都吃，但吃的量少，一顿饭吃100~150克。"1921年他列出了以下饮食计划：早餐喝一杯咖啡（一半牛奶、一半咖啡），吃两片面包，外加一片带两小块沙丁鱼的吐司面包。午餐是一杯牛奶，两片吐司面包。晚餐，爱迪生喝两杯牛奶，吃三片干薄的面包片，一小块牛排和一小块烤土豆，然后是一块坚果巧克力。

爱迪生并没有遵循莱弗彻主义，这是当时流行的一种饮食方式，是以霍斯勒·莱弗彻的名字命名的，他是19世纪健康饮食的提倡者，他认为食品应咀嚼32次才可以吞咽。1914年，《纽约时报》记者问爱迪生吃饭是否细嚼慢咽，他回答说："没有，事实上，我是囫囵吞下食物的。细嚼慢咽食物消化得太快。其实动物都是囫囵吞下食物的。"

关于睡眠，爱迪生也有自己的观点。在费希尔的调查中，他指出，爱迪生开着窗户一个晚上睡6小时，以往他通常睡不到5小时。爱迪生说："吃得太多是一种习惯，就像睡得太多一样，""如果太阳从不落下，人们会扔掉睡觉的习惯，而且也会逐渐习惯不睡"。他认为，睡眠是早期人类历史进化的残留物，那是日落之后没事可做只能睡觉，而且他还预言，未来的人比现在的人睡眠会少得多，就像现在的人比过去的人睡得时间少一样。当然，他开发的技术像电灯、留声机、电影把白天延伸到了黑夜，也是现代人睡眠不足的原因之一。

1911年8月，爱迪生总结了他的长寿法宝：睡6个小时，从不退休，学习音乐，每顿饭吃点固体食物。

1917年6月30日，爱迪生坐在格兰蒙特前的草坪上。

10 月 21 日，爱迪生的棺材运回格兰蒙特举行私人葬礼。家人、400 名亲密朋友和各界名人参加了葬礼，其中包括福特夫妇、费尔斯通夫妇、第一夫人卢·亨利·胡佛和通用电气公司总裁欧文·丹尼尔·杨。瑞弗·斯蒂芬·金·赫本诵读《圣经》篇章，菲利普斯埃克塞特学院校长刘易斯·米勒致悼词。之后是风琴演奏者拉塞尔·亚历山大和小提琴手阿瑟·沃尔什共同演奏了《我会带你回家，凯萨琳》和《西方的灰色小家》两首曲目。仪式结束后，爱迪生被埋葬在附近的玫瑰谷墓园。

爱迪生逝世后的几天里，他的家人收到了来自世界各地的慰问。世界著名领导人贝尼托·墨索里尼、教皇庇护十一世、德国总统保罗·冯·兴登堡都表达了哀悼之情。教会、专业协会和学生也送来了吊唁礼物，米娜把这些都精心保存在皮革书套里。甚至一级职业杀手格斯·温克尔也给米娜写来了慰问信，他写道："我对令夫的逝世深表同情。除此之外（原文如此），我想说，人终有一死，愿他安息。"

爱迪生去世之前就被人们封为圣者。20 世纪 20 年代末，他曾经协助创办的企业开始授予他奖章和奖品，1929 年 10 月，电影业授予他荣誉奥斯卡奖。1928 年 10 月 20 日，白炽电灯发明 49 周年之际，美国财政部长安德鲁·迈伦授予爱迪生一枚特殊的国会金质奖章。在当时一次简短的广播演讲中，卡尔文·库利奇总统把爱迪生描述为"应用科学的大师"，而且称爱迪生"给黑暗世界带来了光明"。

尽力保存爱迪生对社会的巨大贡献，这些奖章成为其中较大的一部分。20 世纪 20 年代早期，爱迪生照明公司联合会（电力贸易集团）和爱迪生先锋队（这

爱迪生国会金质奖章上的铭文是"他用发明照亮了进步之路"。

1928年10月20日，美国财政部长安德鲁·迈伦在西奥兰治授予爱迪生国会金质奖章。

是门罗帕克时期爱迪生的合伙人办的一个兄弟组织）开始收集爱迪生纪念品，他们打算在纽约联合工程协会上展出。照明公司联合会部长沃德洛说："我们这样做的目的是为了还原所有爱迪生先生非凡的天才发明，不仅要保护其免受损害，而且也是为了表达对爱迪生的敬意和崇敬，他为国家的科学技术和工业发展进步做出了巨大贡献。"

1922年春，爱迪生允许沃德洛给实验室中的纪念品编制目录，并同意让他带回原版锡箔留声机，该机器自1880年就被陈列在伦敦的南肯辛顿博物馆（现在的维多利亚和艾伯特博物馆）。

这一请求引发了爱迪生和南肯辛顿博物馆之间为期四年的拉锯战。问题的焦点在于1880年爱迪生是把留声机当作礼物赠予博物馆还是借给他们的。博物馆方面称留声机是爱迪生送给他们的礼物，所以拒绝归还。但爱迪生声称他只是借给博物馆而已，双方默认一经索要立即归还。在后来的几年中，双方互致信函和法律文件扯反，爱迪生的秘书还一度扬言要去伦敦博物馆私自取回留声机。最后，1926年美国国务院和华盛顿哥伦比亚特区英国大使馆才出面解决了此事，梅隆部长在国会金质奖章授予仪式上归还了锡箔留声机。

20世纪20年代，许多机构和个人开始保存爱迪生的历史，有的是个人喜好，有的是以企业的名义，还有的是为了文化宣传。随着爱迪生的年龄越来越大，他的家人开始关心后人如何评价他，也希望通过保存与他的事业相关的场所和物品来帮助后人对爱迪生有个准确的认识。

对爱迪生遗产的关注也反映了人们广泛尊重国家技术传承。爱迪生代表着发明家和工程师阶层，从内战到20世纪20年代这几十年间，这批人开创了一个新的技术秩序。第一次世界大战后的几年间，人们建造了几个科技博物馆，其中包括纽约和芝加哥的科学与工业博物馆，以此来美化这种新秩序和创造新秩序的价值观，历史学家迈克·华莱士称这些价值观为"进步与理性，艺术与科学，教育与解放的信

1919年，爱迪生在西奥兰治实验室，手里拿着他发明的灯泡。19世纪80年代初，爱迪生发现白炽灯泡里的电子从热向冷移动。这一热电子发射现象为英国物理学家约翰·弗莱明1904年发明无线电真空管奠定了基础。

仰"[1]。对许多美国人来说，爱迪生的事业恰恰体现了这些社会变化和价值观。

爱迪生的文化地位成为爱迪生公司宝贵的商业资产，20世纪20年代，这一文化资产帮助公司在竞争激烈的留声机市场抢占份额。因此，公司在广告中把爱迪生作为品牌形象代言。1927年一位经理指出：

人们普遍认识到并认真建议，广告应充分利用爱迪生的名声以及他在每个行业中对世界的贡献，所有这些行业的广告对其他行业会产生影响。爱迪生就像一个明亮的太阳，最大限度地照亮每一个行业。

西奥兰治实验室内的文件和物品成为可以用来还原爱迪生生平的史料，这也符合公司的营销需求。这种广告策略，加上大众对爱迪生生平日益浓厚的兴趣，使得那些遗留文件和物品得到了更好的保护。

20 世纪 20 年代之前，爱迪生的信件和商务记录被随意地存放在图书馆和其他实验室的木箱里。第一次世界大战以后，托马斯·爱迪生有限公司设立了储藏室服务部来处理闲置的档案，20 世纪 20 年代早期，该部门开始鉴别并盘点重要历史资料。1928 年，公司设立历史研究部门，还雇了一名图书管理员编目爱迪生图书室里的文件和笔记。

爱迪生去世后，实验室工作一直持续到 20 世纪 30 年代末，那时公司经理们开始考虑如何保护爱迪生的遗产。1938 年 12 月，公司总经理 C.S. 威廉致信米娜、查尔斯和西奥多·爱迪生，哀叹实验室的现状，他指出："目前的情形令人震惊！"

西奥兰治实验室和周围的建筑物像一只寒鸦的巢。在爱迪生先生持续关注下制作出的宝贵遗物和一些模具乱七八糟地堆放着，周围满是油漆

西奥兰治实验室的简易小床提醒来访者爱迪生曾长时间在实验室里工作。

罐、旧雪茄盒、唱片、种子目录和廉价的钉子，看起来毫无生气，简直令人难以直视。

威廉想让托马斯·爱迪生公司保护该实验室、周围的建筑以及里面的物品，想让公司聘请更多人员来照看，他还计划对外展出。在爱迪生家族的支持下，公司最终把实验室改造成纪念馆，并于1948年作为私人博物馆对公众开放。

1946年，米娜去世前一年，她把格兰蒙特卖给了托马斯·爱迪生有限公司，意欲把它作为一项"我丈夫和他事业的纪念物"来保存。1955年，托马斯·爱迪生有限公司把实验室所有权转让给国家公园管理局。同年12月，美国内政部长认定格兰蒙特为"爱迪生故居纪念馆"。1959年，托马斯·爱迪生有限公司继承人麦克劳·爱迪生把格兰蒙特立契也转让给美国国家公园管理局。1962年9月5日，国会指定格兰蒙特和西奥兰治实验室为"爱迪生国家历史遗址"。

爱迪生家族把格兰蒙特会客室当作非正式娱乐场所。房间里装饰着纪念品和礼品，其中就有从德国弹药制造商弗莱德利希·克房伯购买的一套办公用具，每年圣诞节屋子里都会放一棵大圣诞树。

到20世纪20年代，原来的门罗帕克实验室常年废置，年久失修荒废了。1925年5月16日，新泽西州政府在门罗帕克实验室原址附近举行纪念碑落成典礼，托马斯和米娜都出席参加。20世纪20年代末，亨利·福特带走了门罗帕克实验室的剩余物品，在格林菲尔德庄园重新建造了一座门罗帕克实验室。格林菲尔德是亨利·福特在家乡密歇根州迪尔伯恩市附近建造的博物馆。福特将他从迈尔斯堡和西奥兰治获得的工具和设备放在重建的实验室里。为了高度还原，他从新泽西实验室原址运砖，从门罗帕克运土，用原料重建实验室。

除了门罗帕克实验室外，格林菲尔德庄园还有很多历史建筑，其中还包括莱特兄弟的自行车店和诺亚·韦伯斯特故居。该庄园于 1929 年 10 月 21 日对公众开放，时值白炽灯发明 50 周年庆典。爱迪生、赫伯特·胡佛总统、约翰·D. 洛克菲勒和其他知名人士都出席了电灯发明 50 周年纪念庆典，这一活动的重头戏是再现了电灯发明的过程并通过收音机在全国播报。

1932 年，新泽西州政府设立爱迪生公园委员会，审议关于在门罗帕克建造一个纪念馆和"灯博物馆"的提案。其中一个提案是修建一条 18 千米长的高速公路，连接新泽西州的珀斯安博伊和普兰菲尔德，该公路将穿过多个湖泊和绿地，汽车司机在行驶途中就能看见。爱迪生的女儿玛德琳赞同在门罗帕克和西奥兰

上图：密歇根州迪尔伯恩市亨利·福特博物馆内的新门罗帕克实验室。该实验室于 1929 年 10 月 21 日，爱迪生电灯发明 50 周年庆典当天落成，在格林菲尔德庄园内。格林菲尔德庄园是亨利·福特 20 世纪 20 年代建造的一个户外博物馆，用以保存美国农业、制造业和交通史上的重要建筑。下图：1929 年 10 月 21 日，密歇根州迪尔伯恩市，爱迪生和赫伯特·胡佛总统在电灯发明 50 周年庆典活动上。

治之间修建一座纪念塔和一座纪念碑的提议。建成后的门罗帕克纪念碑的底座将是一个独特的发电机，它将一道光投向夜空；纪念塔则是一个圆形的博物馆式建筑，建筑顶部是 53.34 米高的竖井，这个竖井会一直发光发亮。1937 年 2 月 11 日，正值爱迪生诞辰 90 周年，当天爱迪生先锋队宣布他们计划在门罗帕克建一座高 41.15 米、装饰艺术风格的水泥塔，塔顶是由弓形高硼硅玻璃制成的灯泡，高 4.3 米。这座塔于 1938 年 2 月 11 日落成。

1854 年，爱迪生的父母卖掉了在米兰的房子，搬到了休伦港。爱迪生的妹妹玛丽安·爱迪生·佩吉于 1894 年又买回米兰的房子后一直住在那里，直到 1900 年去世。妹妹去世后，爱迪生于 1906 年把房子买下来，并请他的表妹南希·沃兹沃思代为照看。

1923 年 8 月 11 日，爱迪生参加了哈丁总统的葬礼之后最后一次回到了米兰的家。由福特夫妇和费尔斯通夫妇陪同，托马斯和米娜沿着缅因街开车时，一个

坐落于新泽西州门罗帕克内的爱迪生纪念塔，20 世纪 30 年代这座塔晚上灯火通明，塔高 36 米，有着艺术风格的装饰，坐落在爱迪生门罗帕克实验室原址上。

当地乐队正在演奏《是的！我们没有香蕉》这首歌曲。他们的车停在一个乡村商店前面，市长为爱迪生举办了欢庆仪式。亨利·福特正在考虑竞选总统，他的到来把欢庆仪式推向了高潮。福特在人群中走动的时候，不时摆手向人群打招呼，他注意到这个村庄看起来非常干净，还听到人群中有人喊道"那是我们下一任总统！"

他们的下一站是去密歇根树林露营，离开之前，爱迪生回到了出生地，吃惊地发现表妹还点着油灯和蜡烛。1944 年，米娜·爱迪生决定把爱迪生的出生地作为纪念馆保留下来。1947 年 2 月 11 日，爱迪生诞辰百年之际，此处变成了博物馆并对外开放。

爱迪生去世后，米娜·爱迪生照例每年回迈尔斯堡过冬，只有 1943 年和 1944 年除外。20 世纪 30 年代后期，米娜·爱迪生曾考虑在麦格雷戈大道东侧修建一座爱迪生纪念图书馆。1939 年，她雇佣的一位建筑师提出了一份设计方案：修建一座教会式的图书馆，馆内设几间阅览室、一个美术馆、一个秋麒麟草花园。这项设计方案要求拆除爱迪生的植物学研究实验室，预计耗资近 10 万美元（现在的 160 万美元）。1941 年，米娜拒绝了这项提议，另外又聘请了一位建筑师，他提出的设计方案是：修建一座小型图书馆、一个植物园、一个倒影池，同时保留爱迪生的植物学研究实验室。但不知道什么原因，米娜在破土动工之前又放弃了这项提议。1945 年夏天，美国科学研究和发展办公室草拟了一份提议呈交给哈里·S.杜鲁门总统：在迈尔斯堡建立一所研究大学来促进独立科学和技术研究，培养科学家为战争服务，这项提议也提到要修建一座图书馆，但由于耗资甚巨，也未能付诸实施。

爱迪生在佛罗里达州迈尔斯堡的越冬住宅。每年 2 月，迈尔斯堡都会举行灯光节庆祝爱迪生的生日，这一历年盛事始于 1938 年，现在的节日活动有游行、音乐会、古董车展和发明家展。

1947 年 2 月，米娜把这套佛罗里达的房子捐赠给了迈尔斯堡市政府，又将麦格雷戈大道东侧的地契也转让出去，条件是这块地将成为纪念爱迪生的公园。而麦格雷戈西侧的地产，连同 5 万美元一并转让给了一个非盈利性组织，该组织将会把这片地区作为教育和文化资源保护起来。1947 年 8 月米娜去世后，迈尔斯堡市政府接收了地产所有权，不久就对游客开放。1991 年，迈尔斯堡市政府也收购了附近的福特地产，合并之后的区域就是现在的爱迪生 – 福特冬季庄园。

公众对爱迪生的褒扬近乎神化。伊莱休·汤姆森是一位发明家，也是汤姆森 – 休斯敦电气有限公司的合作创始人，他认为这个天才已经受到太多的赞誉。1915 年他在写给麻省理工学院校长的一封信中这样评价爱迪生："毫无疑问，他值得同伴们的赞誉，但赞誉太过头了，人们甚至几乎视他为电气工程唯一的创始人和先驱。"

1921 年 3 月，堪萨斯州诺顿县的 W.C. 莱斯罗普夫人给爱迪生寄了一封感谢信，信中内容契合汤姆森的观点。"我觉得我有权利也有责任告诉您，我们小城镇的妇女是多么感谢您，因为您的发明既满足了我们很多需求，又给我们带来了乐趣。"莱斯罗普夫人感谢爱迪生发明了家中使用的所有电器——即使有些电器并不是爱迪生发明的。

> 这所房子用电照明。我用西屋电器做饭，用洗碗机洗碗，甚至用电风扇散热……我用洗衣机洗衣服，用熨平机熨衣服 [滚筒用来甩干衣服]，也用电熨斗熨衣服，用吸尘器打扫房间，休息时享受电动按摩，还用卷发棒卷发，用电动缝制机缝制身上穿的长袍。实在累得不行，就打开维克多牌留声机，学习一会儿西班牙语或听一会儿克莱斯勒和格鲁克的音乐，或者嘉丽 – 库尔奇的歌剧花腔。

尽管爱迪生注意到莱斯罗普夫人误认为所有的东西都是自己发明的，其实有些是竞争对手生产的产品（维克多牌留声机公司制作的维克多牌留声机，阿美里塔·嘉丽－库尔奇是维克多唱片公司的艺人），他在回信中也没有提及，只是让秘书表达谢意。

莱斯罗普夫人是一位受过高等教育的上层中产阶级女士，她的丈夫是当地有名的外科医生，这位医生曾招待过州长，家中有 4 个孩子。就算她不是 20 世纪 20 年代的典型消费者，但她对爱迪生的赞扬同样反映出一个事实：普通百姓一谈到正在改变现代生活的技术，就会想到爱迪生。

"除了发明家的一般品质，我还拥有务实的能力，这也是历经磨难才锻炼出来的。"

由于爱迪生发明了很多有实际用途的物品，所以美国人很感激他。但在 20 世纪初期，爱迪生的形象成为心灵手巧、创造思维和实用性等价值观的同义词。他体现了美国人的一种信仰：物质进步，拼搏精神，乐观向上。他使人们更加确信：如果你有创意，努力工作，你就会成功，即使出身贫寒。那个时代是公共机构和私人组织日益强大的时代，但尽管如此，爱迪生仍然证明了个人不是微弱无力的，也是能取得成就的。

把爱迪生等同于创新文化一直持续到现在。卡通人物头上的灯泡——世界通用的好主意的象征——就是从爱迪生最伟大的发明中汲取的灵感。许多现代管理方面的书籍也借鉴了爱迪生的合作方法以及创造力、想象力、坚持不懈等个人特色，来激发鼓励现代创新者[2]。

电视连续剧《辛普森一家》中有一段小插曲（第 24 季的第 6 集"长在斯普林菲尔德的一棵树"，首次发行于 2012 年 11 月 25 日）谈到荷马·辛普森迷恋上他的"平板电脑"，老板彭斯先生很愤怒，就要求他"放下他的爱迪生平板"。这个狡黠的笑话说明老人误认为每一项新技术都是爱迪生发明的，也暗示了这位奇才对社会文化的影响是久远的。

爱迪生是一个非常务实的发明家和企业家，他擅长把资金、工具、技术、科学信

1913年12月摄于西奥兰治图书室。爱迪生与锡箔留声机、录音机合影。

息以及实验室运转所需要的熟练技工整合在一起。在实验室里，他凭借才能解决了各种技术问题。同时他还是一个有才华的产品工程师，能有效地领导团队建立并测试发明模型，设计制造设备来大规模生产自己的发明。他也很懂得推销自己，这并没有什么不好。爱迪生还本能地知道如何运用真实性、专有技术和乐观主义的精神，这些品质激发了他对事业的信心，也吸引了投资者。

在西奥兰治和门罗帕克实验室里，爱迪生在产品设计、制造和销售之间建立了紧密的联系，这种紧密联系证明了不同职能部门的合作能够使创新工作更有效率。爱迪生努力把自己的发明变成产品销售，但也不是每次都能成功，这证明即使有着世界一流装备的实验室，好创意也不能保证百分之百成功。但爱迪生并没有被失败打倒，如果一种方法失败了，他就会尝试别的办法，直到最终成功。

在爱迪生的发明过程中，虽然团队的影响力很重要，但是他本人对发明过程的影响更为显著。19世纪70年代早期，爱迪生成为专业发明家之前，新发明主要是那些有幸找到资金把自己的发明转化成产品的独立发明家或技工的工作。比如支持纺织厂和其他工厂的机械厂是技术知识的重要来源，但这些工厂主要解决制造业问题，不生产制造新产品。公司一般不支持工业研究，即便有也很少。因此，那个时候的创新是无计划的，取决于发明者能否找到合适的投资人、生产商和推销员。

作为电报发明家，爱迪生的成就使西部联盟等公司的管理者确信赞助爱迪生的实验室将能高效开发出公司所需的技术，进而控制市场，并扩大市场占有率。通过打造可靠的声誉，发明生产研究工具，爱迪生又向那些控制西部联盟等公司的资本家们证明，与其等待独立的发明者携创意上门寻求合作，不如创建长久的工业研究实验室，显然后者效率更高。也正是爱迪生使得技术创新成为安全可靠的投资，同时也证明了企业资本主义可以长期稳定地创造并控制生产工具，使其产生新观念，生产新产品。

因为爱迪生的影响，以团队为基础的工业研究成为 19 世纪末 20 世纪初的重要创新模式。在这一时期，许多大型企业，如通用电气、杜邦、美国电话电报公司、康宁、西方电气等陆续建立了自己的研究实验室。历史学家卡罗尔·珀塞尔说，第一次世界大战前，美国有 375 个研究实验室，到 1931 年增加到 1600 个[3]。那些无力建立实验室的公司可以有偿使用合同研究人员的服务，比如亚瑟·D. 理特咨询顾问公司。亚瑟·D. 理特是一位受训于麻省理工学院的化学家，1886 年他创立了理特咨询顾问公司。当然，像航空先驱莱特兄弟（奥维尔·莱特和威尔伯·莱特）这样的独立发明家也能够做出贡献，不过在 20 世纪，技术创新的动力还是那些在工业公司、政府和大学实验室里工作的研究团队，这些团队在化学、药品和核能等方面都取得了重要进展。

近年来，也有一些公司为了降低成本，纷纷缩减研发经费或关闭实验室。那么问题来了，这些公司如何在竞争激烈、迅速变化的经济体制中保持创新呢？爱迪生的经验今天仍有借鉴意义，因为他遇到过同样的问题，我们希望能从他的例子中看到他在经营盈利性企业时是如何迎接挑战的；我们可以到他的实验室里看看他是如何组织工人工作的；我们能从实验室的笔记本中了解他是如何把想法变成有形产品的；我们还能从他同员工、合伙人、消费者的信件中学习他是如何应对有关设计、制造和销售问题的。爱迪生不仅发展了形成全部新产业基础的新技术，还倡导投资者把资本投入到公司中——直到今天，这种投资方式仍是我们经济发展的动力。

注释

前 言

1. 本书中的货币换算是在 MeasuringWorth.com 完成的，该网站由芝加哥伊利诺伊大学的经济学教授劳伦斯·H.奥菲斯和塞缪尔·H.威廉姆森创建的。由于通货膨胀、数据间隙和其他经济变量，准确计算很久之前的货币值相当困难。这些换算对爱迪生的重要收入、成本和价格指数做了现价估算。

第 3 章

1. 我们能从幸存的有关爱迪生的资料中发现爱迪生的发明设计变化，但这些资料往往并没有解释爱迪生改变或摒弃某个想法的原因。

第 5 章

1. 玛丽·爱迪生的死因至今仍然是一个谜。死亡证明没有给出确切原因，有关她健康的现存文件也很少，信息也不一致。马修·约瑟夫森在 1959 年的传记中写道死因是伤寒。罗伯特·康若特是一位传记作者，他第一个出书详述了爱迪生在西奥兰治实验室取得的成就。他说玛丽·爱迪生死于一种不确定的"心理疾病"（Conot，*A Streak of Luck*，1979））。康若特也指出这是爱迪生家族的耻辱，爱迪生告诉女儿玛丽安，她的母亲死于伤寒。传记作家尼尔·鲍德温（*Edison: In venting the Century*， 1995）写道，玛丽死于"脑充血"，这是一个 19 世纪末通用的医学术语，它涵盖了很多种疾病。这种说法基于爱迪生的一个伙伴在玛丽死亡当天发的电报内容。保罗·伊斯瑞（*Edison: A Life of Invention*，1998）明确说过玛丽·爱迪生的死亡原因尚不清楚。*The papers of Thomas A. Edison☐ Losses and Loyalties*，*April 1883—December* 1884（2011）一书第 7 卷中，编辑引用了玛丽葬礼之后不久《纽约世界》上发表的一篇文章，文章称"玛丽死于意外服用吗啡过量"。编辑们提到玛丽患有不确定性子宫问题，而吗啡是一种常用治疗药物，但目前尚未找到任何证据来验证这一解释。

第 13 章

1. 迈克·华莱士，《进步讨论：科学、技术和工业博物馆》，出自《米老鼠发展史及美国记忆中的其他随笔》（费城：天普大学出版社，1996），78。

2. 该流派的作品包括布莱恩·麦考密克的《与托马斯·爱迪生共事：来自美国最伟大的发明家的 10 堂商务课》（加州大学欧文分校：企业家出版社，2001）；迈克·J.盖尔伯和莎拉·米勒·卡蒂考特的《快乐脑：学习爱迪生的五种创新思考法》（纽约：企鹅出版社，2007）；艾伦·阿克塞尔罗德的《爱迪生论创新：商业及其他创造力 102 讲》（加利福尼亚州旧金山市： 乔西-巴斯出版公司，2008）；以及莎拉·米勒·卡蒂考特的《夜宵：托马斯·爱迪生实验室团队合作成功四部曲》（新泽西州，霍博肯： 约翰·威利父子出版公司，2013）。

3. 卡罗尔·珀塞尔，《美国机床：美国工艺历史》（巴尔的摩：约翰·霍普金斯大学出版社，1995），223。

参考资料

若想进一步了解托马斯·爱迪生，请到美国参观与爱迪生有关的七大历史遗址和博物馆：

爱迪生出生地博物馆，位于俄亥俄州米兰镇
tomedison.org
托马斯·爱迪生收藏品博物馆，位于密歇根州休伦港
phmuseum.org
托马斯·爱迪生故居，位于肯塔基州路易斯维尔
edisonhouse.org
托马斯·爱迪生门罗帕克实验室，位于新泽西州爱迪生市
menloparkmuseum.org
亨利·福特博物馆，位于密歇根州迪尔伯恩市
thehenryford.org
爱迪生－福特冬季庄园，位于佛罗里达州迈尔斯堡
edisonfordwinterestates.org
托马斯·爱迪生国家历史公园，位于新泽西州西奥兰治
nps，gov/edis

托马斯·爱迪生国家历史公园保存了爱迪生生前大量的私人文件、商业记录、实验笔记、发明专利、宣传材料和历史照片。

罗格斯大学托马斯·阿尔瓦·爱迪生论文项目已出版了选自本次藏品及爱迪生其他档案的部分资料。该项目网站（edison.rutgers.edu）已发布了一份完整的材料索引、爱迪生大事记年表、爱迪生公司目录及其一生中1093项美国专利。托马斯·阿尔瓦·爱迪生论文项目编辑部还出版了15册注释书，对选定的相关文件进行了大量标注。截至2012年，约翰·霍普金斯大学出版社共出版了7册，讲述了1884年12月以前的爱迪生。

在诸多关于托马斯·爱迪生的书籍和文章中，以下作品是了解其生活和工作的关键。有关爱迪生文献的完整目录，请参见托马斯·阿尔瓦·爱迪生论文项目网站所列的全部参考书目（edison.rutgers.edu/fullbib.htm）。

吉恩·阿戴尔，《托马斯·阿尔瓦·爱迪生开创电的时代》（牛津大学出版社，1996）；吉尼·巴雷塔，《永恒的托马斯：托马斯·爱迪生如何改变了我们的生活》（亨利·霍尔特出版社，2012）；威廉·梅多克罗夫特，《爱迪生的童年生活》（哈伯兄弟出版公司，1921）；查尔斯·彼得森，《托马斯·爱迪生》（ABDO，2007）；马丁·伍德赛德，《托马斯·爱迪生：照亮世界的人》（斯特林

出版社，2007）：写给年轻读者的传记。

尼尔·鲍德温，《爱迪：生创造了新世纪》（亥伯龙出版社，1995；芝加哥大学，2001）；保罗·伊斯雷尔，《爱迪生：发明的一生》（约翰·威利父子出版公司，1998）：是标准的现代传记。鲍德温关注爱迪生的个人生活，伊斯雷尔则着重分析了爱迪生的发明和事业，二者相辅相成。

艾琳·鲍泽，《1907—1915年间电影的变革》（加利福尼亚大学出版社，1990）；查尔斯·缪赛尔，《电影的崛起——1907年美国的大荧幕》（斯克里布纳出版社，1990）：概括了早期电影业有关爱迪生的历史。

里昂纳多·迪格拉夫，《托马斯·爱迪生的历史相片》（特纳出版社，2008）：爱迪生故事中穿插的相片均选自《托马斯·爱迪生的历史相片》。

弗兰克·戴尔、托马斯·马丁和威廉·梅多克罗夫特，《爱迪生的生活和发明》（共2册，哈伯兄弟出版公司，1910）：爱迪生官方传记。

马克·埃西格，《爱迪生和电椅：光和死亡的故事》（沃克和康帕尼出版社，2003）；理查德·莫兰，《刽子手电流：托马斯·爱迪生、乔治·威斯汀豪斯和电椅的发明》（诺夫出版社，2002）：聚焦直流电和交流电争议的专著。

马克·R.芬利，《种植美国橡胶：战略性植物和国家安全政治》（罗格斯大学出版社，2009）：爱迪生的橡胶研究。

罗伯特·弗里德尔和保罗·伊斯雷尔，《爱迪生电灯：一项发明传记》（罗格斯大学出版社，1986），经修订后再版为《爱迪生电灯：发明的艺术》（约翰·霍普金斯大学出版社，2010）：电灯发明的标准记述。1986版包括更多选自爱迪生笔记本的历史照片和技术图纸。

托马斯·帕克·休斯，《电力系统：1880—1930年间西方社会的电气化》（约翰·霍普金斯大学出版社，1983）：爱迪生电灯照明系统的发展。

保罗·伊斯雷尔，《从机械工厂到工业实验室：1830—1920年间电报的发展和美国发明环境的变迁》（约翰·霍普金斯大学出版社，1992）：主要考察了爱迪生开始电报发明生涯的历史环境。

托马斯·杰弗里，《从留声机到潜水艇：1911—1919年间和平与战争时期爱迪生和他的"不眠团队"》（律商联讯，2008）：详细讲述了爱迪生在第一次世界大战中的活动。

马丁·V.梅洛西，《托马斯·爱迪生和美国的现代化》（斯考特·福斯曼出版社，利特尔＆布朗高等教育出版社，1990）：简要介绍了爱迪生的生活。

安德烈·米勒德，《记录美国：录音史》（剑桥大学出版社，1995），大卫·莫顿《谢绝抄袭：美国的录音技术和文化》（罗格斯大学出版社，2000）：录音技术通史。

安德烈·米勒德，《爱迪生和商业创新》（约翰·霍普金斯大学出版社，1990）：机械工厂文化对爱迪生的影响。

查尔斯·缪赛尔，《尼克电影前传：埃德温·鲍特与爱迪生制造公司》（加利福尼亚大学出版社，1991）；《托马斯·爱迪生与动画电影》（罗格斯大学出版社，1995）；《1890—1900年间爱迪生电影集锦：影片注释大全》（史密森学会出版社，1997）；保罗·司柏尔，《电影制造者：威廉·肯尼迪·劳里·迪克森》（约翰·利比出版社，2008）：讲述了西奥兰治电影产业的发展。

威廉·S.普雷策（编辑），《致力于发明：托马斯·爱迪生和门罗帕克实验》（亨利·福特博物馆和格林菲尔德庄园，1989）：文章论述了爱迪生在门罗帕克实验室的工作。安德烈·米勒德所著文章《机械工厂文化和门罗帕克》对于了解爱迪生在19世纪70年代的创新方法尤为重要。

迈克尔·B.希弗，《电动汽车风靡美国》（史密森学会出版社，1994）：记录了爱迪生为发明电动汽车蓄电池做过的努力。

汤姆·斯丹迪奇，《维多利亚时代的网络》（沃克和康帕尼出版社，1998）：通俗地介绍了19世纪电报产业的发展。

兰德尔·斯特罗斯，《门罗帕克的奇才：托马斯·阿尔瓦·爱迪生如何开创了现代世界》（皇冠出版社，2007）：从文化层面简明介绍了爱迪生。

拜伦·M.范德比尔特，《化学家：托马斯·爱迪生》（美国化学学会，1971）：爱迪生的化学发明。

米歇尔·韦尔温·阿尔比恩，《爱迪生语录》（佛罗里达大学出版社，2011）：语录可追溯到爱迪生与印刷媒体的关系上。

米歇尔·韦尔温·阿尔比恩，《托马斯·爱迪生在佛罗里达的生活》（佛罗里达大学出版社，2008）；爱德华·沃斯，《托马斯·爱迪生在西奥兰治》（阿卡迪亚出版社，2008）：分别讲述了爱迪生和西奥兰治与迈尔斯堡的关系。

致 谢

　　和爱迪生的大多数发明一样，本书也是大家合作的成果。许多有才华的人帮忙编辑校对文本，给文物拍照，研究历史照片，核对事实，回答问题，我万分感谢大家的帮助。

　　斯特灵出版社的迈克尔·弗拉格尼托和他的团队——其中包括编辑梅兰·迈登，摄影师克里斯·布雷、摄影编辑梅丽莎·麦考伊、文字编辑乔伊·赫尔，设计师金伊恩和创意总监杰夫·巴茨利——把一份粗略的草稿、一大叠历史照片和广告变成了这本精美的书。

　　托马斯·爱迪生国家历史公园前负责人葛瑞·马歇尔和他的继任者吉尔·霍克先后为本书的编写提供了帮助。感谢他们坚定不移的支持。

　　公园负责人助理特蕾莎·荣格、监管博物馆馆长米歇尔·奥特文、游客服务中心长官凯伦·施洛特·奥尔森等人热心回答了许多问题，并就本书的主题和目标提供了宝贵的意见。

　　同时感谢我的同事杰里·费布里克、琼·哈里斯－里科，霍利·马里诺、他们拍下博物馆文物，使我得以在书中展示。我和其他同事在公园谈论爱迪生，其中包括布里吉特·詹宁斯、查利·马加莱、西梅恩·麦凯韦林、蒂姆·帕加诺、卡门·潘塔莱奥、艾德·沃斯和贝丝·米勒。和他们交谈之后，我对爱迪生的认识更加深刻了。

　　托马斯·阿尔瓦·爱迪生资料项目总监保罗·伊斯雷尔帮助我从几个关键点认识爱迪生，比如爱迪生是一个创新者，爱迪生在电影发展中的作用。克里斯·彭德尔顿和爱迪生－福特冬季庄园的艾莉森·吉森首次公布了一些有关爱迪生在佛罗里达州的橡胶研究的宝贵信息。

　　另外，还要感谢克里斯汀、罗琳娜·拉莉卡塔、哈利·罗曼、查尔斯·爱迪生基金会的汤姆·安格兰迪，以及爱迪生创新基金会的支持，没有他们，本书也不可能出版。特别感谢基金会主席约翰·基根，他邀请我编写本书。

　　最后，我要特别感谢我的妻子安妮·马克汉姆·德格拉夫和我的家人，感谢他们对我的支持。

图片来源及版权所有者

除非特别说明，文中所有图像和照片均由国家公园管理局，托马斯·爱迪生国家历史公园提供。

阿拉米：M. Timothy O'Keefe，229

由艾姆斯历史学会提供：xxiv（上）

艺术资源，纽约：纽约公共图书馆。5; Photograph @ SSPL/Science Museum, 31

克里斯托弗·贝恩：i, v，（照片）、vi（相机盒、电池、灯泡）、vii、xi、xiii、xxvii-1，10，16（下），27（上），32-33,35（右），46～47，54，68-69,77（下），81，82-83，84，85（顶部，底部），88-89，91，95，96-97，102，106，109（下），110，116-117，122，128，179，211（铁、烤面包机、咖啡机），225，238

波士顿协会提供：2

爱迪生出生地博物馆，米兰，俄亥俄提供：xxiii

爱迪生-福特冬季庄园提供，迈尔斯堡，佛罗里达，www.edisonfordwinterestates.org：213

盖蒂图片社：阿基利-路易斯·马丁奈特 / 布里奇曼艺术图书馆，62-63；蒙达多利出版社，59

格兰杰图片集：48（左）

亨利·福特博物馆的收藏品：18-19，227（顶部）

吉尔伯特国王 72, 226

利哈伊大学提供：164

国会图书馆：viii（海报），xxv，xxvi-xxvii（上），14，43，90，108，123，124（顶部，底部），131，135，140（海报），198（右）；卡罗尔·M.海史密斯档案，204-205

国家医学图书馆：158（底部）

美国空军国家博物馆提供：198（左）

私人收藏：39

科学来源：席勒·特里 / 科学图片库，48（右）

维基百科基金会提供：xxvii（下）；大卫·拉姆齐地图藏品，xxv；菲利克斯·纳达尔，37；斯坦格尔公司；65；尼古拉斯·A.托内利，165；埃伯哈德·J.沃尔默，126